高等医学院校实验教材

医学机能学实验教程

主　编　孙宏丽　马小茹

副主编　吴　红　陈　瑶　薛明明

编　委　（按姓氏拼音排序）

曹永刚（哈尔滨医科大学大庆校区）　　常培叶（内蒙古医学院）
陈　瑶（内蒙古医学院）　　　　　　　纪　中（哈尔滨医科大学大庆校区）
李　荣（牡丹江医学院）　　　　　　　李春月（内蒙古医学院）
刘　蕾（佳木斯大学）　　　　　　　　刘明远（佳木斯大学）
刘志跃（内蒙古医学院）　　　　　　　卢春凤（佳木斯大学）
马小茹（佳木斯大学）　　　　　　　　孟德欣（佳木斯大学）
司效东（内蒙古医学院）　　　　　　　孙宏丽（哈尔滨医科大学大庆校区）
王　麟（哈尔滨医科大学大庆校区）　　王淑秋（佳木斯大学）
吴　红（牡丹江医学院）　　　　　　　薛明明（内蒙古医学院）
杨　英（内蒙古医学院）　　　　　　　杨利敏（佳木斯大学）
朱坤杰（齐齐哈尔医学院）

北京大学医学出版社

YIXUE JINENGXUE SHIYAN JIAOCHENG

图书在版编目（CIP）数据

医学机能学实验教程/孙宏丽，马小茹主编．—北京：北京大学医学出版社，2010.9（2018.8 重印）

ISBN 978-7-81116-970-6

Ⅰ．①医… Ⅱ．①孙… ③马… Ⅲ．①机能（生物）—人体生理学—实验—医学院校—教材 Ⅳ．①R33-33

中国版本图书馆 CIP 数据核字（2010）第 139779 号

医学机能学实验教程

主　　编：	孙宏丽　马小茹
出版发行：	北京大学医学出版社
地　　址：	（100191）北京市海淀区学院路 38 号　北京大学医学部院内
电　　话：	发行部 010-82802230；图书邮购 010-82802495
网　　址：	http://www.pumpress.com.cn
E - mail：	booksale@bjmu.edu.cn
印　　刷：	北京东方圣雅印刷有限公司
经　　销：	新华书店
责任编辑：	许　立　　责任校对：金彤文　　责任印制：张京生
开　　本：	787mm×1092mm　1/16　印张：11.5　字数：286 千字
版　　次：	2010 年 9 月第 1 版　2018 年 8 月第 5 次印刷
书　　号：	ISBN 978-7-81116-970-6
定　　价：	19.50 元

版权所有，违者必究

（凡属质量问题请与本社发行部联系退换）

高等医学院校实验教程编审委员会

主 任 委 员 程伯基

副主任委员 （按姓氏拼音排序）
　　　　　　　崔光成　关利新　乔远东　魏晓东　毅　和

委　　　员 （按姓氏拼音排序）
　　　　　　　卜晓波　陈志伟　李艳君　梁　军　林雪松
　　　　　　　刘　星　刘伯阳　刘东璞　刘文忠　马淑霞
　　　　　　　马小茹　欧　芹　沈晓玲　宋印利　孙宏丽
　　　　　　　田国忠　新　燕　云长海　张　涛　张晓莉
　　　　　　　张振涛　朱金玲

前　言

20世纪末，教育部启动了"面向21世纪高等医学教育教学内容和课程体系改革计划"，许多院校都对基础医学实验教学体系进行了改革，将生理学、病理生理学和药理学三门课程的实验内容有机地融合在一起，形成一门独立的、完整的、系统的机能学实验课程。该课程以培养学生的基本实验操作技能为出发点，以提高学生的综合素质和科技创新能力为宗旨，打破学科之间的界限，开设了综合性及设计性实验，对于激发学生的学习兴趣，培养学生的探索精神、科学思维、实践能力和创新能力都起到了重要的作用。

本教材是在哈尔滨医科大学大庆校区、佳木斯大学、牡丹江医学院、内蒙古医学院及齐齐哈尔医学院五所院校具有丰富实验教学经验的教师的共同努力下完成的。在教材编写的过程中，本着创新性和实用性的原则，融合了五所院校机能实验教学改革的成果，从根本上改变了实验教学依附于理论教学的观念，形成了理论教学与实验教学统筹协调的理念。教材内容包括机能学实验常用仪器的使用、机能学实验的基本方法和操作技能等有关医学机能学实验必需的基本知识；实验内容从综合学科、独立课程的角度，优化重组了实验项目，保留了部分经典实验项目，增加了综合性实验内容，着重选用综合性强、实用性广的实验，同时运用世界上比较先进的膜片钳技术等进行机能学实验研究，使学生增长了见识，开阔了视野。此外，为了培养学生的科研思维能力，本教材还就如何选题、如何进行实验研究、如何进行实验资料的统计分析及如何撰写医学科技论文进行了详细的叙述，对于培养学生独立查阅文献，设计新的实验，具有重要的指导作用。本教材不仅适用于临床、护理、药学、检验等本科专业的学生，而且在一定程度上也可作为研究生及医学科学研究者的参考用书。

由于时间仓促，加之编者水平有限，该教材难免有不足之处，恳请广大读者多提宝贵的意见和建议，以便今后进一步修改和完善。

孙宏丽　马小茹
2010年5月30日

目 录

第一章　机能学实验概述 ……………………………………………………………… 1
第一节　机能学实验基本知识 ………………………………………………………… 1
一、机能学实验的教学目的、内容和要求 …………………………………………… 1
二、实验结果的记录方法与实验报告的书写要求 …………………………………… 2
三、实验室规则和操作规程 …………………………………………………………… 3
四、机能学实验考核办法 ……………………………………………………………… 3
第二节　机能学实验常用仪器的使用 ………………………………………………… 4
一、BL-420 生物机能实验系统 ……………………………………………………… 4
二、恒温平滑肌槽 ……………………………………………………………………… 19
三、心电图机 …………………………………………………………………………… 23
四、分光光度计 ………………………………………………………………………… 28
五、HX-300S 型动物呼吸机 ………………………………………………………… 29
六、血气分析仪 ………………………………………………………………………… 31
七、常用换能器 ………………………………………………………………………… 36
八、神经标本屏蔽盒 …………………………………………………………………… 39
九、脑立体定位仪及脑立体定位技术 ………………………………………………… 39
十、膜片钳放大器及膜片钳技术 ……………………………………………………… 42
十一、VBL-100 医学机能虚拟实验室 ……………………………………………… 46
第三节　常用实验动物和动物实验基本知识 ………………………………………… 48
一、常用实验动物种类及选择 ………………………………………………………… 48
二、常用动物的捉持法、编号法、给药法、取血法 ………………………………… 49
三、动物实验常用麻醉方法及异常情况的急救 ……………………………………… 55
第四节　常用手术器械及手术方法 …………………………………………………… 57
一、动物实验常用手术器械及使用方法 ……………………………………………… 57
二、动物实验的常用手术方法 ………………………………………………………… 60
第五节　常用试剂、药物剂量的换算和配制 ………………………………………… 68
一、常用生理盐溶液的成分与配制 …………………………………………………… 68
二、常用抗凝剂的浓度 ………………………………………………………………… 68
三、药物剂量的换算 …………………………………………………………………… 68

第二章　基础性机能学实验 ……………………………………………………………… 71
实验一　不同刺激强度和频率对骨骼肌收缩的影响 ………………………………… 71
实验二　神经干动作电位、传导速度和不应期的测定 ……………………………… 73
实验三　反射弧分析与反射时测定 …………………………………………………… 75
实验四　脊髓半离断及去小脑动物观察 ……………………………………………… 76
实验五　大脑皮层运动功能定位及去大脑僵直 ……………………………………… 78

  实验六 药物的镇痛、抗惊厥作用 …………………………………………………… 80
  实验七 人体心音听诊、动脉血压测量和心电图描记 …………………………… 82
  实验八 心肌电生理特性的观察 …………………………………………………… 87
  实验九 容积导体的导电规律 ……………………………………………………… 89
  实验十 减压神经与膈神经放电的观察 …………………………………………… 90
  实验十一 尼可刹米对中枢性呼吸抑制的解救 …………………………………… 93
  实验十二 人体视野、视敏度及盲点的测定 ……………………………………… 94
  实验十三 声音的传导途径 …………………………………………………………… 99
  实验十四 药物作用的影响因素 …………………………………………………… 100
  实验十五 水杨酸钠血浆半衰期的测定 …………………………………………… 102
  实验十六 药物的安全性评价及半数致死量的测定 ……………………………… 104
  实验十七 普鲁卡因的传导麻醉作用 ……………………………………………… 106
  实验十八 高渗硫酸镁和液体石蜡对蟾蜍肠道的作用 …………………………… 107

第三章 综合性机能学实验 …………………………………………………………… 109
  实验一 大鼠海马神经细胞钠通道电流的记录 ………………………………… 109
  实验二 大鼠大脑皮层电位记录 ………………………………………………… 111
  实验三 生理性止血及影响血液凝固的因素 ………………………………… 112
  实验四 各种离子及药物对离体蟾蜍心脏活动的影响 ……………………… 114
  实验五 药物对兔血压的影响及其受体机制分析 …………………………… 116
  实验六 动脉血压的调节及急性失血性休克的治疗 ………………………… 119
  实验七 急性右心衰竭及其药物治疗 ………………………………………… 122
  实验八 哇巴因对心脏的毒性及利多卡因的抗心律失常作用 ……………… 125
  实验九 急性心肌梗死及药物的治疗作用 …………………………………… 125
  实验十 高钾血症及抢救 ………………………………………………………… 127
  实验十一 呼吸运动调节及急性实验性呼吸功能不全的急救 …………………… 129
  实验十二 缺氧及抢救 ……………………………………………………………… 131
  实验十三 家兔酸碱平衡紊乱 ……………………………………………………… 133
  实验十四 氨茶碱对组胺性休克、肺气肿的作用 ………………………………… 135
  实验十五 消化道平滑肌的生理特性及药物对其影响 ………………………… 136
  实验十六 实验性肝性脑病及治疗 ………………………………………………… 137
  实验十七 急性中毒性肝损伤 ……………………………………………………… 139
  实验十八 影响尿生成的因素及利尿药的应用 ………………………………… 143
  实验十九 正常肾功能调节及急性缺血性肾衰竭 ……………………………… 144
  实验二十 氯丙嗪对体温调节的影响及阿司匹林的解热作用 ……………… 147
  实验二十一 胰岛素的降血糖作用及其过量反应与解救 ………………………… 149
  实验二十二 炎症与糖皮质激素的抗炎作用 ……………………………………… 151
  实验二十三 磺胺类药物在正常与肾衰竭家兔体内的药代动力学参数测算 ………… 152
  实验二十四 有机磷酸酯类药物中毒与解救 ……………………………………… 154
  实验二十五 观察和判断几种药物对蛙心的作用及作用机制 ……………………… 157
  实验二十六 三种传出神经系统未知药物的确定 …………………………………… 158

第四章　实验设计 ……………………………………………………………………… 161
　一、选题与设计 ………………………………………………………………………… 161
　二、实验方法（以动物实验为例） …………………………………………………… 163
　三、实验资料的统计与分析 …………………………………………………………… 165
　四、医学论文的撰写 …………………………………………………………………… 168
主要参考文献 …………………………………………………………………………… 172

第一章　机能学实验概述

第一节　机能学实验基本知识

机能学实验是一门将生理学实验、病理生理学实验、药理学实验三者有机地结合在一起，研究机体正常机能、疾病发生机制和药物作用规律的实验性科学。它继承并发展了生理学、病理生理学和药理学实验的核心内容，注重学科之间的交叉融合与渗透，更加重视新技术的应用，对于培养学生的动手能力、综合分析能力以及科技创新能力都将起到重要的作用。

一、机能学实验的教学目的、内容和要求

（一）机能学实验的教学目的

通过机能学实验教学进一步加深学生对机能学科基本知识、基本理论的理解和认识；通过运用基本知识、基本理论指导实验，培养学生发现问题、分析问题、解决问题的能力；通过学习机能学科研究中常用的方法、技术和手段，培养学生创新意识、科学精神和实践能力；通过将机能学实验与理论融会贯通，为学生深入学习临床医学和其他医学课程打下良好、坚实的理论与实践基础。

（二）机能学实验的教学内容

机能学实验主要教学内容包括：①机能学实验常用仪器的基本原理及使用方法；②常用实验动物的选择及麻醉；③实验基本操作技术；④实验常用溶液的配制；⑤基础性实验和综合性实验；⑥实验设计的基本思路与方法。

（三）机能学实验的教学要求

1. 实验前　熟悉相关生理学、病理生理学、药理学理论知识；仔细阅读实验教材，了解实验目的、原理，掌握实验方法、操作步骤及注意事项；预测实验结果以及实验中可能出现的问题，设计好实验结果记录方式；首次实验前应熟悉实验报告撰写要求。

2. 实验时　实验小组成员应分工明确、密切合作，正式实验前需清点所用实验器材和用品，检查并正确安装和连接实验设备；正确捉拿、麻醉实验动物和进行手术操作；准确计算、正确配制实验用药；正确使用实验器械，严格按照实验步骤进行操作；仔细观察实验过程中所出现的现象，准确、及时、客观地记录实验结果；根据相关理论知识，对实验结果进行恰当分析及讨论。

3. 实验后　正确处死实验动物，将动物尸体及其他废物放到指定地点；非一次性器械必须洗净擦干，按实验前的布置安放好；清点实验器械，如有损坏应及时向实验指导老师报告；清理实验台和实验室卫生，注意门、窗、水、电安全；认真撰写实验报告，做到文字通顺、精练，书写清楚，客观地填写和叙述实验结果，并进行分析讨论，并作出结论，按时上交实验指导。

二、实验结果的记录方法与实验报告的书写要求

（一）实验结果的记录方法

1. 实验资料的收集　在实验研究过程中，要采用科学严密的实验观察方法，准确、客观、全面地收集实验资料。为保证实验的可靠性，首先应从实验药品、实验试剂的配制，实验动物的准备和观察指标的确定等方面严格控制实验误差。

实验过程中，应详细收集和记录的资料包括：①实验人员；②实验名称；③实验动物；④实验药物与试剂；⑤实验仪器设备；⑥实验环境因素；⑦实验步骤、实验方法和实验进程；⑧实验过程中各项观察指标（实验数据）。

2. 实验资料的整理和分析　实验中得到的记录结果为原始资料。原始资料包括各种描记曲线、计量资料（如血压、心率、呼吸频率、体温、尿量、生化测定数据、血气测定结果等）、计数资料（阳性反应或阴性反应数、动物死亡或存活数）、心电图、脑电图、肌电图等。

实验结束后，应对原始资料进行及时的整理和分析。实验结果如果以曲线、图形等形式记录在实验仪器上的，经过科学剪辑，可通过打印机打印出来，附在实验报告上。实验结果以测定数据记录的，需经过统计学处理后，以表格或统计图形式表示。用统计图或统计表表达实验结果时，均应有图题或表题，必要时添加"图注"或"表注"，统计表应采用标准的三线表。

（二）实验报告的书写要求

1. 实验报告的重要性　实验报告是将实验的目的、原理、方法、结果等内容如实地记录下来，经过整理、分析和讨论而写出的书面报告，是完成一项实验后的全面总结。一份实验报告的质量可以体现出实验者的学习态度、实践能力和文字表达能力。一份好的实验报告应记述明确的实验目的、准确的药物剂量、可靠的实验方法、取得的结果和对实验结果进行分析讨论得出的正确结论。通过实验报告的撰写，可使学生对实验过程中获得的理论知识和操作技能进行全面总结，将认识从感性提高到理性的高度。

2. 实验报告的书写格式　实验报告要求字迹清楚、结构完整、文字简练、条理清晰，并应遵守固定的格式。其格式内容包括：①姓名、班级、组别、日期、同组者；②实验名称；③实验目的和原理；④实验对象；⑤实验仪器和药品；⑥实验方法；⑦实验结果；⑧讨论与结论等。

3. 实验报告的书写内容

（1）实验名称：即实验报告的题目。

（2）实验目的和原理：实验目的是说明通过实验要学习和掌握的相关理论，应掌握的实验方法和技术，所要达到的预期结果等。实验原理是指所设计的实验方案的可行性理论依据。可用简短的文字书写目的和原理，但应注意实验目的的明确性和实验原理的科学性、逻辑性，力求清晰、准确、完整。

（3）实验对象：实验动物的种属、品系、数量、选择标准与动物特征（如性别、年龄、体重、健康状况等）。另外实验对象也可能是人。

（4）实验仪器和药品：实验中用到的各种仪器设备名称，药品或试剂名称、剂量、浓度等。

（5）实验方法：书写时，要按实验时实际操作和具体情况，真实而详细地记录，以反映实验进行的实际过程，并使他人能清楚了解实验过程。其表达形式可采用文字按序号描述，可列表格，也可绘制箭头图或流程图等来表述。要求完整、客观、具体、精练、清楚地表达。

（6）实验结果：是整个实验报告最重要的部分。应将实验中所观察到的各种现象，包括定性或定量结果，动态变化过程和最终结果，真实、准确、详细地记录下来。根据不同类型的实验结果选用不同的表达方法，数据结果可用图表来表示，图表均应有编号；凡以曲线记录实验结果时，应注明纵横坐标的名称和单位；定性实验结果，可用"－"、"±"、"＋"、"＋＋"、"＋＋＋"、"＞"或"＜"等表示；凡属计量资料和计数资料，应以正确单位和数值作定量的表达，不能笼统地记录。如因操作失误或实验动物发生意外未能完成所需观察的实验结果，应在实验报告中如实说明，绝不可伪造实验数据。

（7）讨论：讨论是根据实验所观察的现象与结果，联系理论知识，对实验结果进行分析和解释。如为预期结果，应结合理论知识对其作用、作用机制进行阐述；如未达到预期结果，应分析实验中的失误或误差，并总结经验教训。

（8）结论：结论应以实验结果为依据，在讨论的基础上概括并总结出本实验所发现或所能证明的论点或推论。结论要求证据充分，简单明了。

三、实验室规则和操作规程

1. 不迟到，不早退，因故缺席应向指导教师请假并得到批准；遵守课堂纪律，听从教师指导，实验过程中应严肃认真，严禁嬉戏打闹；禁止在实验室吃东西；进实验室应穿白大衣。

2. 实验者必须先熟悉仪器使用要点后才能使用，发现仪器损坏或失灵，应及时向指导教师报告；未经指导教师同意，不得随意捉拿实验动物、动用实验仪器及器械；严禁在计算机上玩游戏或运行与实验无关程序。

3. 每个实验组应指派专人领取实验器材和药品，清点数量，签字确认；各实验组之间不得擅自挪用或调换实验器材，公用器材和试剂用毕后及时放回原处；不得擅自将实验器材、药品、试剂、动物等带离实验室，若有损坏或遗失，应及时报告，查明责任后按学校有关规定赔偿。

4. 爱护实验动物，不在实验动物身上进行与本次实验无关的操作；实验中注意动物麻醉状态，尽量减轻动物痛苦，实验结束后严格按照实验动物使用要求正确处死动物。

5. 实验结束后，清理干净本组实验台，非一次性实验器材洗净擦干，摆放整齐，动物尸体及污物（尤其是动物被毛、离体组织标本、腐蚀污染性废物等）投放到指定地点；实验室卫生由各实验组轮流打扫，保持整洁，离开时关闭水、电、门窗。

6. 实验过程中出现其他问题，应及时向指导教师请示、报告；离开实验室前请实验指导教师检查验收后方能离开。

四、机能学实验考核办法

作为一门独立的课程，机能学实验学习结束后应组织单独的考核。根据课程内容，原则上考核应由平时成绩、实验技能考核和实验设计三部分组成。平时成绩重点考察学生的课堂表现、实验报告书写质量等；实验技能考核重点考查学生对实验技术掌握的熟练度和操作的规范性；实验设计重点考查学生所设计的实验的科学性、可行性和创新性；各部分应占有相近的分值比例，分别体现学生的学习态度，学生对基本知识的掌握，学生实践动手能力，学生利用所学知识分析、解决问题的能力以及科学精神和创新意识。通过考核不但可以检验教学效果，同时也有助于发现教学中存在的问题和不足，以便不断改进和完善，推动机能学实验课程改革不断向前发展。

（王麟　孙宏丽）

第二节　机能学实验常用仪器的使用

一、BL-420 生物机能实验系统

BL-420 生物机能实验系统是配置在计算机上的 4 通道生物信号采集、放大、显示、记录与处理系统。主要由以下三个部分构成：PC 机、BL-420 系统硬件、TM_WAVE 生物信号采集与分析软件。

BL-420 系统硬件是一台程序可控，带 4 通道生物信号采集与放大功能及程控刺激器于一体的设备。TM_WAVE 生物信号采集与分析软件是利用微机的图形显示与数据处理功能，同时显示 4 通道从生物体或离体器官中探测到的生物电信号或张力、压力等生物非电信号的波形，并对其进行存贮、分析及打印（图 1-1）。

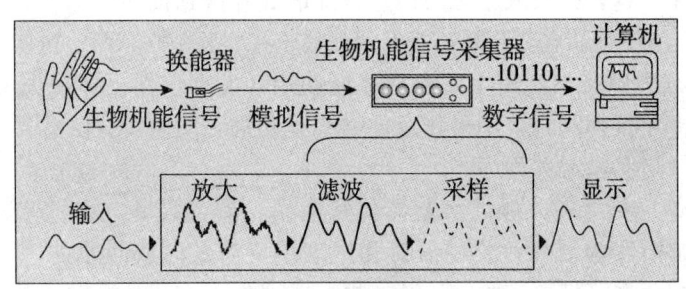

图 1-1　BL-420 生物机能实验系统工作原理

下面以 BL-420S 型为例介绍 BL-420 生物机能实验系统使用方法。

（一）TM_WAVE 软件使用方法

TM_WAVE 信号显示与处理软件是以图形化的 WinXP 操作系统为基础，通过直接点击直观的图标来完成大部分的功能。

1. 启动及退出

（1）进入 WinXP 操作系统。

（2）双击 TM_WAVE 软件的启动图标即启动该软件。

（3）退出软件：选择 TM_WAVE 软件"文件"菜单中的"退出"命令即可退出软件。

2. 主界面（图 1-2）

主界面从上到下依次主要分为：标题条、菜单条、工具条、波形显示窗口、数据滚动条及反演按钮区、状态条 6 个部分；从左到右主要分为：标尺调节区、波形显示窗口和分时复用区 3 个部分。

在标尺调节区的上方是通道选择区，其下方是 Mark 标记区。分时复用区包括控制参数

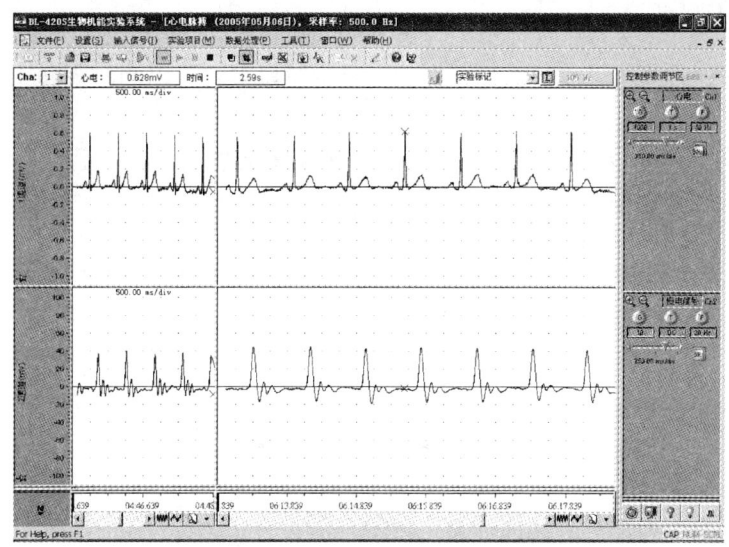

图 1-2 TM_WAVE 生物信号采集与分析软件主界面

调节区、显示参数调节区、通用信息显示区、专用信息显示区和刺激参数调节区五个分区，它们分时占用屏幕右边相同的一块显示区域，可以通过分时复用区底部的 5 个切换按钮在它们之间进行切换（表 1-1）。

表 1-1 TM_WAVE 软件主界面上各部分功能一览表

名称	功能	备注
标题条	显示 TM_WAVE	软件的名称及实验相关信息
菜单条	显示所有的顶层菜单项，其中的某菜单项可弹出子菜单。最底层的菜单项代表一条命令	菜单条中一共有 8 项顶层菜单
工具条	一些最常用命令的图形表示集合，使常用命令的使用变得方便与直观	共有 22 个工具条命令
左、右视分隔条	用于分隔左、右视，调节左、右视大小	左、右视面积之和相等
特殊实验标记编辑	用于编辑特殊实验标记	包括特殊标记选择列表和打开特殊标记编辑对话框按钮
标尺调节区	选择标尺单位及调节标尺基线位置	
波形显示窗口	显示生物信号的原始波形或数据处理后的波形，每一个显示窗口对应一个实验采样通道	主界面中最重要的组成部分
显示通道之间的分隔条	用于分隔不同的波形显示通道，也是调节波形显示通道高度的调节器	4 个显示通道的面积之和相等
分时复用区	包含硬件参数调节区、显示参数调节区、通用信息区、专用信息区和刺激参数调节区五个分时复用区域	这些区域占据屏幕右边相同的区域
Mark 标记区	用于存放 Mark 标记和选择 Mark 标记	Mark 标记在光标测量时使用
时间显示窗口	显示记录数据的时间	在数据记录和反演时显示
数据滚动条及反演按钮区	用于实时实验和反演时快速数据查找和定位，可同时调节四个通道的扫描速度	
切换按钮	用于在五个分时复用区中进行切换	
状态条	显示当前系统命令的执行状态或一些提示信息	

3. 生物信号波形显示窗口　是 TM_WAVE 软件主界面中最重要的组成部分，所有生物信号波形及处理后的结果波形均显示在波形显示窗口中，可以同时观察 4 个通道的生物信号波形。

图 1-3 表示一个通道的波形显示窗口，包含有标尺基线、波形显示和背景标尺格线三部分。

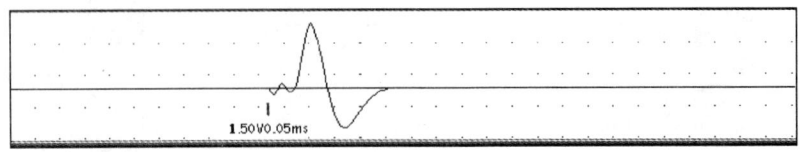

图 1-3　TM_WAVE 软件生物信号显示窗口

波形显示窗口中各部分的功能如表 1-2：

表 1-2　生物信号波形显示窗口各部分功能一览表

名称	功能	备注
标尺基线	生物信号的参考零点，其上为正，其下为负	
波形显示	显示采集到的生物信号波形或处理后的结果波形	
背景标尺点	波形幅度大小和时间长短的参考刻度线或点	其类型和颜色可选

在通道显示窗口中还有一个快捷功能菜单，在单击鼠标右键时，TM_WAVE 软件将会完成两项功能：一是结束所有正在进行的选择功能和测量功能；二是弹出一个快捷功能菜单，参见图 1-4。在这个快捷功能菜单中包含的命令大部分与通道相关，如果需要对某个通道进行操作，就直接在那个通道的显示窗口上单击鼠标右键弹出与那个通道相关的快捷菜单。

在一个或多个通道显示窗口中选择一块区域，该区域以浑色方式显示称区域选择。有很多功能与其相关，包括显示窗口快捷菜单中的数据导出功能；在区域选择的同时，TM_WAVE 软件内部还完成了选择区域参数测量和选择区域图形复制等操作。

区域选择有两种方法：一种是在一个通道显示窗口中进行区域选择，见图 1-5；另一种是同时选择所有通道显示窗口中相同时间段的一块区域，见图 1-6。两种区域选择的操作方法相同，只是完成操作的窗口不同，前一种操作在通道显示窗口中完成，后一种操作在时间显示窗口中完成。

区域选择后，系统内部将自动完成选择区域的图形复制，将区域选择的一块窗口区域连同从这块区域波形中测出的数据一起以图形的方式发送到 Windows 操作系统的一个公共数据区-剪辑板内，以后可以将其粘贴

图 1-4　信号显示窗口中的快捷菜单

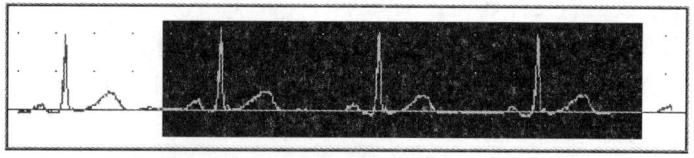

图1-5 在一个通道显示窗口中进行区域选择

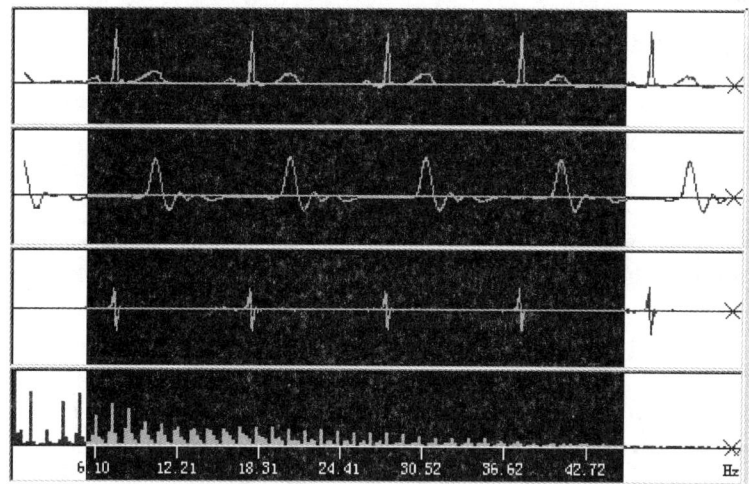

图1-6 对多个通道显示窗口中相同时间段的区域进行区域选择

到任何可以显示图形的 Windows 应用软件，如 Word、Excel 或画图中。

下面对显示通道快捷菜单中每个命令进行详细介绍：

（1）自动回零：此功能可以使由于输入饱和而偏离基线的信号迅速回到基线上。如果给 BL-420 系统的信号输入接口加入一个很大的输入信号，就会引起该通道放大器信号饱和，执行该命令可以立刻消除放大器的零点飘移。

（2）原始数据导出：指将选择的一段反演实验波形的原始采样数据以文本形式提取出来，并存入到相应的文本文件中。此功能只在数据反演阶段起作用，并且在对某个通道的实验数据进行了区域选择之后这个命令才有效。

具体操作如下：

1) 拖动反演滚动条在整个反演数据中查找需要导出的实验波形段；

2) 将需要导出的实验波形段进行区域选择；

3) 在选择的区域上单击鼠标右键弹出通道显示窗口快捷菜单，选择数据导出命令，数据导出菜单中有"本通道数据"和"所有通道数据"两个子命令，选择其一完成数据导出（图1-7）。

执行数据导出命令后得到选择波形段的原始采样数据以文本形式存入到 \ data 子目录下，并以 "datan.txt" 命名，其中 n 代表通道号，如从 1 通道上选择的数据段导出到 data1.txt 文本文件中，如果选择导出"所有

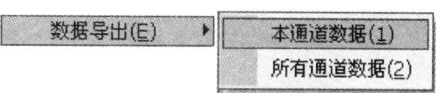

图1-7 数据导出子菜单

通道数据",那么导出数据的文件名为:data.txt。

导出的原始数据采用文本格式,方便在 notepad 等文本编辑器中进行查看,另外文本类型这种中间格式可以被读入到很多其他的数据统计、分析软件,如 Excel、MatLab、SAS、SPSS 中进一步统计、分析处理(图 1-8)。

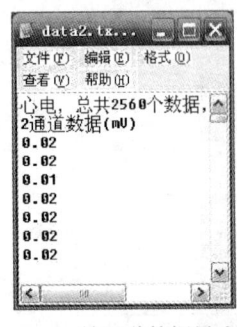

单通道数据导出　　　　　　　多通道数据导出

图 1-8　记事本中看到的导出数据 datan.txt

(3) 测量点数据导出:此功能可以将测量光标位置处的波形点数据直接导出到 Excel 中,如将无创血压测定中得到的收缩压、舒张压、心率等指标直接导出到 Excel 中进行统计分析。选择这个命令,会向右弹出下面菜单(图 1-9)。

通过这个功能,在无创血压测量中,可以将每次测量得到的收缩压和舒张压直接导入到 Excel 中,方法如下:

1) 打开要测量的数据文件;
2) 通过单击工具条上的"打开 Excel"命令打开 Excel 电子表格;
3) 通过窗口左上角的通道选择列表框选择要测量血压的通道,一般压力在 1 通道;
4) 移动十字光标到要测量数据的点,比如收缩压点,参见图 1-10;

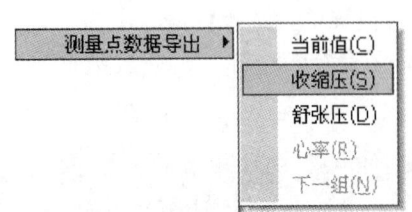

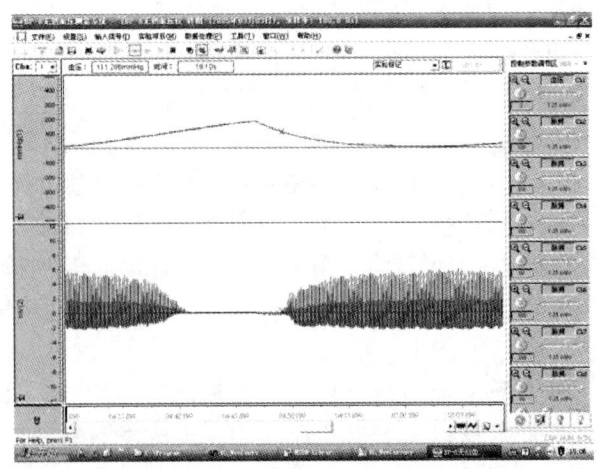

图 1-9　测量点数据导出子菜单　　　图 1-10　无创血压收缩压测定示意图

5) 单击鼠标右键弹出快捷菜单,选择"测量点数据导出"命令,在弹出的子菜单中选择要导出的项,包括收缩压、舒张压、心率和当前值,选择完成后,系统自动导出数据到 Excel 中,参见图 1-11;

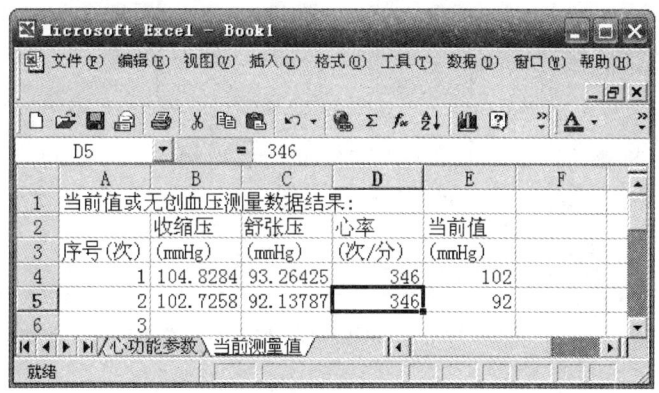

图 1-11　测量点数据导出后 Excel 中的测量值

6) 使用同样的方法也可以将光标当前位置处的测量数值直接导出到 Excel 中;

7) 测量心率:测量心率必须配合 Mark 标记,首先将 Mark 标记从窗口左下角拖到要测量的第 1 个脉搏波的顶点,释放鼠标左键;然后移动光标到第 4 个脉搏波上,单击鼠标右键弹出快捷菜单,选择"测量点数据导出"→"心率",完成心率的测量并导出到 Excel (图 1-12)。

(4) 叠加波形:该命令在刺激触发方式下有效。它用于打开或关闭叠加波形曲线(图 1-13)。

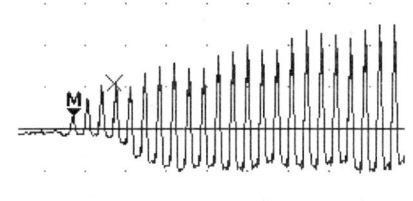

图 1-12　心率测量方法示意图

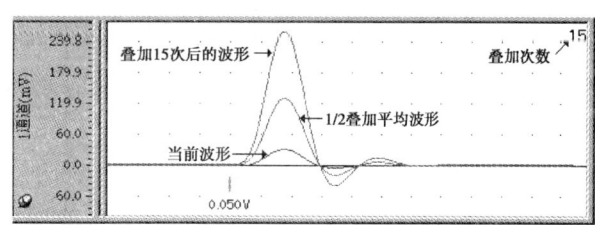

图 1-13　刺激触发方式下的叠加及叠加平均波形

(5) 叠加平均波形:该命令在刺激触发方式下有效。它用于打开或关闭叠加平均波形,叠加平均波形以深灰色显示。叠加平均波形是叠加波形除以一个整数倍数得到的。当选择这个命令后,会弹出一个平均倍数输入对话框。对话框中的有效范围是指从 1 到 2 倍当前刺激次数之间的范围,默认平均输入倍数为当前刺激次数(图 1-14)。

(6) 最近 10 次波形开关:该命令在刺激触发方式下有效。使用该命令可以同时打开或关闭最近 10 次刺激触发得到的波形,构成一幅伪三维图形,参见图 1-15,有助于对前后波形的比较。在同时显示的 10 次波形中,最上面的一条波形是时间最近的一条,越下面的波形时间越远。

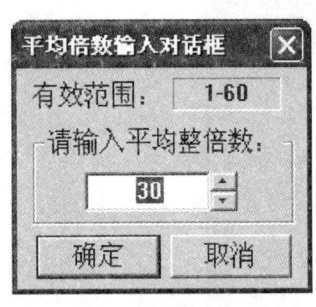

图 1-14 平均倍数输入对话框

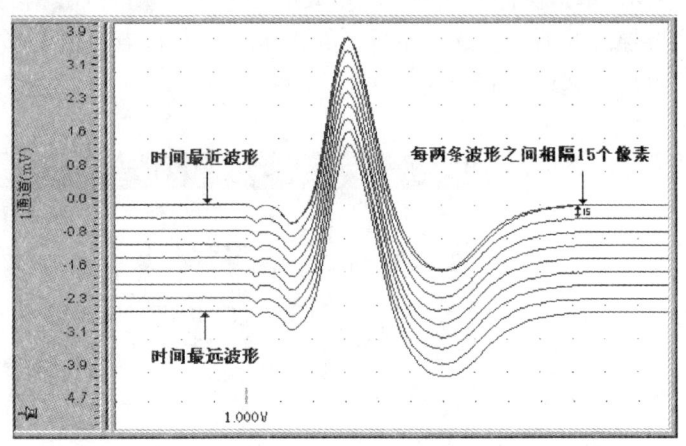

图 1-15 刺激触发方式下的最近 10 次波形显示

(7) 比较显示：该命令用于打开或关闭比较显示方式。比较显示是指将所有通道的波形一起显示在 1 通道的波形显示窗口中进行比较，参见图 1-16。这个功能在进行神经干动作电位传导速度的测定实验中非常有用。

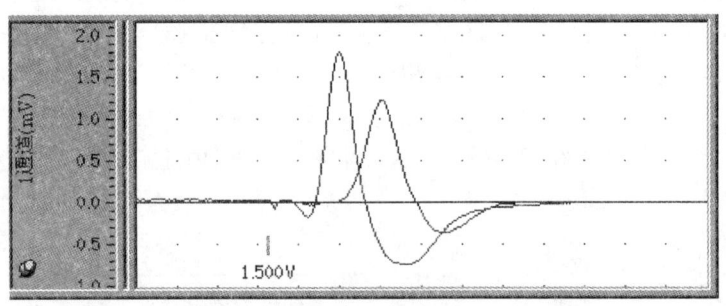

图 1-16 对 1、2 通道的动作电位进行比较显示

(8) 信号反向：用于将选择通道的波形曲线进行正负反向显示。

(9) 添加特殊标记：用于在波形的指定位置添加一个特殊实验标记。在某一个实验通道的空白处（指与其他特殊实验标记相隔一定距离的地方）单击鼠标右键，弹出的快捷菜单中该命令有效，选择该命令，弹出"特殊标记编辑"对话框，在这个对话框的编辑框中输入新添加的特殊实验标记内容，按下"确定"按钮，该特殊实验标记将添加在单击鼠标右键的地方，添加的特殊实验标记不能超过 30 个汉字（图 1-17）。

4. 数据提取 生物机能实验的目的是验证或研究生物机体在某种实验条件下的反应状况，这种反应是以某种形式（如数据的变化、图形的变化）表现出来的，其中某些数据是有用的，有些可能是无效的。将有用的数据从大量的原始数据中提取出来的方法就是数据提取。数据提取主要有以下 3 种方式：

(1) 数据剪辑：指将选择的一段或多段反演实验波形的原始采样数据按 BL-420 的数据格式提取出来，并存入到指定名字的 BL-420 格式文件中。由于数据剪辑提取的数据格式为 BL-420 数据格式，所以该剪辑数据可以被 BL-420 生物机能实验系统的软件所读取，并能继续在该数据上进行分析及数据提取等操作。操作如下：

1) 在整个反演数据中查找需要剪辑的实验波形。

2) 将需要剪辑的实验波形进行区域选择，可以同时选择多屏数据。

3) 按下工具条上的数据剪辑命令按钮，或者在选择的区域上单击鼠标右键弹出快捷功能菜单并选择"数据剪辑"功能，就完成了一段波形的数据剪辑；可以通过"设置"→"数据剪辑方式"菜单命令设置只剪辑单个通道数据还是同时剪辑多个通道数据，剪辑的数据段以灰色显示，参见图1-18。

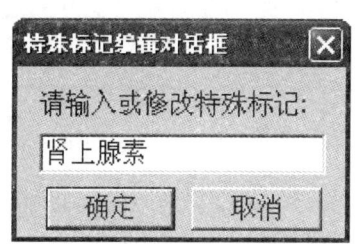

图1-17 特殊标记编辑对话框

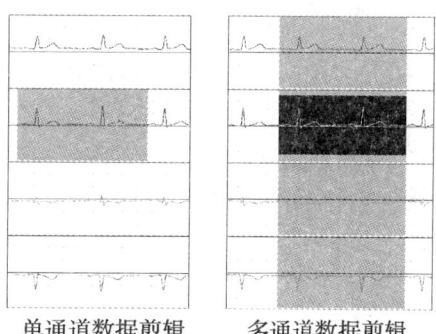

单通道数据剪辑　　多通道数据剪辑

图1-18 数据剪辑

4) 重复以上3步对不同波形段进行数据剪辑。

5) 停止反演，一个以"cut.tme"命名的数据剪辑文件将自动生成，可以按照需要重命名剪辑文件，但不能与打开反演文件重名。数据剪辑的文件存贮在\data子目录下，其文件扩展名为tme。

(2) 图形剪辑：指从通道显示窗口中选择一段波形连同从这段波形中测出的数据一起以图形的方式发送到Windows操作系统的一公共数据区内，以后可将这块图形粘贴到BL-420软件的剪辑窗口中或任何可以显示图形的Windows应用软件如Word、Excel中。操作如下：

1) 在实时实验过程或数据反演中，按下"暂停"按钮使实验处于暂停状态，此时，工具条上的图形剪辑按钮处于激活状态，按下该按钮系统就处于图形剪辑状态。

2) 对一段波形或多个通道的波形进行区域选择。

3) 区域选择后，图形剪辑窗口出现，上一次选择的图形自动粘贴到图形剪辑窗口中。

4) 选择图形剪辑窗口右边工具条上的退出按钮退出图形剪辑窗口。

5) 重复1、2、3、4剪辑其他波形段的图形，然后拼接成一幅整体图形，可以打印、存盘，也可复制到其他应用程序中。

注意：当刚进入图形剪辑窗口的时候，图形剪辑工具条上的命令按钮处于不可用的灰色状态，只需在图形剪辑页的任意位置单击鼠标左键，命令按钮即可使用。

(3) 区间测量数据结果的导出：区间测量数据结果的导出不是严格意义上的数据提取，它导出的是处理后的结果数据而非原始数据，但由于它也是将有用数据从实验波形的测量中提取出来，所以还是将其归为数据提取的一种。实验中使用区间测量进行数据测量时，区间测量的结果将直接写入到Excel文件中，同时，这些数据也以resultn.txt（n代表通道号）

文件名存贮为标准的 Windows 文本文件，可以直接被读入到 Excel、Access、Word、写字板等 Windows 通用软件中进行数据处理（图 1-19）。

	A	B	C	D	E	F	G	H	I	J	K
1	2通道区间测量数据结果:										
2	序号(次)	心率	时间(s)	最大值(mV)	最小值	峰峰值	平均值(	面积(mV*s)	最大上升速度(mV/ms)	最大下降速度	均方误差(mV)
3	1	162	2.152	0.674	-0.748	1.422	-0.003	0.135	0.841	-0.2	0.123
4	2	168	1.464	0.675	-0.743	1.418	-0.009	0.089	0.821	-0.19	0.123
5	3	169	1.352	0.651	-0.674	1.325	-0.013	0.107	0.751	-0.117	0.1313
6	4	169	2.104	0.657	-0.681	1.336	-0.016	0.163	0.736	-0.12	0.13
7	5	169	3.528	0.657	-0.681	1.336	-0.016	0.271	0.751	-0.12	0.13
8	对上面5组数据进行统计平均,										
9	平均值	167	2.12	0.6628	-0.705	1.3674	-0.011	0.153	0.78	-0.1494	0.12746

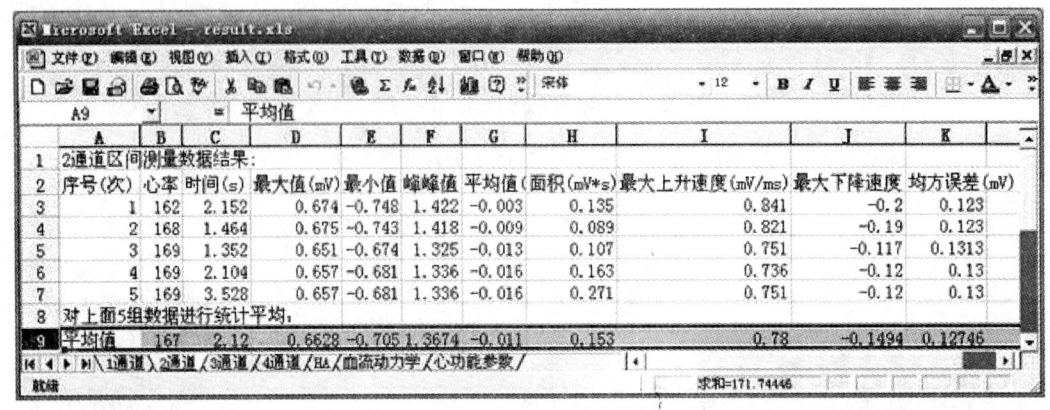

图 1-19　区间测量的结果存贮为 Excel 文件

（二）TM _ WAVE 软件菜单

TM _ WAVE 软件有 8 个顶级菜单。相当于对菜单命令进行第一次分类，将相同性质的命令放入到同一顶级菜单项下（图 1-20）。

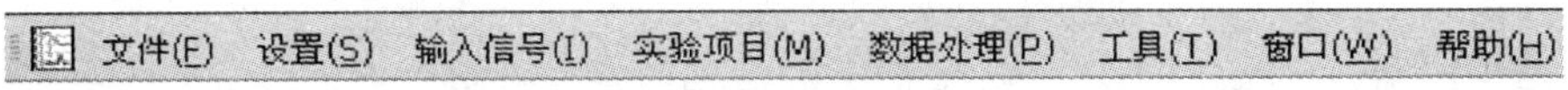

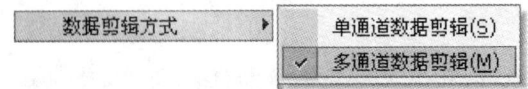

图 1-20　TM _ WAVE 软件的顶级菜单条

1. 文件菜单　用鼠标单击顶级菜单条上的“文件”菜单项，“文件”下拉式菜单被弹出。

文件菜单中包含有打开、另存为、保存配置、打开配置、打开上一次实验配置、高效记录方式、安全记录方式、打印、打印预览、打印设置、最近文件和退出 12 个命令。

2. 设置菜单　用鼠标单击顶级菜单条上的“设置”菜单项，“设置”下拉式菜单被弹出。

菜单中包括工具条、状态栏、实验标题、实验人员、实验相关数据、计滴时间、光标类型和定标等 17 个菜单选项，其中工具条、显示方式、显示方向和定标等子菜单下还有二级子菜单。常用菜单如下：

（1）数据剪辑方式：选择该命令，将弹出下面子菜单（图 1-21）。

图 1-21　数据剪辑方式菜单项的子菜单

该子菜单内包含有单通道数据剪辑和多通道数据剪辑两个命令。单通道数据剪辑只剪辑选择通道数据形成一个新的 . tme 文件。这个功能非常有用，它可以从多通道数据中只提取某通道的有用数据。多通道数据剪辑的数据与原始数据具有相同的记录通道数。只能用一种方式对某个文件进行数据剪辑,在剪辑过程中不能改变方式。

(2)定标:选择该命令,将弹出定标菜单的子菜单。该子菜单有调零和定标两个命令(图1-22)。

1)调零:①从"定标"子菜单中选择"调零"命令,此时会弹出一个提示对话框;②在提示对话框中按"确定"按钮,会弹出一个"放大器调零"对话框,参见图1-23,同时,系统打开所有硬件通道并自动启动数据采样和波形显示,进行调零处理。如,选择1通道调零处理,如果1通道的波形显示在基线下方,那么就按"增档"按钮,直到波形曲线被抬高到离基线最近的位置为止,以此类推,可以对2-4通道进行调零处理,当每个通道均调零完毕后,按"确定"按钮存贮调零结果,结束本次调零操作。

"放大器调零"对话框中的"清除"按钮用于清除上一次调零的结果,"取消"按钮用于结束本次调零操作,但不将本次调零的结果存贮到磁盘上(图1-23)。

2)定标:选择该命令将弹出一个"定标密码输入"对话框,输入定标密码,默认的定标密码为123456。如果输入的密码不对,系统将禁止进行定标操作(主要是防止学生在实验中因误操作而造成原来定好的标值丢失)。输入正确的定标密码,进入定标,此时,4个信号采集通道将自动启动数据采样,并且在TM_WAVE软件主界面的左下方将弹出一个"定标"对话框,通过选择定标对话框中不同参数就能够在一次定标过程中同时完成对4个通道的不同传感器信号的定标操作(图1-24)。

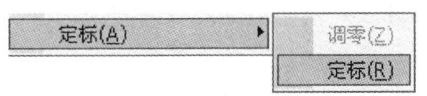

图1-22 定标菜单项的子菜单

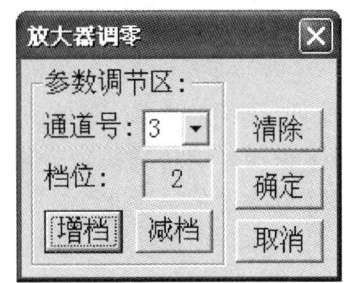

图1-23 "放大器调零"对话框

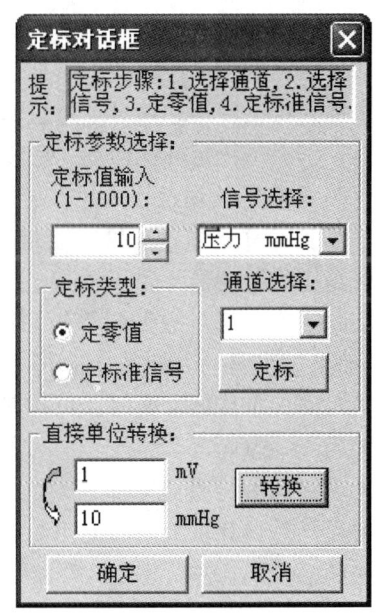

图1-24 定标对话框

操作如下:①如果要对张力信号进行定标处理,需要将"信号选择"参数选为张力信号;②首先对1通道进行定标,将"定标类型"参数设定为"定零值",然后将张力传感器插入到1通道上,并使其处于不加任何负载状态,通过观察1通道出现的波形,调节张力传感器的零点,使其输入信号处于离1通道基线最近的位置。当输入信号稳定后,用鼠标按下定标对话框中右下方的"定标"按钮完成定零值；③将定标类型参数设定为"定标准信号"，然后在张力传感器上挂一个砝码，砝码的大小可以在1~20 g的范围内任意选择，如选择10 g重的砝码，然后在"定标值输入"编辑框中输入10。观察1通道波形显示的位置，不能使其饱和（输入信号线处于窗口顶部，可以认为输入信号已经饱和），如果输入信号饱和，可以通过减小1通道的增益或减小传感器上吊挂砝码的重量等方法来使传感器的输入处于非饱和状态。当输入信号稳定后，用鼠标按下"定标"对话框中右下方的"定标"按钮，完成1通道张力信号的定标；④将通道选择参数设定为2通道，定标类型参数设定为"定零值"，然后将同一个张力传感器插入到2通道的信号输入接口上，注意，此时，无论2通道的输入信号线是否在基线上，均不可再调节张力传感器的零点，否则，1通道的定标值将不准确。重复步骤②、③完成2通道的定标操作。一般而言，为了获得精确的测量结果，不同的通道应该使用不同的传感器；⑤使用与2通道定标同样的方法为3通道、4通道定标；⑥如果需要其他传感器信号，如压力信号、温度信号、气体流量信号等定标，其定标方法与张力信号定标的方法完全一样，只是需要将"信号选择"参数改为其他信号的名称，同时连接不同的传感器即可；⑦定标完成后，按"确定"按钮，定标结果将被存贮到 tm_wave.cfg 配置文件中；如果按"取消"按钮，本次定标无效，定标结果将不被存贮。以后，若不再进行定标操作，计算机将一直使用此次定标的结果；如果重新进行定标，那么新的定标结果将被存贮并将被系统所使用。

除了按照上面的步骤通过输入信号定标外，对于一些已经知道转换值的信号，如PT-100免定标压力传感器，1 mV＝10 mmHg 的转换值已经固定，FT-100免定标张力传感器，1 mV＝1 g 的转换值也已固定，可以直接输入转换值来实现定标操作，只需在"定标"对话框下面的"单位转换"组框中输入 mV 和要转换的信号值，然后按下"转换"按钮完成定标。直接转换和信号定标是两种独立的定标方法，两者达到的效果完全一样。

注意：①在进行定标操作前，应该先对系统进行调零操作，原则上调零和定标操作在整个 BL-420 系统的使用过程中只需进行一次，除非 tm_wave.cfg 配置文件被破坏了。无论是 BL-420 系统中的电子元件，还是换能器都会随着使用次数的增加出现灵敏度改变的现象，尤其是压力换能器。对于需要进行精确测量的科研而言，应该重新进行调零、定标操作，以消除这些变化对数据测量带来的影响。②在"定标准信号"之前，必须首先"定零值"；③如果想将同一个传感器在不同的通道上使用，那么必须在每个通道上都定标，因为每个通道对同一个传感器而言，可能使用不同的定标值，在某一通道上的定标值不能被其他通道所使用。一般而言，科研工作为了获得精确的测量结果，不同的通道应该使用不同的传感器；④定标后的传感器只能在对它进行定标的计算机上使用才能得到精确的测量结果；⑤如果要在同一计算机上同时使用3个传感器，那么需要对这3个传感器进行编号，如按传感器连接的输入通道进行编号，1号传感器接1通道，2号传感器接2通道，以此类推，然后对每个传感器针对每个通道分别进行定标，才能得到精确的测量结果。

3. 输入信号菜单 用鼠标单击顶级菜单条上的"输入信号"菜单项时，"输入信号"下拉式菜单将被弹出（图1-25）。

当为某个输入通道选择了一种输入信号类型之后，这个实验通道的相应参数采样率、增益、时间常数、滤波、扫描速度等就被设定好了。

选择与所做实验相对应的输入信号类型能够得到比较好的实验效果，但并不是只能选择某种信号才能进行那种实验，实际上，选择菜单中排列靠上的信号类型都可以完成排列在它下面的那些实验，但是，需要对相应的实验参数按照新的信号类型要求进行设置。如果要完成的实验在所列举的信号类型中没有，可以选择"神经放电"，然后再调节相应的参数。

不同的通道可以选择不同的信号，当选定所有通道的输入信号类型之后，使用鼠标单击工具条上的"开始"命令按钮，就可以启动数据采样，观察生物信号的波形变化了。

4. 实验项目菜单　用鼠标单击顶级菜单条上的"实验项目"菜单项时，"实验项目"下拉式菜单将被弹出（图1-26）。

实验项目下拉式菜单中包含有9个菜单项，将生理及药理实验按性质分类，在每一组分类实验项目下又包含有若干个具体的实验模块，当选择了一个实验模块之后，系统将自动设置该实验所需的各项参数（采样通道、采样率、增益、时间常数、滤波以及刺激器参数等），并将自动启动数据采样。

5. 数据处理菜单　单击顶级菜单条上的"数据处理"菜单项时，"数据处理"下拉式菜单将被弹出（图1-27）。

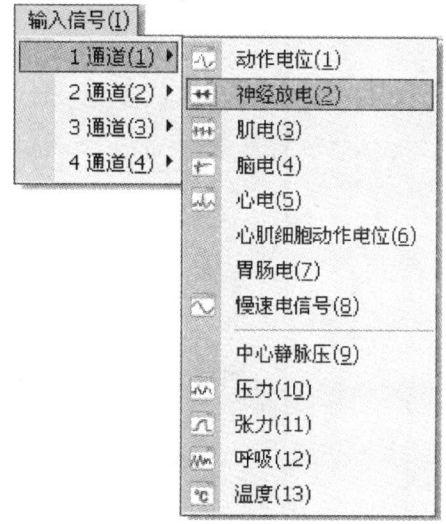

图1-25　BL-420输入信号下拉式菜单

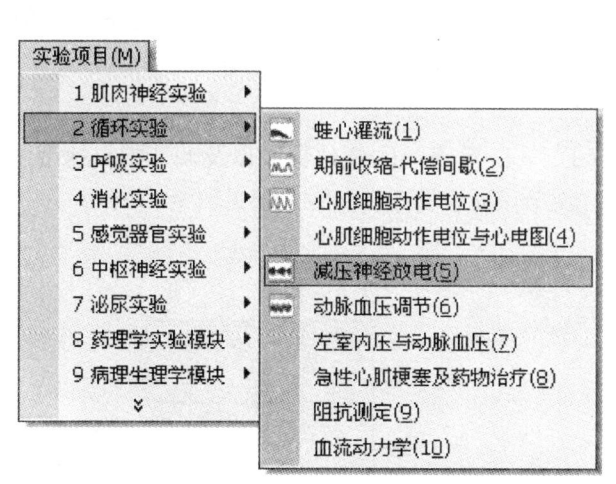

图1-26　实验项目下拉式菜单

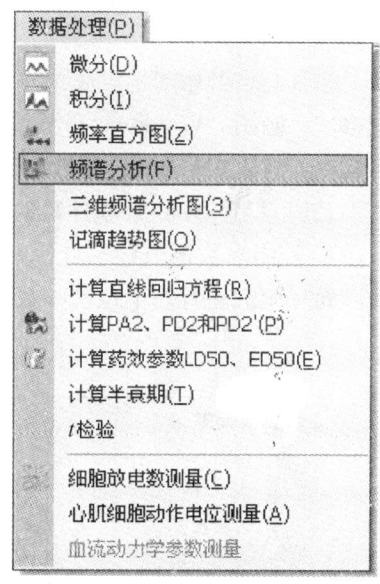

图1-27　数据处理下拉式菜单

数据处理菜单中包括14项命令。

（t检验：t检验主要用于小样本抽样后的差异性统计。发表科研文章都需要这个指标。选择该命令，将弹出"t检验计算"对话框，参见图1-28。按照要求在对话框中输入相关数据，然后按"计算"按钮，计算机将自动计算出t值、P值，并对结果进行描述。）

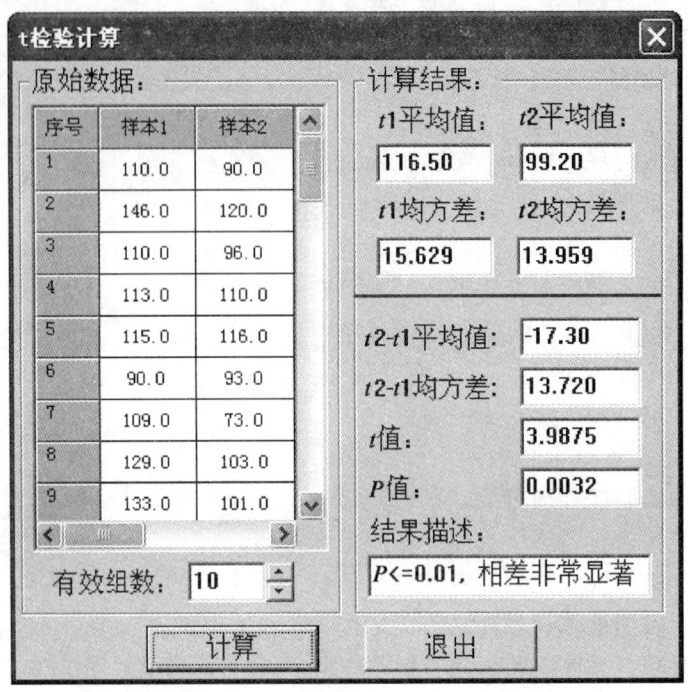

图 1-28 "半衰期的计算"对话框

6. 工具菜单　用鼠标单击顶级菜单条上的"工具"菜单项时,"工具"下拉式菜单将被弹出（图 1-29）。

工具菜单的作用是集成 Windows 操作系统中的工具软件和其他 Windows 应用软件,如记事本、画图、Windows 资源管理器、计算器、Excel、Word 等。选择工具菜单上的某一个命令,将直接从 TM_WAVE 软件中启动选择的 Windows 应用程序。

（三）TM_WAVE 软件其他部分说明

1. 控制参数调节区　此区用来设置 BL-420S 系统的硬件参数以及调节扫描速度的区域,每一个通道有一个控制参数调节区,调节该通道的控制参数,参见图 1-30。

图 1-29　工具下拉式菜单

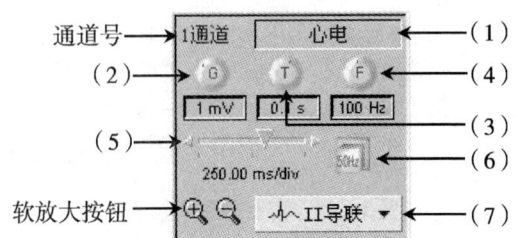

图 1-30　一个通道的控制参数调节

（1）通道信息显示区：用于显示该通道选择信号的类型,如心电、压力、张力、微分等。当选定一种信号之后,信号名称就已经确定。也可根据需要修改信号名称。

(2) 增益调节旋钮：用于调节通道增益（放大倍数）档位。方法：在增益调节旋钮上单击鼠标左键将增大一档该通道的增益，单击鼠标右键减小一档该通道的增益。如果在增益旋钮下面的增益显示窗口中单击鼠标右键，会弹出一个增益选择菜单，可以直接选择一种增益。

(3) 时间常数调节旋钮：用于调节时间常数的档位。方法：在时间常数调节旋钮上单击鼠标左键将减小一档该通道的时间常数，而单击鼠标右键则增大一档该通道的时间常数。

当更改某一通道的时间常数值之后，时间常数调节旋钮下的时间常数显示区将显示时间常数的当前值。在时间常数显示区内单击鼠标右键会弹出一个时间常数选择菜单。时间常数又叫高通滤波，每一个时间常数值对应于一个频率值。

(4) 滤波调节旋钮：用于调节低通滤波的档位。方法参见时间常数调节旋钮的调节方法。

注意：当增益调节旋钮、时间常数调节旋钮或滤波调节旋钮上的档位指示点为深蓝色时，表示这三个按钮当前不可调节；当这三个旋钮上的档位指示点变为红色时，可以调节。

(5) 扫描速度调节器：其功能是改变通道显示波形的扫描速度。在 BL-420 系统中，每个通道均可根据需要独立设置扫描速度，如用 1 通道观察动物心电，同时用 2 通道观察该动物的动脉血压，现在，为这只动物注射一种新的实验药品，一方面要观察该动物在注射了该药物后的心电变化；另一方面又要观察其动脉血压的变化。心电显示需要较快的扫描速度（太慢的扫描速度使心电连成一片，无法分辨），而观察动脉血压的变化要很慢的扫描速度，只要将两个通道的扫描速度调节为不同，即可同时观察记录要求不同扫描速度的波形。在 TM_WAVE 软件中，针对不同的输入信号预先设有不同的扫描速度档位。

(6) 50 Hz 滤波按钮：用于启动 50 Hz 抑制和关闭 50 Hz 抑制功能。50 Hz 信号是交流电源中最常见的干扰信号，如果 50 Hz 干扰过大，会造成有效的生物机能信号被 50 Hz 干扰淹没，无法观察到正常的生物信号。此时，需要使用 50 Hz 滤波来削弱电源带来的 50 Hz 干扰信号。

注意：50 Hz 波形可能是有效生物机能信号波形的一种成分，如果滤除掉 50 Hz 波形，会造成有效生物机能信号波形发生畸变。一般而言，观察小鼠心电信号不能进行 50 Hz 滤波。那么如何削弱交流电源本身带入的 50 Hz 干扰呢？最好的办法是使用接地良好的电源。

(7) 全导联心电选择按钮：用于打开和关闭全导联心电信号，可以通过下拉式按钮选择标准 12 导联心电中的任何一种，也可以关闭全导联心电输入。

如果选择全导联心电输入，信号从 BL-420S 系统的标准 12 导联心电输入口输入，其他信号则从通用通道中进行输入。

2. 通用信息显示区　此区用来显示每个通道的数据测量结果，参见图 1-31。

每个通道的通用信息显示区显示的测量类型是相同的，测量的参数包括：当前值、时间、心率、最大值、最小值、平均值、峰峰值、面积、最大上升速度（$d\max/t$）和最大下降速度（$d\min/t$）。在实时机能实验中，每隔两秒钟系统要对每个采样通道的当前屏数据做一次测量，结果及时地显示在通用信息显示区中。

当前值	0.01mV
时间	3.34s
心率	72次/分
最大值	0.65mV
最小值	-0.08mV
平均值	0.02mV
峰峰值	0.73mV
面积	0.28mV*s
dmax/t	0.06mV/ms
dmin/t	-0.06mV/ms

图 1-31　通用信息显示区

(四) 如何利用 BL-420 生物机能实验系统开展机能学实验

1. 怎样开始一个实验，如何暂停或结束实验　当安装好 BL-420 生物机能实验系统的软、硬件之后，只要知道怎样开始和结束实验，就可以使用该系统来完成生物机能实验了。

首先进入 TM_WAVE 软件系统中，在 TM_WAVE 生物信号显示与处理软件中有 4 种方法可以启动 BL-420 系统进行生物信号采样与显示。

(1) 从 TM_WAVE 软件的"输入信号"菜单中为需要采样与显示的通道设定相应的信号种类，然后从工具条中选择"启动波形显示"命令按钮；

(2) 从"实验项目"菜单中选择自己需要的实验项目；

(3) 选择工具条上的"打开上一次实验设置"按钮；

(4) 通过 TM_WAVE 软件"文件"菜单中的"打开配置"命令启动波形采样。

无论使用哪种方法启动 BL-420 生物机能实验系统，TM_WAVE 生物信号显示与处理软件都将根据选择的信号种类或实验项目为每个实验通道设置相应的初始参数：采样率、增益、时间常数、滤波、扫描速度等。该初始参数的设置是在基本的生理理论基础以及大量的生理实验基础上获得的，基本能够满足实验者完成相应实验的要求，但实验生物机体本身存在着个体差异，如在做神经放电类实验时，TM_WAVE 自动将实验通道的初始增益设置为 5000 倍，如果用于实验的神经标本放电较强，增益在 2000 倍时即可看到很好的神经放电波形；而如果神经标本的放电很弱，需要将实验通道的增益调节到 20000 倍或以上时方能看到神经放电波形。为了让实验者能够获得最佳的实验效果，在实验过程中可以调节各个实验通道的实验参数。如果想暂停一下波形观察与记录，只需从工具条上选择"暂停"命令按钮即可。

当完成本次实验之后，可以选择工具条上的"停止"命令按钮，此时，TM_WAVE 软件将提示本次实验得到的记录数据文件取一个名字以便于保存和以后查找，然后结束本次实验。

结束本次实验后，可以选择开始其他实验或者退出 TM_WAVE 软件。退出 TM_WAVE 软件方法：从"文件"菜单中选择"退出"命令或者单击窗口左上角的"关闭"命令（为一小叉按钮）。

2. 如何对实验数据进行保存、反演　在 TM_WAVE 软件的工具条上有一个"记录"命令按钮，在实验过程中，可以通过按下"记录"命令按钮来保存数据，也可以在此按下"记录"命令按钮不保存数据；当实验结束后，可以为本次实验的数据文件取名进行保存，便于以后进行反演、分析和处理。

数据记录：

(1) 当启动实验时，TM_WAVE 软件会自动启动数据记录功能。在实验过程中，临时数据将存贮在 data 子目录下的 temp.tme 文件中，data 子目录专门用于存贮实验数据。

(2) 当结束实验后，TM_WAVE 软件会弹出一个存盘对话框，其默认的指定存盘位置为 data 目录，当然可以根据自己的需要随意改变最后正式存盘文件所在的目录。

(3) 当正在进行实验时，如果由于不可预知原因造成系统死机，或突然停电引起计算机关闭，实验结果不会丢失，刚才实验时记录的数据依然还在 temp.tme 文件中（仅适用于安全存贮方式），如果需要保存该实验数据，那么可以对 temp.tme 文件重新命名，然后将它复制到 data 子目录下。

反演数据：只需从工具条上选择"打开文件"命令，然后选择需要反演的文件名字，按"确定"按钮即可。对于反演的数据，可以拖动显示窗口下面的滚动条来选择不同时间段的数据进行观察和分析。也可以通过窗口下方的滚动条和反演按钮窗口中的查找命令按钮查找所需要的数据。

（马小茹）

二、恒温平滑肌槽

恒温平滑肌槽是配套于生物机能实验系统，用于平滑肌生理实验的仪器。以HW-400E型恒温平滑肌槽为例，介绍恒温平滑肌槽的使用（图1-32）。

图1-32　HW-400E型恒温平滑肌槽实物图

（一）基本原理

主要调节和维持实验环境（如实验药液）的温度，保证离体平滑肌的生理活性，使相关实验顺利进行。HW-400E型恒温平滑肌槽增加了自动加液功能，节约用液，增加了整机的稳定性。更好地观察实验现象和得到准确的实验数据。

（二）组成与功能

1. HW-400E型恒温平滑肌槽前面板（图1-33）

(1) 电源开关：设备的电源开关。
(2) 电源指示灯：设备正常供电指示。
(3) 加热指示灯：指示加热器的工作状态。
(4) 通气指示灯：指示空气泵的工作状态。
(5) 维护指示灯：指示设备进入保养功能工作状态。
(6) 气量调节旋钮：用于对内置式空气泵气量进行粗调。
(7) 温度调节旋钮：调节设定温度。

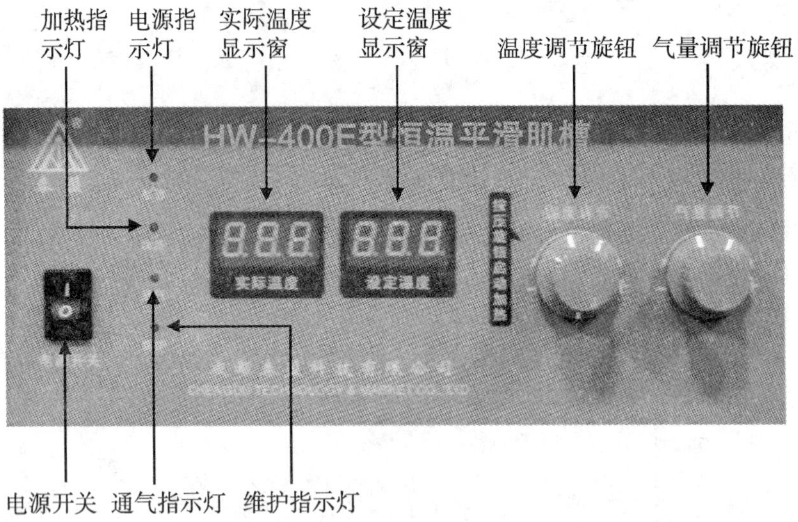

加热指示灯　电源指示灯　实际温度显示窗　设定温度显示窗　温度调节旋钮　气量调节旋钮

电源开关　通气指示灯　维护指示灯

图 1-33　HW-400E 型恒温平滑肌槽前面板

（8）设定温度显示窗：显示设定温度。

（9）实际温度显示窗：显示实验小筒内的当前实际温度。

注意：在实验时，根据上次加热到设定温度的时间，将温度设定到略低于或者高于需要的实验温度。这样不仅可以减少温度过冲或者缩短加热时间，而且有利于离体器官保持较长的活性。

2. 恒温平滑肌槽机箱侧面接口（图 1-34A）

（1）气量微调：用于对药筒内的气量进行微调。当使用内置空气泵通气时，请先用面板上的气量调节旋钮进行粗调，当通气量已经调小后再使用气量微调进行微调（某些机型无此部件）；

（2）排液阀：排放药液（图样为关闭状态）；

（3）排水口：排放水浴内的温水（图样为关闭状态）；

（4）气路流通示意图：如图 1-34B。

3. 俯视图介绍（图 1-35）

（1）预热试管：用来存储实验用的营养液。营养液先在预热筒中预热，然后通过手动将营养液倒入实验药筒。

（2）实验药筒：实验标本通过随机配件中的实验片固定在实验药筒中，可用滴管向实验药筒中滴入药液来进行实验。用过的营养液可通过打开设备侧板的放液阀向外排放，排放后请用预热筒中营养液将其冲洗数遍，实验效果更佳。实验时请将不用的药筒取下，确保使用时只有一个药筒插在药筒座上，以保证温度的可控性。更换药筒时先将原来的药筒取下，然后再插上需要的药筒。

（3）潜水泵：为了减小噪声、振动、温度过冲，净化实验环境，提高实验数据的信噪比，采取了潜水泵的方式来搅拌水浴。但潜水泵方式也存在一些固有的缺点，由于水温偏高，使用过久后水里会出现水垢，并沉积在潜水泵的轴承上，有可能出现由于摩擦过大而不能正常运转。

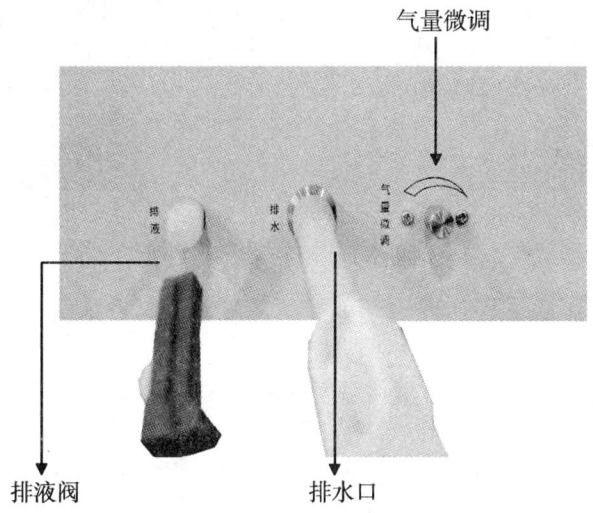

A. 侧面接口

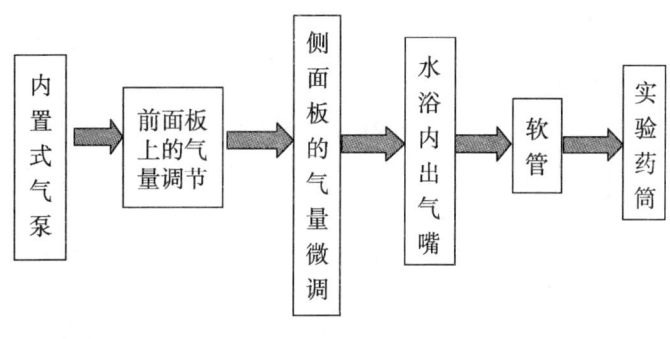

B. 气路流通

图 1-34 HW-400E 型恒温平滑肌槽

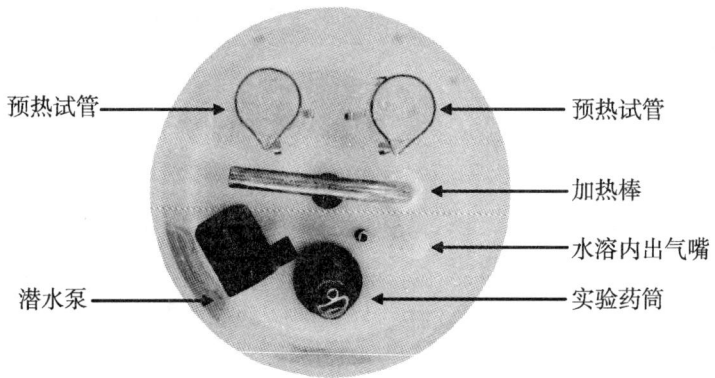

图 1-35 HW-400E 型恒温平滑肌槽俯视图

（4）水浴内出气嘴（只有部分机型有此出气嘴）：是通过一段小管将空气通到实验药筒内。水浴内出气嘴绝对不允许加水进去！否则将导致仪器毁灭性的损坏。

（5）加热棒：在进行温度调节设置后，加热棒便立即进行自动加热。

(6) 实验片：该片用于固定实验标本，并起到将通入的气体和实验标本隔开的作用。这样实验标本即能获得充分的氧气，又能使气体的振动对实验数据的记录的影响减至最小。

(7) 支架杆固定座：实验时将随机标配的支架杆固定在支架杆固定座上，将张力传感器固定在支架杆上，然后将实验标本一端吊在张力传感器上，一端固定在实验钩上。将实验钩牢挂在实验药筒边沿即可开始实验。

(三) 操作步骤

1. 实验前准备

(1) 恒温平滑肌槽温度设定：HW-400E 型恒温平滑肌槽采用了高精度的数字旋转编码器，只需旋转"温度调节"旋钮，就可改变温度设定值。顺时针旋转旋钮增大温度值，逆时针旋转旋钮减小温度值。每旋转一格，温度值增大或减小 0.1℃，下压旋钮并调节时，那么每旋转一格，温度值增大或减小 1℃。

(2) 气量调节：用户可以通过调节前面板气量调节旋钮来调节内置空气泵的气量，以适应实验需要。向左旋转可以将气量调小，直至关闭内置空气泵；向右可以将气量调大。也可与侧面板的气量微调（某些机型无此部件）结合使用，获得满意的气量。在开始加热过程中将气泡调到较大位置，因为在这里气泡还起到搅拌以使药筒内液体温度均匀的作用。当实验要求比较特殊，通过调节旋钮所得气泡无法满足实验要求时，请外接其他气源来进行实验。

(3) 温度自修正（修正药筒温度）：本设备使用高精度数字温度传感器，具有非常高的精度和稳定性。如果对此精度还不满意，可以使用温度修正功能对此温度进行修正。一旦修正成功，系统自动记忆该修正值，以后使用不需要再次修改。

1) 先用一标准温度计测量出实验药筒中液体的标准温度，并计算标准温度和实际显示的温度的差 x，然后关闭电源（即 x＝标准温度－实际显示的温度）。

2) 按下温度调节旋钮，然后打开电源，直到实际温度显示窗口显示"——.1"再松开旋钮。

3) 向右旋转温度旋钮使实际温度窗口显示"——.5"，此时设定温度显示窗口显示的值就是当前的温度修正值。按下旋钮，然后左右调节旋钮，将其改为 x，然后再次按下温度调节旋钮即可。

4) x 的取值范围为：$-0.9 \leqslant x \leqslant 0.9$。

(4) 用户温度自修正（修正水浴温度）：

1) 按下温度调节旋钮，然后打开电源，直到实际温度显示窗口显示"——.1"再松开旋钮；向右旋转温度旋钮使实际温度窗口显示"——.2"，此时设定温度窗口显示的就是水域里的温度。

2) 用一标准温度计测量水浴温度，并计算标准温度和实际显示的温度的差 y，然后关闭电源（即 y＝标准温度－实际显示的温度）。

3) 按下温度调节旋钮，然后打开电源，直到实际温度显示窗口显示"——.1"再松开旋钮；调节温度旋钮使实际温度显示"——.3"，此时设定温度窗口显示的就是水域里的温度修正值。按下旋钮，然后左右调节旋钮，将其改为 y，然后再次按下温度调节旋钮即可。

(5) 进入保养功能：

1) 先确定药筒里装的是水或者废弃的药液，因为进入保养功能后可能让实验药液损坏，而不能再使用。

2）按下温度调节旋钮，然后打开电源，直到实际温度显示窗口显示"——.1"再松开旋钮。

3）然后连续两次按下温度调节旋钮就进入了保养功能。此时设定温度将显示60℃，此时设定温度将不能被手动调节。

4）保养指示灯将点亮，此时请勿对设备进行任何操作，以确保人身安全。大约30 min后，保养过程完成，用户可以重新换水实验。

（6）实验药筒与控温：本仪器使用微电脑进行温度控制，在开机后的第一次加热过程中，温度有一定过冲属于正常现象。微电脑将根据加热情况进行自适应调节，随着加热工作时间的延长，温度波动度将大大减小，直至完全平衡。所有实验指标都是在仪器使用小实验药筒的条件下测得。开机默认的加热条件也是小药筒，如果要使用大实验药筒，请对仪器进行一些设置，以便于提高加热速度。设置方法为：按下温度调节旋钮，然后打开电源，当数码管显示全部熄灭后松开温度调节旋钮。向右旋转温度旋钮使设定温度窗口显示"——.4"，然后连续两次按下旋钮即可。为了不引起混淆，该设置不会被仪器保存，也就是说只要使用大实验药筒，每次开机前都要进行上述设置。如果不进行上述设置加热时间将有所延长。

2. 实验操作

（1）将恒温平滑肌槽右侧面的排液口和排水口均置于关闭状态；

（2）在恒温平滑肌槽内添加足够量的清水，水量达到建议水位线（外筒上有建议水位线刻度），在实验药筒内加入适量营养液；

（3）确保电源已经连接良好；

（4）打开机器电源；

（5）此时数码管和加热指示灯快速闪烁，表明系统还没有处于加热状态；当您确认水浴内加水后，轻按温度设定旋钮，系统进入加热状态；

（6）设定实验温度；

（7）调节气量调节阀，保证在加热过程中有较大的气泡对药液进行搅拌；

（8）温度达到设定温度后放入实验样本。

（四）注意事项

1. 出气嘴绝对不允许加水进去，水浴内无水时严禁开机。
2. 设备每次使用后，请将水浴内的水排放干净。
3. 请用清水冲洗存放药液的小筒，防止放液阀被药液腐蚀和出气嘴被残留物堵塞。
4. 不用时请勿盛液体。
5. 使用前请确认电源已接地。

（马小茹）

三、心电图机

（一）基本原理

心脏活动时，心肌细胞产生的生物电信号，通过特殊的仪器将其记录下来的综合性曲线称为心电图。心电图反映的是心肌细胞电活动的变化，而与心脏的机械收缩、舒张活动无直接关系。心电图机可将微弱的心电信号引导出来并加以放大，然后通过热笔式电极记录在纸上，供临床医生和研究者参考。在临床上对预测心肌梗死等疾病的发生、发展，心律失常的鉴别有积极地辅助诊断作用。

(二) 基本组件

心电图机种类很多，结构复杂，但都具有以下基本结构（图1-36）：

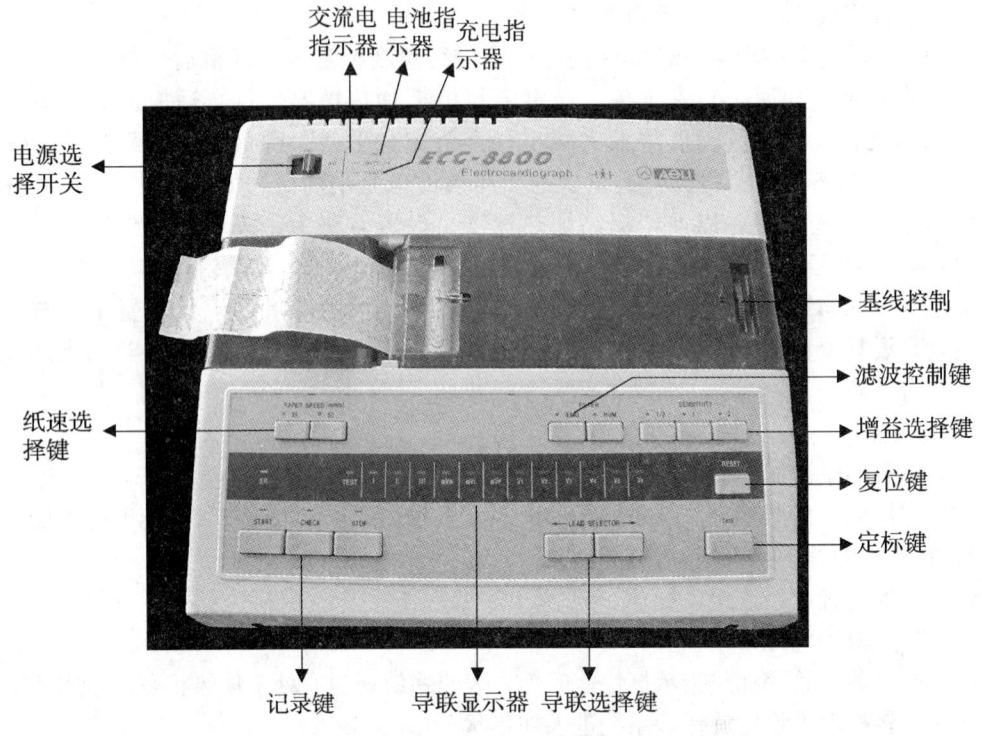

图1-36 ECG-8800单道心电图机面板图

(1) 导联选择键（LEAD SELECTOR）：按动←键或→键，选择所需导联，可左移或右移；

(2) 导联显示器：当按动导联选择键时，该显示器即有对应灯发光，显示当时所处的导联位置（由十三只LED组成）；

(3) 记录键：由START、CHECK、STOP三个键组成；

(4) 定标键：控制1 mV电压信号通断以供作标准电压用；

(5) 复位键（RESET）：封闭输入信号使记录装置停止摆动；

(6) 增益选择键（SENSITIVITY）：由1/2、1、2三键组成，其中1为标准增益；

(7) 滤波控制键（FILTER）：由HUM和EMG两键组成。HUM交流干扰抑制键，ENG肌电干扰抑制。当有交流干扰时，可按动HUM键，而人体肌电干扰强烈时，可按动EMG键；

(8) 纸速选择键（PAPER SPEED）：由25 mm/s及50 mm/s二键组成，其中25 mm/s为常用走速；

(9) 基线控制：改变记录描笔位置；

(10) 电源选择开关：AC为交流电源接通；DC为电池电源接通；CHG为电池充电；

(11) 交流电指示器：(LINE)；

(12) 电池指示器：(BATTERY)；

(13) 充电指示器：(CHARGE)。

(三) 操作方法及步骤

1. 将电源开关置于"OFF"位置。分别接上电源线、地线及导联线。

2. 接通 220 V 电源，电源开关置于"ON"位置，预热 5 min，电源选择开关置于"AC"，按导联选择键，选"TEST"；记录开关选"STOP"。

3. 调节零位调节旋钮，使描笔位于记录纸中央位置。

4. 将纸速控制旋钮定于 25 mm/s（心电图记录纸的走纸速度有两种：一种为 25 mm/s，即每小格代表 0.04 s；另一种为 50 mm/s，即每小格代表 0.02 s）。

5. 调节增益调节旋钮（灵敏度选择键），使其位于中间位置，即"1"。

6. 将电极分别放于四肢、胸前，导联线各插头依据颜色（或字母）与相应的电极连接，连接方法为（图 1-37）：

肢体导联：红（R）-右手；黄（L）-左手；绿（F）-左腿；黑（RF）-右腿。

胸导联（白线）：红-V_1；黄-V_2；绿-V_3；棕-V_4；黑-V_5；紫-V_6。

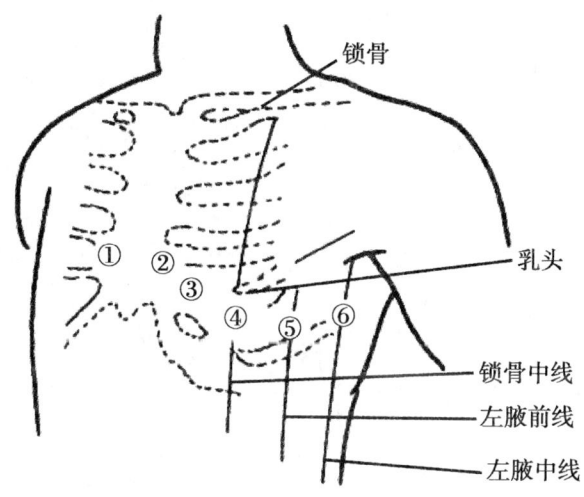

图 1-37 胸导联电极安放示意图

① V_1：胸骨右缘四肋间　② V_2：胸骨左缘四肋间

③ V_3：②~④的中点　④ V_4：左锁骨中线第五肋间

⑤ V_5：左腋前线第五肋间　⑥ V_6：左腋中线第五肋间

7. 按下记录开关的"CHECK"键，按动定标键，描记 1 mV 方波，检查方波是否 10 mm，若过大或过小，可调整增益进行校正。此时心电图纸的纵坐标为 0.1 mV/小格，横坐标为 0.04 s/小格。

8. 心电图记录　按导联选择键选"Ⅰ"导联，按下记录开关的"START"键即可记录Ⅰ导联心电图。

9. 按下"CHECK"键，停止走纸。按导联选择键选"Ⅱ"导联，继续前述操作可记录Ⅱ导联心电图。如此反复操作记录所有 12 个导联的心电图。

10. 按下"STOP"键，停止描记。

（四）操作注意事项

1. 开机前应妥善接地，以防交流电干扰被测信号和确保受试者安全。开始记录时应等待基线平稳后再描记。

2. 测试时温度不能太低，避免寒冷刺激，否则容易出现肌肉震颤，引发肌肉电流干扰。同时，还应避免外界磁场干扰。

3. 心电图机中，用以控制记录器产生自身振荡的作用力叫阻尼。心电图机的阻尼必须适当，否则会产生图形失真、变形，出现伪差。调节阻尼的一般方法为增减描笔在记录纸上的压力，或调节热笔温度调节器，使描笔温度适当；或调节阻尼调节器，使其达到规定要求。

（五）图形的测量

1. 基本图形（图1-38、图1-39）

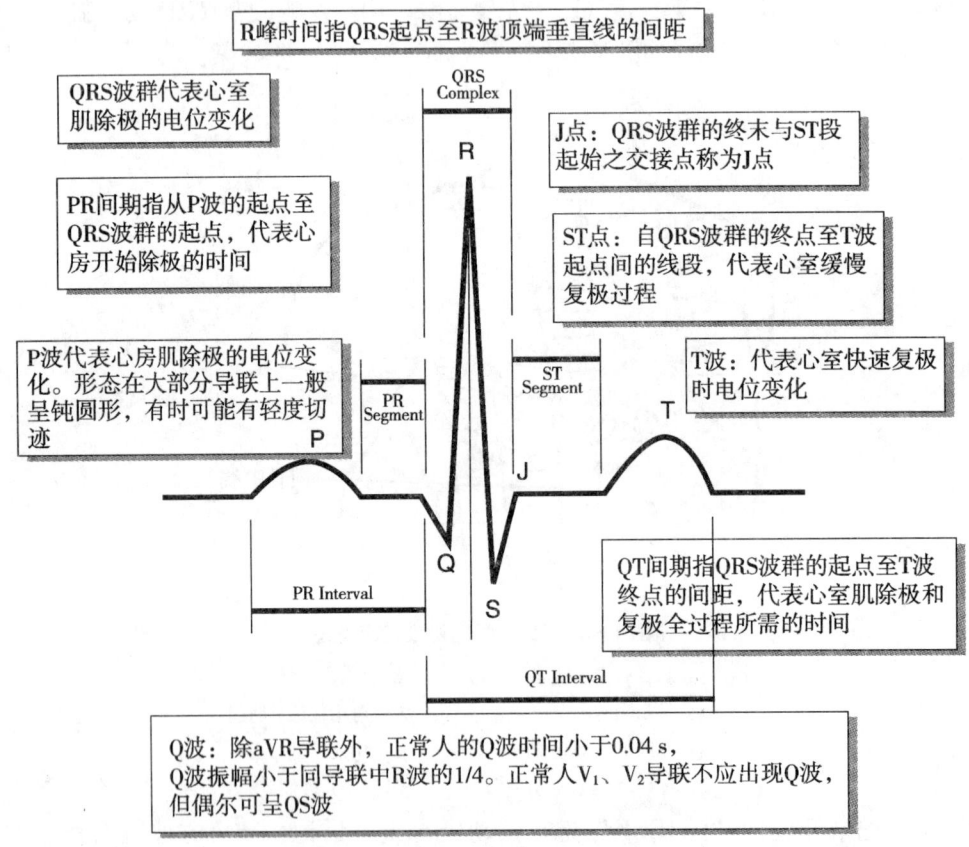

图1-38 心电图正常波形及其意义

2. 测量 心电图记录纸上有两种粗细不同的纵线和横线，纵向小格代表电压毫伏数，横向小格表示时间。因此，可以在记录纸上测量出心电图各波的幅值和经历时间（图1-40）。

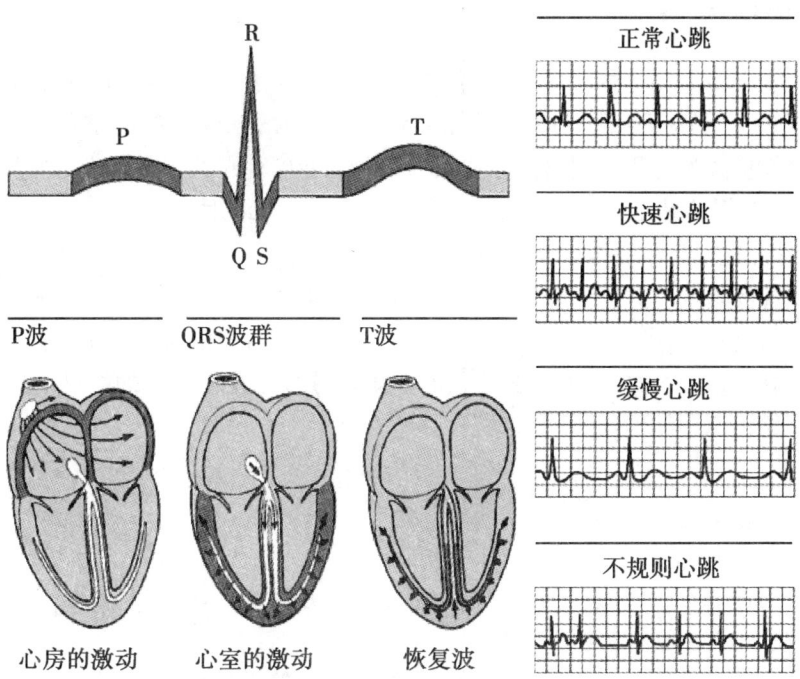

图1-39 心电图波形对应心脏的电变化及不同心跳下的心电图波形

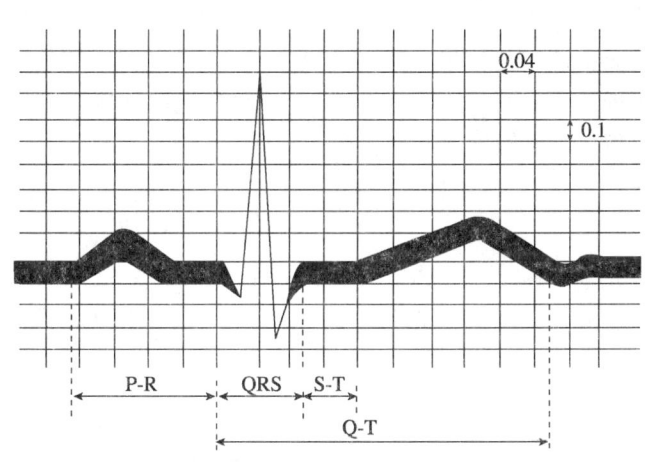

图1-40 心电图各波的测量

（1）心率的测定：测定PP或RR间隔时间，每分钟心率可按下列公式计算：

$$心率 = 60/PP 或 RR 间隔时间$$

（2）波形振幅的测量：向上的波幅应从基线的上沿量到波的顶点，向下的波幅应从基线的下沿量到波的最低点，由幅值可以推算出电位值，从纵格数的变化上，可以确定电压的数据值。

（杨英）

四、分光光度计

在医学机能实验学实验中常常需要测定一些物质的浓度或含量,如测定血浆中某种药物的浓度、血液 CO_2 分压等,可以用分光光度计测定物质的浓度或含量,而对有一些比较特殊的对象如血气参数等的测定则需要专业仪器。分光光度计种类很多,但最常用的是可见光分光光度计,722 型可见光分光光度计是一种常用的分光光度计。

(一) 工作原理

分光光度计的基本原理是溶液中的物质在光的照射激发下,产生了对光吸收的效应,物质对光的吸收是具有选择性的。各种不同的物质都具有其各自的吸收光谱,因此当某单色光通过溶液时,其能量就会被吸收而减弱,光能量减弱的程度和物质的浓度有一定的比例关系,即符合于比色原理朗伯-比耳定律。

$$T = I/I_0$$
$$\log I_0/I = KcL$$
$$A = KcL$$

其中:T 为透射比、I_0 为入射光强度、I 为透射光强度、A 为吸光度、K 为吸收系数、c 为溶液的浓度、L 为溶液的光径长度。

从以上公式可以看出,当入射光、吸收系数和溶液的光径长度不变时,透过光是根据溶液的浓度而变化的,722 型分光光度计的基本原理是根据上述之物理光学现象而设计的。

(二) 构造原理

722 型分光光度计由光源室、单色器、试样室、光电管暗盒、电子系统及数字显示器等部件组成。光源为钨卤素灯,波长范围为 330～800 nm。单色器中的色散元件为光栅,可获得波长范围狭窄的接近于一定波长的单色光。722 型分光光度计能在可见光谱区域内对样品物质作定性和定量分析,其灵敏度、准确性和选择性都较高,因而在教学、科研和生产上得到广泛使用。

(三) 仪器组成

数字显示器、吸光度调零旋钮、选择开关、吸光度调斜率电位器、浓度旋钮、光源室、电源开关、波长手轮、波长刻度窗、试样架拉手、100%T 按钮、0%T 按钮、灵敏度调节旋钮、干燥器(图 1-41)。

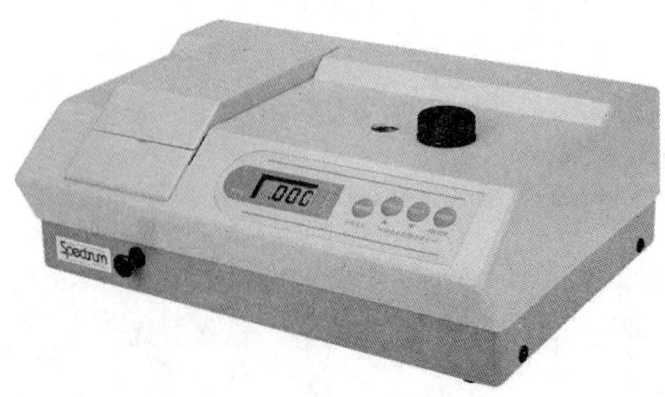

图 1-41　722 型可见光分光光度计

（四）使用方法

1. 预热仪器　将选择开关置于"T"，打开电源开关，使仪器预热 20 min。为了防止光电管疲惫，不要连续光照，预热仪器时和不测定时应将试样室盖打开，使光路切断。

2. 选定波长　根据实验要求，转动波长手轮，调至所需要的单色波长。

3. 固定灵敏度档　在能使空白溶液很好地调到"100%"的情况下，尽可能采用灵敏度较低的档，使用时，首先调到"1"档，灵敏度不够时再逐渐升高。但换档改变灵敏度后，须重新校正"0%"和"100%"。选好的灵敏度，实验过程中不要再变动。

4. 调节 T=0%　轻轻旋动"0%"旋钮，使数字显示为"00.0"（此时试样室是打开的）。

5. 调节 T=100%　将盛蒸馏水（或空白溶液，或纯溶剂）的比色皿放入比色皿座架中的第一格内，并对准光路，把试样室盖子轻轻盖上，调节透过率"100%"旋钮，使数字显示正好为"100.0"。

6. 吸光度的测定　将选择开关置于"A"，盖上试样室盖子，将空白液置于光路中，调节吸光度调节旋钮，使数字显示为".000"。将盛有待测溶液的比色皿放入比色皿座架中的其他格内，盖上试样室盖，轻轻拉动试样架拉手，使待测溶液进入光路，此时数字显示值即为该待测溶液的吸光度值。读数后，打开试样室盖，切断光路。重复上述测定操作 1~2 次，读取相应的吸光度值，取平均值。

7. 浓度的测定　选择开关由"A"旋置"C"，将已标定浓度的样品放入光路，调节浓度旋钮，使得数字显示为标定值，将被测样品放入光路，此时数字显示值即为该待测溶液的浓度值。

8. 关机　实验完毕，切断电源，将比色皿取出洗净，并将比色皿座架用软纸擦净。

（五）注意事项

1. 为了防止光电管疲惫，不测定时必须将试样室盖打开，使光路切断，以延长光电管的使用寿命。

2. 取拿比色皿时，手指只能捏住比色皿的毛玻璃面，而不能碰比色皿的光学表面。

3. 比色皿不能用碱溶液或氧化性强的洗涤液洗涤，也不能用毛刷清洗。比色皿外壁附着的水或溶液应用擦镜纸或细而软的吸水纸吸干，不要擦拭，以免损伤它的光学表面。

（司效东）

五、HX-300S 型动物呼吸机

（一）基本原理

HX-300S 型动物呼吸机（图 1-42）采用定容型正式呼吸，以电机为动力，由驱动电路控制，有节律地输出气流，经吸气管进入动物肺内，使肺扩张以达到气体交换的目的。适用于大鼠、兔、狗等多种实验动物。

（二）组成与功能

1. HX-300S 型动物呼吸机前面板（图 1-42）

(1) 呼气口：控制动物的呼气动作；

(2) 潮气输出口：呼吸机的潮气由该口输出；

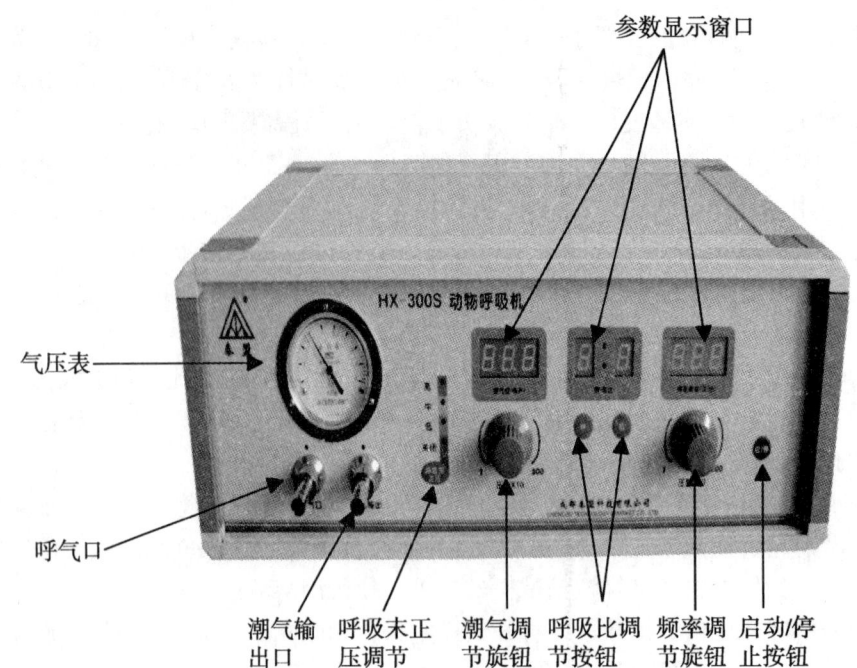

图 1-42 HX-300S 型动物呼吸机实物

(3) 呼吸末正压调节：8、4、2、1 四个选项组合调节正压值；

(4) 潮气调节旋钮：调节"潮气量"，顺时针旋转增大潮气量，逆时针为减少；

(5) 呼吸比调节按钮：按"呼"或"吸"按钮改变对应呼吸比值；

(6) 频率调节旋钮：调节"呼吸频率"，调节方法同"潮气量"调节；

(7) 启动/停止按钮：在"启动"或"停止"状态之间进行切换；

(8) 参数显示窗口：实时显示设定的各项工作参数（8 个高亮显示的数码管）；

(9) 气压表：显示动物呼气压力。

2. HX-300S 型动物呼吸机后面板

(1) 进气口：气缸进气。

(2) 电源开关：设备电源开关。

(3) 电源插座：外接 220 V 电源插口。

（三）操作步骤

1. 系统初始化　呼吸机开机后，系统将进行初始化操作，持续 10 s 左右。在系统初始化的起始时期，系统将进行自检操作，此时参数显示窗口中的 8 个数码管全亮，显示数字 8，系统自检完成后，数码管将暂时熄灭 2 s，然后，系统设置实验的初始参数值，系统进入到待机状态，在待机状态下，可以改变呼吸机的工作参数，也可以直接按启动按钮开始实验。

2. 具体操作

(1) 准备：主机平置，接上电源，然后将两皮管分别插入到潮气输出及呼气口接头；

(2) 操作：首先估计实验动物所需的潮气量、呼吸频率、呼吸时比，然后做如下操作：

1) 用数字旋转编码器将呼吸时比、呼吸频率调整到所需位置，每旋转一格，数字增大或减小1，这是针对高精度微调的操作。如果选择大范围粗调，那么可以用手轻轻向内按下旋钮同时旋转，此时每旋转一格，数字增大或减小10，即粗调；

2) 将潮气量调整到所需位置，调节方式同上；

3) 按"呼吸末正压"按钮调节呼吸末正压值：

①第一个指示灯亮，表示关闭呼吸末正压功能；

②第二个指示灯亮，表示产生一个低压力的呼吸末正压，压力值为 2 cmH_2O 左右；

③第二个指示灯亮，表示产生一个中压力的呼吸末正压，压力值为 5 cmH_2O 左右；

④第三个指示灯亮，表示产生一个高压力的呼吸末正压，压力值为 8 cmH_2O 左右。

4) 将三通一头用软管头与动物气管插管连通；

5) 按启动键即开始呼吸控制；

6) 当动物进行机控呼吸时，应及时注意观察所选的参数对动物是否适用，一般情况下，是看潮气量的选择是否适应，如觉不适，及时修正。

3. 数字旋转编码器调节方法的几点说明

（1）数字旋转编码器是目前最为先进的旋钮调节方式，它大量被使用在高级仪器以及计算机显示器的调节上，以其方便的调节方式和高精确度的特性而著称。

（2）数字旋转编码器的调节没有上下限的限制，只要顺时针调节就增大其值，逆时针调节则减小其值，换句话说，可以顺时针旋转旋钮100圈也没有任何问题，只是当调节的值超过范围后，呼吸机的数码管显示将出现闪烁现象，提示调节参数已超出范围，并且参数值也不再受相同方向调节旋钮的影响，除非反方向调节该旋钮。

（3）如果直接旋转数字编码器旋钮，那么每旋转一格，数字增大或减小1，这种方法适用于高精度的微调；如果要对参数进行较大范围的调节，那么可以用手轻轻向内按下旋钮同时旋转，此时每旋转一格，数字增大或减小10，即粗调。

（四）注意事项

1. 潮气量、呼吸时比和呼吸频率三者之间会相互制约，如，当呼吸时比为1∶1，潮气量为 300 ml 时，呼吸频率的上限只能达到 33 次/分。

2. 设备使用时，请远离手机等具有较强电磁辐射的设备，至少应间隔 0.5 m。

（刘蕾）

六、血气分析仪

血气分析仪可以直接测定血液的 pH、PCO_2、PO_2 等指标，由计算机有关公式计算出相应的参数，如实际碳酸氢盐（AB）、标准碳酸氢盐（SB）等，根据这些参数可以了解人体呼吸功能和酸碱平衡状态，为分析和制订治疗方案提供科学的依据。目前，血气分析仪正朝着自动化、便携式、连续检测、即时诊断、非损伤、免维护、易操作的方向发展。

（一）结构和测定原理

血气分析仪生产厂家的型号很多，自动化程度也不尽相同，但其结构组成基本一致，一般包括传感系统（pH电极、参比电极、PCO_2电极、PO_2电极等）、测量室、管路系统、恒温系统、混合气配装置、阀门和泵体、显示器和打印机等。目前新的血气分析仪均进行自动化分析，但其基本的原理相同，即利用分析物的电化学和光化学特性进行检测。

血气分析仪所采用的离子选择电极，是各种活性膜直接测量溶液中特定离子浓度的离子选择电极，是20世纪60年代发展起来的一种电子传感器。血气分析仪主要涉及3种传感器，即pH电极、PCO_2电极、PO_2电极。能选择性的响应待测离子的浓度（活度）而对其他离子不响应或响应很弱。其电极电位与溶液中待测离子活度的对数呈线性关系，即遵循能斯特方程式。其响应机制是由于在相应界面上发生离子的交换和扩散，而非电子转移。这类电极具有灵敏度高，选择性好等优点，是电化学分析中一类重要的电极。离子选择电极有固体离子选择电极、液体离子选择电极、气敏电极、酶电极等。

测量管壁上开有4个孔，孔里插有3只测量pH、PCO_2和PO_2电极和1只参比电极，被测样品在管道系统的抽吸下进入测量管道后，同时被4个电极所感测，被电极转换成pH、PCO_2和PO_2三个参数所对应的电信号，这些电信号分别放大，模数转换后，送给仪器的微机单元，经微机处理运算后，再分别送到各自的显示单元或打印出测量结果。

电极是血气分析仪的拾取部分，一般血气分析仪使用4个电极（pH电极、参比电极、PCO_2电极、PO_2电极），其中pH电极和参比电极共同完成对pH的测量。pH电极是一种对氢离子具有选择性敏感的玻璃膜离子选择电极，PCO_2电极实际上是1只pH电极，只是在pH电极敏感膜外面装了一片能渗透CO_2的薄膜。当血样本通过此膜时，CO_2气体通过薄膜进入电极外缓冲液，从而改变pH值，通过测量pH值的变化来测量CO_2的浓度。氧的测量是基于电解氧的原理，被测血样中的氧通过薄膜扩散入电极的内充溶液，在极化电压的作用下，溶液被电解，电解电流大小正比于分压的高低。因电极转换稳定性随温度变化非常敏感，所以测量室是一个恒温系统。

血气分析的方法是一种相对测量方法，在进行测量之前，先要用仪器标准液及标准气来测定pH、PCO_2和PO_2三套电极的工作曲线，通常把这一过程叫做定标或校准，每种电极都要有2种标准物质来进行定标，以便确定建立工作曲线最少所要求的2个工作点。在工作过程中，仪器还要自动对电极进行一点定标，随时检查电极偏离工作曲线情况，一旦发现问题便停止测量工作，要求重新定标，以保证所测数据的准确性。

近年来，将所有液路、气路以及定标液、定标气、质控液、冲洗液、废液收集袋、微型电极部分，全部封装在一个录像带大小的盒子内，可测50个血样，一批使用后弃之。

（二）使用方法

目前国内常见的血气分析仪型号包括丹麦的ABL系列、美国的coming系列、IL系列、NOVA系列、i-STAT系列等产品。美国雅培手掌血气分析仪i-STAT，从采血到出结果仅需2 min，可测血气、电解质等。电解质用全血检查，无需分离血浆或血清，且结果精确；便携式，可储存多个样本资料；内外部的定标使结果更加可靠；连接血液数据管理系统可处理众多的测试数据。i-STAT血气分析仪是目前较先进的在临床及医学机能实验中常用的血气分析仪，以下即以该仪器为例介绍血气分析仪使用方法。

1. 仪器组成（图 1-43）

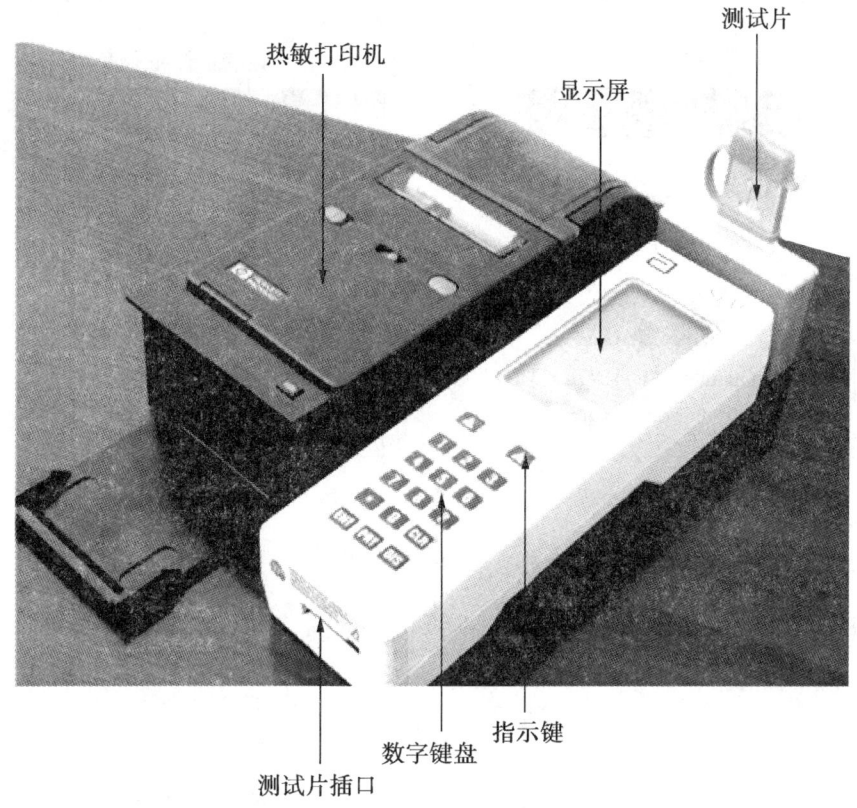

图 1-43　i-STAT 型便携式血气分析仪

2. 操作面板各键介绍

CLR：即 Clear 清除键

PRT：即 Print 打印键

DIS：即 Display 屏幕显示键

ENT：即 ENTER 输入键，输入信息后需按此键

* 键在不同情况下有三种不同的功能

- Exit 退出
- Decimal 小数点
- Stop 停止打印

▲键代表与屏幕显示对应的指令键。

3. 检测样本

（1）在向测试片中注样时，测试片平放，手持测试片两边，针头或放血塑料管指向样品池左边加注，并且针尖或放血塑料管尖斜口向下，在注入样本达标记的同时，保证样品池液面呈水平面或稍有张力，不能过满，避免溢出的样本进入分析器，如注样过满，可用注射器回抽少许。然后迅速卡上盖子，准备测试。

（2）样本插入血气分析仪后屏幕自动打开，有如下显示：

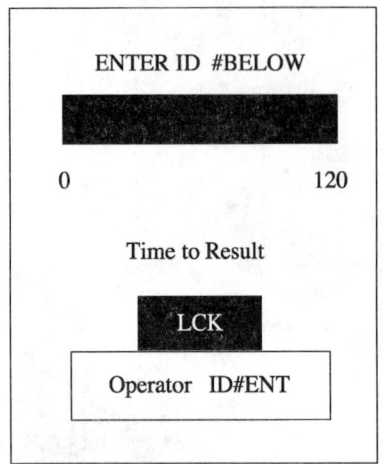 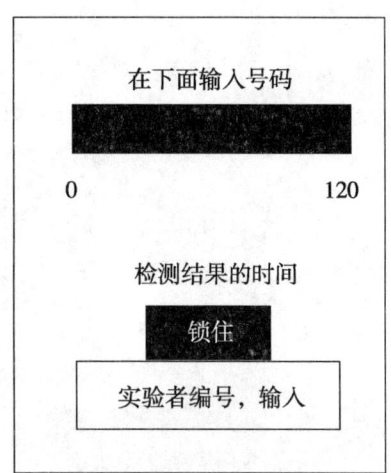

若不输入实验者（操作者）的编号，连按两次 ENT 。

若输入实验者（操作者）的编号后按 ENT 键，要注意重复输入的数字一定要相同。输入后会出现下面屏幕：

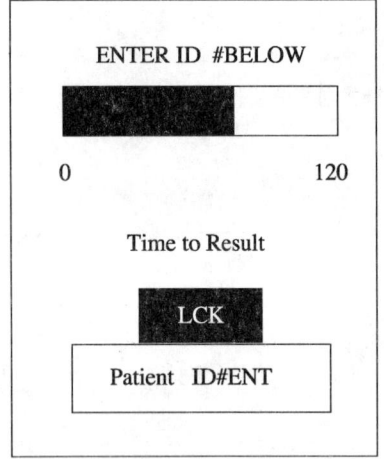 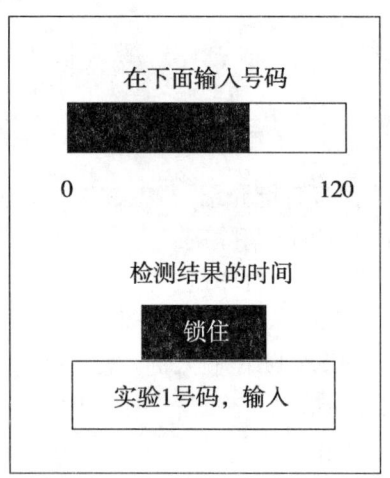

输入实验动物或样品的编号后按 ENT 键输入，重复再输入实验动物或样品的编号必须相同。重复输入后出现下面屏幕：

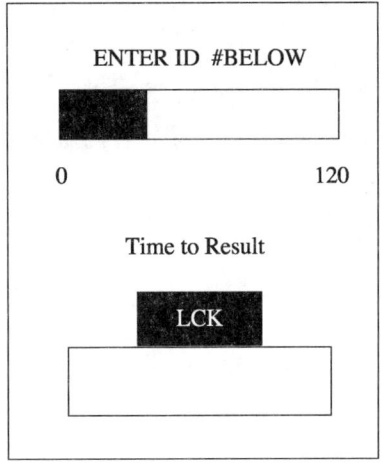
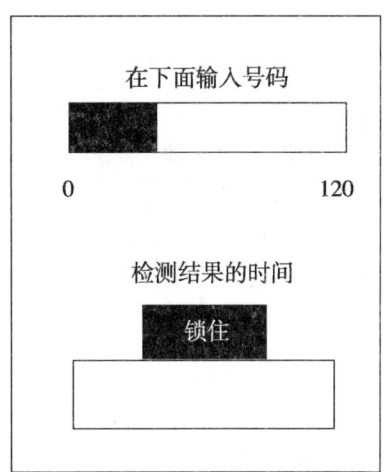

(3) 120 s 后屏幕显示样品检测结果。

4. 打印结果

(1) 每一次检测结果显示后,将主机与打印机连接好,先将打印机电源开关置于"ON"（Ⅰ）位,再按 PRT 键即可打印。

(2) 一次打印多个结果时,即可按 * 键退回主菜单,屏幕将显示:

```
MENU
1. Status
2. Store results
```

```
菜单
1. 状态页
2. 储存结果
```

选"2"（Store Results - 储存结果）时,屏幕将显示:

```
Store results
1. Display a result
2. Pirnt results
3. Transmit all
```

```
储存结果
1. 显示一个结果
2. 打印多个结果
3. 传送所有数据
```

选"2"时是同时选中多个结果一起打印。

（三）医学机能实验中取样方法

常用实验动物为犬或家兔。采集血样的部位多为股动脉。

1. 股动脉插入动脉套针　腹股沟部位分离出一侧股动脉穿线备用,结扎股动脉远心端,用动脉夹夹住股动脉近心端,并在动脉夹远侧血管下备结扎线,在近结扎处用眼科剪剪一小口插入动脉插管,并用结扎线固定之。

2. 血气分析 打开股动脉的动脉夹,缓慢打开三通开关,弃去最先流出的2、3滴血液后,然后立即将插管口直接对准电极板芯片的注血口,注入全血到标准刻度,盖上小盖,插入i-STAT血气分析仪,进行血气分析。测定血液的pH、PaO_2、$PaCO_2$、K^+、BE、SB、Na^+、Cl^-等。取血后应立即用少许生理盐水冲洗动脉插管,以免塑料管内血液凝固。

(四) 注意事项

1. 放置分析器的室温不能太热或太冷,要保证分析器的操作室温处于18~30℃。
2. 及时更换电池,否则分析器无足够电力完成测试周期。
3. 取血做血气分析时,切忌接触空气,否则影响血气分析结果。

(司效东)

七、常用换能器

换能器又称传感器,是将人体及动物机体各系统、器官、组织直至细胞水平及分子水平的生理功能或病理变化所产生的如血压、血流量、呼吸流量、脉搏、体温、生物电、渗透压、血气含量等非电生理信号转换为电学量的实验装置。各种非电生理信号的测量,一般须先将其转换成电信号的形式,才便于系统的测量、显示和记录。因此,换能器在各种生理信号的测量中有着重要的作用。换能器的种类很多,原理、性能各不相同,机能学实验中最常用的换能器是把机械能转换成电能的机-电换能器。在实际工作中常根据实验的目的和用途的不同,选用合适的换能器。

下面介绍几种在教学、科研实验中常用的换能器:

(一) 生物电的引导电极

引导电极用于引导减压神经、肾神经、膈神经等神经放电信号,它能将离子电流转换成电子电流。电极多选用银、不锈钢、铂等材料制成(图1-44)。实验室引导动物心电图时常采用注射器针头作引导电极。

(二) 压力换能器

压力换能器是机能实验中最常用的一种换能器,主要用于测量动物的动脉和静脉血压,还可用于胸膜腔负压的测量等(图1-45)。

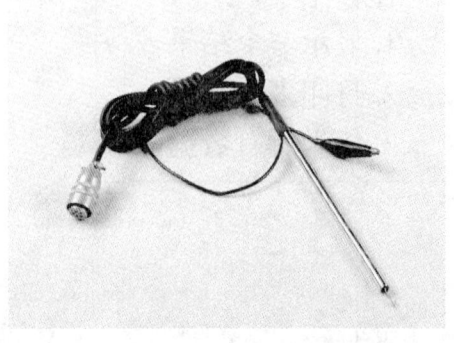

图1-44 神经引导电极

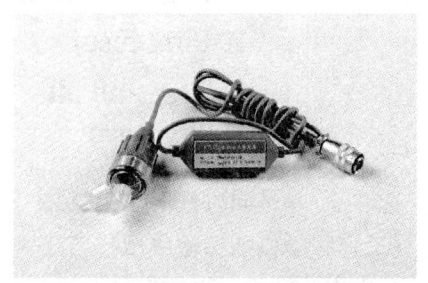

图1-45 压力换能器

1. 使用方法

（1）将换能器与放大器相连，并固定在铁支架上；

（2）将动脉插管与换能器相连，并用盛满肝素生理盐水的注射器（容量不少于 10 ml）通过三通将换能器腔内和动脉插管内的空气完全排出；

（3）调零，定标。

2. 注意事项

（1）确保换能器腔内和动脉插管内没有气泡；

（2）当换能器不用的时候，确保换能器腔内与大气相通；

（3）固定动脉插管时，结扎要适度，以免将动脉插管压瘪，影响实验结果；

（4）避免撞击换能器，以免损坏换能器。

（三）肌肉张力换能器

肌肉张力换能器主要用于测量肌肉张力、呼吸等生理信号。根据量程不同分为 0～10 g、0～30 g、0～50 g、0～100 g 等几种型号（图 1-46）。

1. 使用方法

（1）将换能器与放大器相连，并固定在铁支架台上；

（2）将换能器与被测对象相连，并使连接线保持适当的张力；

（3）调零，定标。

2. 注意事项

（1）换能器与被测对象相连接时禁用暴力，前负荷要适度，以免损坏换能器；

（2）防止液体进入换能器内和避免碰撞；

（3）根据实验要求选用适当量程的换能器，以免过负荷而损坏换能器。

（四）呼吸流量换能器

由呼吸流量头和差压换能器组成。主要用于测量动物的呼吸、呼吸流量。量程有（0～±5）kPa 和（0～±10）kPa 两种（图 1-47）。

图 1-46 肌肉张力换能器

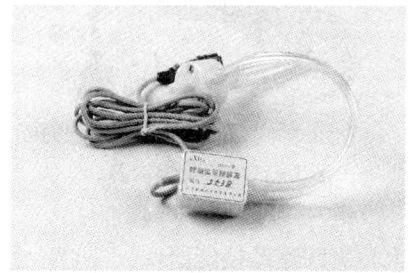

图 1-47 呼吸流量换能器

注意事项：根据实验动物的不同选用不同量程的换能器。

（五）呼吸换能器

用于动物和人体呼吸波的测量（图 1-48）。

(六) 指脉传感器

指脉传感器属于压力传感器，是一种小型带压脉带的压电式脉搏换能器可测量脉搏、血压、科罗特夫音或小动物的呼吸活动。该换能器是无源换能器，使用时将换能器绕在手指上即可，安全、方便、无创伤（图 1-49）。

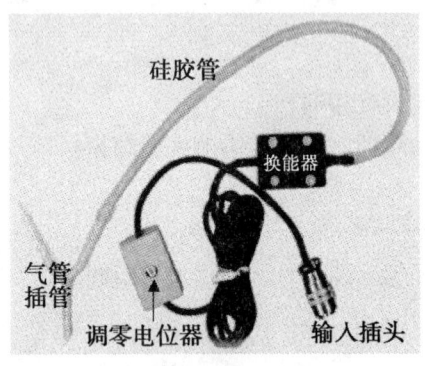

图 1-48　呼吸换能器

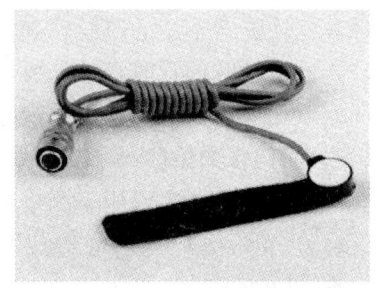

图 1-49　指脉传感器

(七) 心音换能器

主要用于测量心音、心尖后搏动等生物信号（图 1-50）。

(八) 温度传感器

主要用于测量动物的体内和体表温度（图 1-51）。

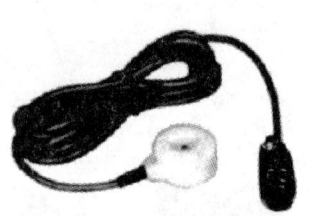

图 1-50　心音换能器

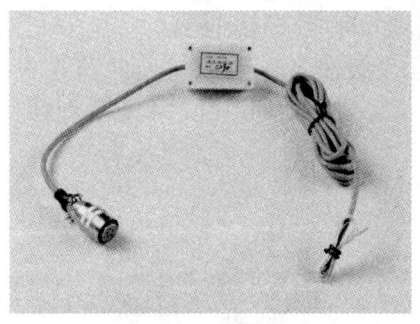

图 1-51　温度传感器

(九) 胃肠运动换能器

主要用于测量胃肠蠕动收缩活动，测量环行肌活动时，将换能器平放在胃的环行肌上，与纵行肌垂直，测量十二指肠等方法同胃（图 1-52）。

(十) 握力换能器

主要用于康复测试以及运动员训练测试等。测量范围有 0～600 N、0～800 N、0～1000 N 三种类型（图 1-53）。

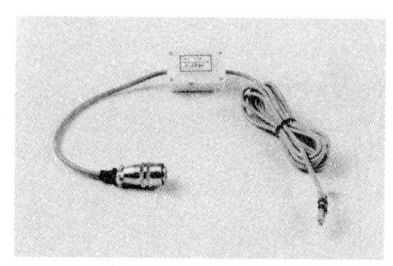
图1-52 胃肠运动换能器

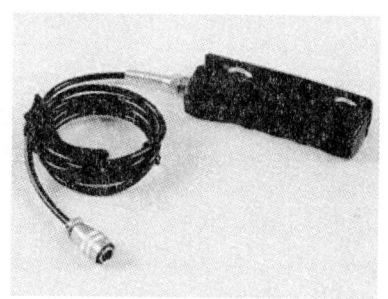
图1-53 握力换能器

(刘蕾)

八、神经标本屏蔽盒

(一) 基本原理

在进行蟾蜍坐骨神经干动作电位、兴奋不应期以及传导速度的测定实验中，为了保持神经干的良好机能状态，必须使用神经标本屏蔽盒。

(二) 基本组件

标本盒通常由有机玻璃或金属材料制成，盒内由不导电材料作为支撑，上面有四对银丝电极，均伸出于标本盒侧壁，其中一对为刺激电极，另外三对为记录电极，可根据神经标本的长短选择不同对记录电极，标本盒侧壁还有金属螺旋调节钮，位于刺激电极与记录电极间，可进行接地处理（图1-54）。

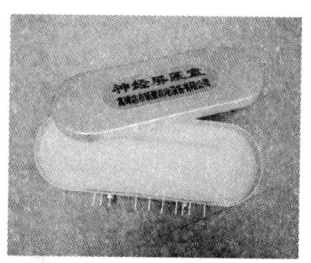
图1-54 神经标本屏蔽盒

(杨英)

九、脑立体定位仪及脑立体定位技术

在中枢神经系统实验中，需要对脑的一定部位予以标定、记录、刺激或损毁，以便了解脑不同水平核团的功能活动。脑立体定位主要利用动物颅骨外的一些标志与颅内脑结构相对固定的位置关系，可把电极和导管放置到脑的一定部位，此种定向安置的技术被称为脑立体定位术。一般常被作为颅外标志的部位有前囟、人字缝尖、矢状缝及外耳道等。

(一) 脑立体定位仪的结构

脑立体定位仪由基架和相关固定装置构成。基架也有不同形状，如轨道式、平板式及马蹄铁式等，一般基架较重，起稳定及防震作用。固定装置包括动物固定器的耳杆、门齿固定板、上颌固定弓及其他附属装置等（图1-55、图1-56）。

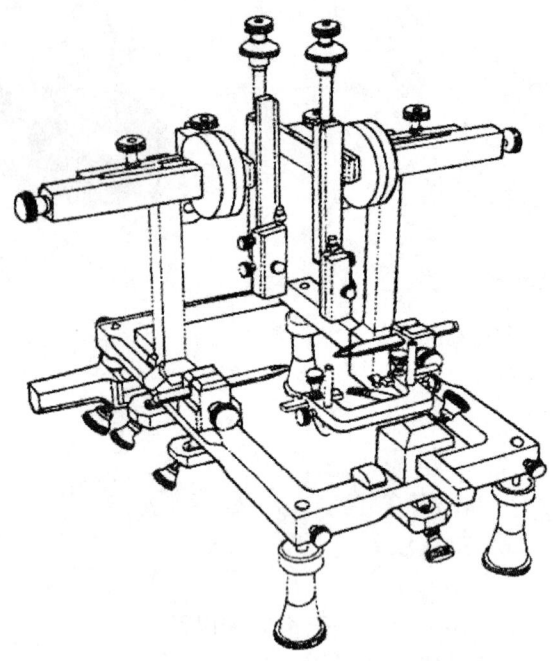

图 1-55 脑立体定位仪示意图

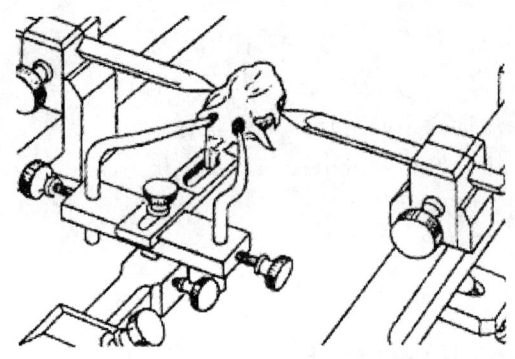

图 1-56 大鼠头在脑立体定位仪上的固定方法

(二) 脑立体定位原理

根据相互垂直的两个面决定一条线,而相互垂直的三个面决定一个点的原理,人为地设定三个零平面,即水平零平面、矢状零平面和冠状零平面,然后根据脑的不同结构对应这三个平面的不同距离,确定核团位置。

(三) 脑立体定位图谱

为确定不同种属动物的中枢核团位置,常选用不同动物(如鼠、兔、猫等)以不同的位置固定头部,即耳杆与门齿环的相对高度距离不同,确定水平零平面,以 H_0 表示。矢状零平面一般是含矢状缝并与水平零平面垂直的平面,以 L_0 或 R_0 表示。冠状零平面(AP_0)不同动物标准不同,如大鼠和兔是以含有前囟中心并与水平零平面及矢状零平面垂直的平面,猫则以通过耳杆并与水平零平面及矢状零平面垂直的平面为冠状零平面（AP_0）。对不同的动物要参考不同的图谱规定。常用的大鼠图谱有 Albe-Fessard（1971）、Konig JFR and Klippel RA（1963）及 Pellegrino LJ（1979）等，而家兔多采用 Sawyer CH（1954）图谱。如把动物头部固定与图谱要求一致，则可按图谱中某核团的三维空间数据将电极插入这一核团（图 1-57）。

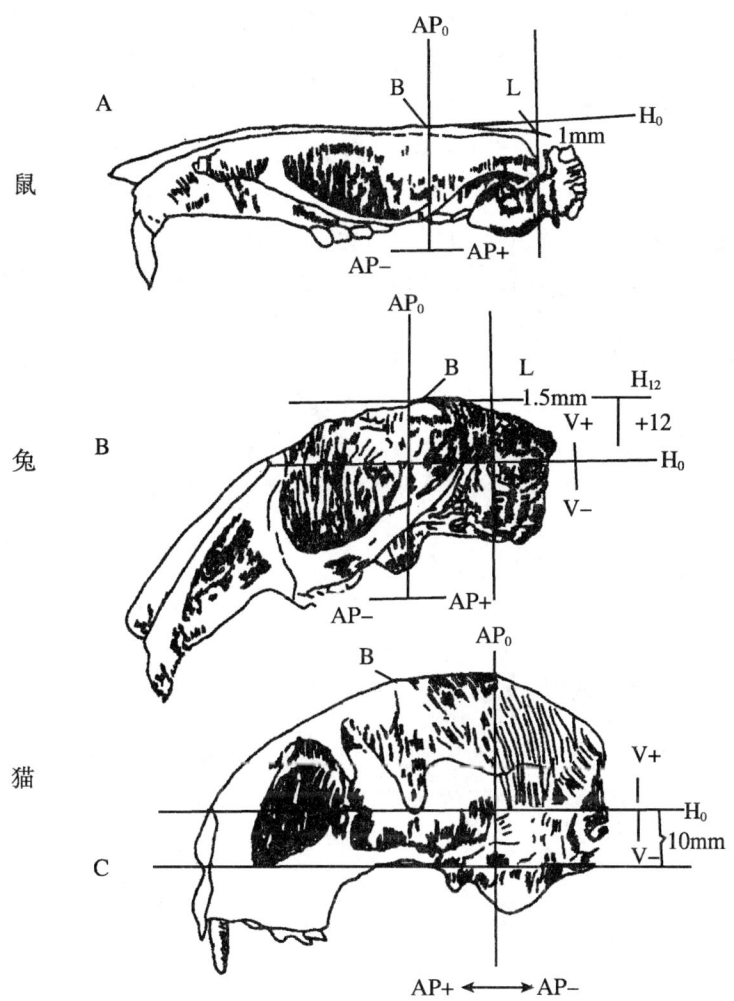

图 1-57 常用动物颅骨与水平平面及垂直平面的关系

（四）动物准备及定位

1. 动物准备

（1）动物麻醉：大鼠采用 5% 戊巴比妥钠溶液 4~5 mg/100 g 体重，腹腔内注射麻醉；家兔一般采用 20% 氨基甲酸乙酯 1 g/kg 体重（5 ml/kg 体重），耳缘静脉注射麻醉。

（2）动物固定：将动物头部固定器的两个耳杆插入外耳道固定，使两侧耳杆上的刻度数相等；再将动物门齿套在门齿环中，使门齿环与耳杆高度符合图谱要求；把上颌固定弓压在动物上颌骨的隆起部固定。

2. 核团定位

(1) 定位：剪去头顶皮毛，剥离皮下组织及腱膜，暴露前囟中心、矢状缝及人字缝尖。按选用核团位置在相应颅骨处钻孔，出血时可用骨蜡或明胶海绵止血。以针灸针挑开硬脑膜并剪除，暴露大脑皮层。将毁损电极或记录电极固定于三维操纵器上，按核团在图谱中方位将电极缓慢插入预定位置，如丘脑束旁核在 Albe-Fessard 大鼠图谱的位置是 $AP_{4.1\sim4.3}$，$L_{0.2\sim0.6}$，$H_{4.2\sim5.6}$，而在 Konig JFR and Klippel RA 图谱则为 $A_{3.1\sim3.5}$，$L_{0.6\sim1.0}$，$H_{4.5\sim6.0}$。

(2) 电极尖端位置的标定：为了确定电极尖端所在部位是否准确，一般在实验结束后，采用滕氏蓝法或滂胺天蓝法直接标定电极尖端部位，做组织切片进行检查。

(五) 脑立体定位技术的应用

1. 脑内刺激 为了解某个核团在正常生理功能调节中的作用及其机制，可采用急性或慢性脑内刺激的方法，即按图谱将刺激电极插入某个核团，经电极输入电流刺激脑组织，观察生理功能的变化，但输入电流不宜过强，以免损伤脑组织。

2. 定点毁损 此法与脑内刺激方法相似，只是输入电流更强，造成脑组织损伤。如通以 5 mA，持续 30 s 的阳极电流，即可毁损一侧大鼠中脑黑质，观察动物运动行为的改变。

3. 神经元放电的记录 应用细胞外微电极技术，可在中枢不同水平的核团中引导出神经元放电。神经元放电是中枢单个神经元活动的表现，其放电的幅度与微电极尖端和神经元的距离有关，而放电的频率与神经元的性质和活动水平相关。因此，记录神经元自发或诱发放电，可从细胞水平探讨中枢不同核团的功能，使脑立体定位技术在多个系统调节的中枢机制研究中得到广泛应用。

（纪中）

十、膜片钳放大器及膜片钳技术

膜片钳技术是在电压钳技术基础上，以记录通过离子通道的离子电流来研究细胞膜上单个（或多个）离子通道分子活动的新技术。1976 年德国马普生物物理化学研究所的 Neher 和 Sakmann 首次在青蛙肌细胞上用双电极钳制膜电位的同时，记录到 ACh 激活的单通道离子电流，从而产生了膜片钳技术。1980 年 Sigworth 等在记录电极内施加负压吸引，得到 $10\sim100$ GΩ 的高阻封接，大大降低了记录时的噪声，实现了单根电极既钳制膜片电位又记录单通道电流的突破。1981 年 Hamill 和 Neher 等人对该技术进行了改进，引入膜片游离技术和全细胞记录技术，进一步提高了膜片钳技术的可靠性和灵敏度，从而可以测到 1 pA 的电流，具有 1 μm 的空间分辨率和 10 μs 的时间分辨率。

膜片钳技术可用一根玻璃微电极同时完成膜片（或全细胞）电位的监测、钳制及通道电流的记录。随着该技术的逐渐完善及应用，已成为目前从功能角度探讨各种生理、病理生理及药物作用机制最直接、最理想的研究方法，也为多学科探讨生命活动规律、疾病与转归机制及药物作用等细胞和分子水平的研究开辟了广泛前景。这一重大贡献使 Neher 和 Sakmann 获得了 1991 年诺贝尔生理学与医学奖。

(一) 膜片钳实验系统的组成

膜片钳实验系统虽然可因研究目的的不同而有所区别，但其基本组成是相同的，包括膜片钳放大器和模数转换器、显微镜和视频监视器以及防震台和屏蔽罩等。

1. **膜片钳放大器和模数转换器**　膜片钳放大器是系统的重要组成部分，是整个系统的核心。膜片钳放大器可以负反馈方式对微电极尖端的膜片进行电压钳制或电流钳制，从而记录通道电流改变或在全细胞模式下记录膜电位变化。由于膜片钳放大器记录的电压及电流均为随时间而变化的模拟信号，为便于贮存和分析，需要将模拟信号转换为数字信号，因此，需要实现此转换功能的模数转换器，即接口。计算机可经接口接收、储存由膜片钳放大器输入的电压、电流信号，同时计算机也可把数据采集软件发出的指令电压等参数经接口输出至膜片钳放大器，使膜片钳实验智能化。

2. **显微镜和视频监视器**　为了使膜片钳放大器探头把持的微电极尖端与细胞膜形成高阻封接，对这一过程进行直接观测是必要的。根据记录模式的要求，进行四种基本模式记录时，需要用倒置显微镜来观测单细胞标本，而进行切片膜片钳记录时，多采用正置显微镜。如果在显微镜上安装视频摄像头，则可在监视器上观察到细胞状态和封接过程，不仅减少了视力疲劳，也有利于教学演示。为了实现微电极与细胞膜的接触，尚需在显微镜上安装可精密控制的微操纵器，一般分为粗、细两档，可进行三维调节，以调节微电极尖端与细胞的相对位置及封接过程。

3. **防震台和屏蔽罩**　膜片钳实验要求实验仪器，特别是显微镜和微操纵器等设备具有良好的机械稳定性，减少震动，保持微电极与细胞间的相对位置，因此需要性能良好的防震台。防震台分内台与外台两个部分，内台仅安放倒置显微镜及与其固定的微操纵器。内台防震效果的好坏直接影响到封接效果及实验过程。内台与外台在机械上彼此独立，可放置灌流系统及液压操纵器的操作部分等。由于膜片钳记录的通道电流为 pA 级的微小电流，因此防止周围环境杂散电场对膜片钳放大器探头电路的干扰十分必要。一般在防震台周围安装铜丝网制成屏蔽罩，并使其充分接地，防止周围电场的干扰。膜片钳实验系统的组成及连接见图 1-58。

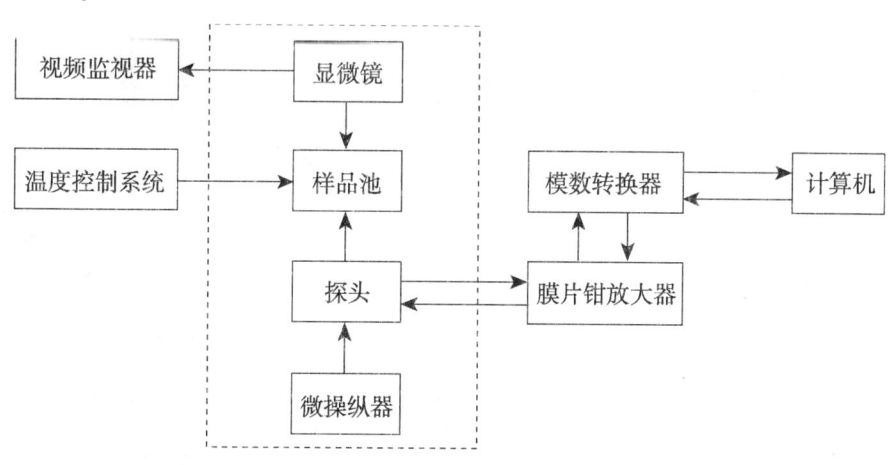

图 1-58　膜片钳实验系统的组成及连接示意图

（二）膜片钳技术的基本原理

膜片钳技术是用尖端直径 1～2 μm 的玻璃微电极吸管与经蛋白酶处理干净的细胞膜接触，通过 20～30 cm H_2O 的负压吸引造成电极尖端与细胞膜形成高阻封接（10～100 GΩ），使电极尖端下的小块膜片与膜的其他部分在电学上绝缘，并在此基础上固定膜片电位，监测

几个 μm^2 膜片上 1~3 个离子通道的活动。此膜片内开放所产生的电流流进玻璃吸管,用一个极为敏感的电流放大器(膜片钳放大器)测量此电流强度,这个电流就代表单一离子通道电流。电极尖端与膜之间 10~100 GΩ 的高阻封接使膜片钳放大器具有很高的灵敏度和可靠性,使其能监测到单个离子通道开放和关闭的两种全或无式电导状态,记录到开放时的一系列等幅矩形脉冲式单通道电流。

(三)膜片钳技术的记录模式

根据研究需要及记录膜片的不同,膜片钳记录可形成以下四种基本模式(图 1-59)。

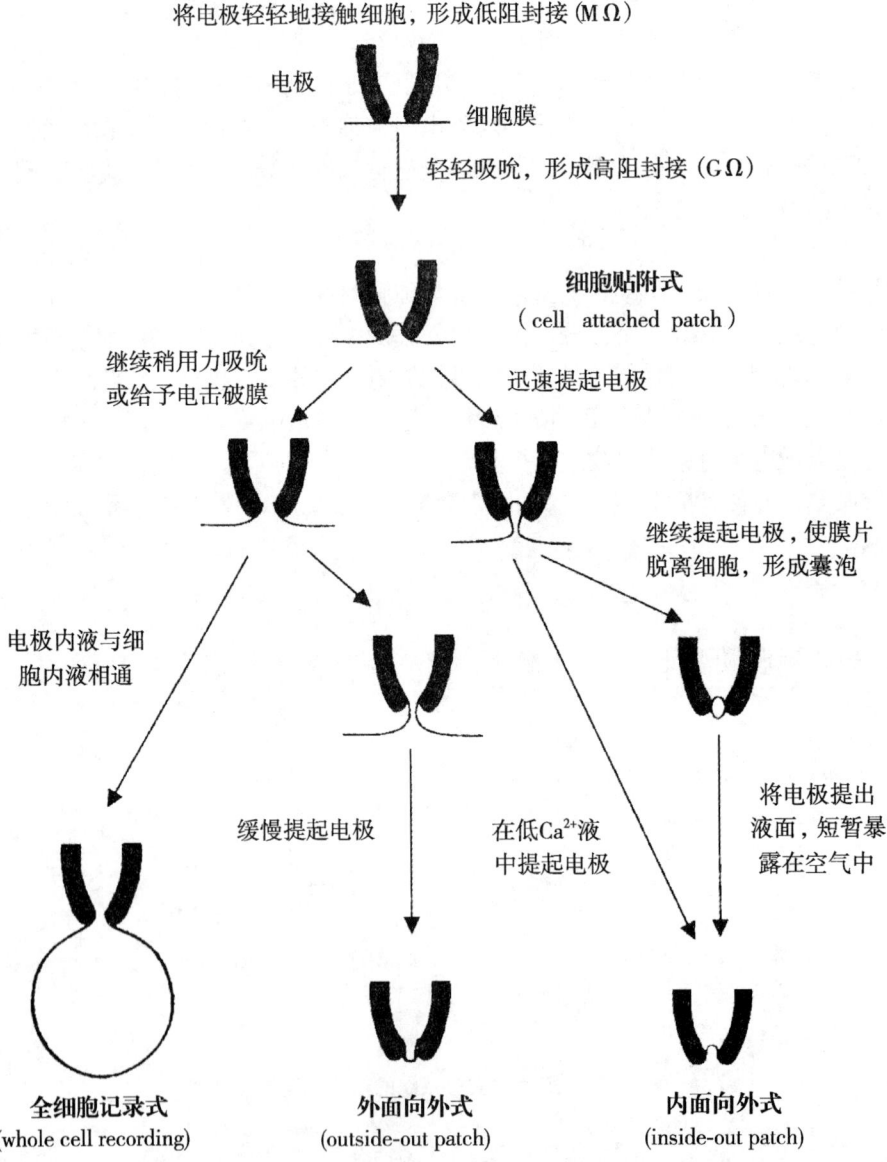

图 1-59 膜片钳技术的四种记录模式

1. **细胞贴附式** 是一种微电极贴附在细胞膜上的对单通道电流进行记录的模式。使电极尖端与细胞膜接触，形成 50 MΩ 的低电阻封接，然后通过负压抽吸，形成高阻封接，电阻值可达 10～100 GΩ。此时，电极尖端下的膜片与周围细胞膜电性能完全绝缘，可以直接在微吸管电极上施加电压对膜片钳压，测量离子通道开放产生的单通道电流。此记录模式由于细胞牢固贴附于电极尖端而细胞则完整无损，故称为细胞贴附式。常用于化学门控通道活动的细胞内机制研究。

2. **内面向外式** 内面向外式是在细胞贴附式基础上制备的。由于高阻封接使膜与电极尖端边缘接触相当牢固，当微电极上提时，与微电极尖端相连的细胞膜被切割下来或形成小泡，后者如将电极尖端在空气中暴露则小泡很快破裂，形成细胞膜内表面向外的膜片，将电极尖端再次浸入浴液，记录膜片上离子单通道活动，称为内面向外式模式。常用于研究钙、细胞内源性物质及第二信使对离子通道的调控作用，但细胞质的渗漏现象可能丢失原来存在于细胞内的调控因子。

3. **外面向外式** 在细胞贴附式形成后，在微吸管电极内施加较强的脉冲式负压以吸破膜片，再将电极回撤，被撕脱下来的膜相互连接，断端游离部分自行融合成脂质双层，则形成外面向外式。这种模式可用于受体门控离子通道的研究。

4. **全细胞记录式** 在细胞与微吸管电极形成高阻封接后，经吸管内施以负压或电脉冲，使微电极尖端下小块膜片破裂，电极内液与细胞内液相通，可通过这一通路控制整个细胞的膜电位，进而记录整个细胞膜上离子通道的活动，这种记录模式称全细胞记录式。全细胞记录式对细胞损伤较小，基本保持了细胞原有的生理功能，可以用来进行直径小到几个微米的小细胞（如红细胞、血小板等）的离子通道活动监测。同时，也可以在膜片钳的电流钳方式下，对细胞的静息电位和动作电位进行记录，还可以在一个细胞上观察多种离子通道的活动，并与该细胞的功能相结合。

采用全细胞记录式得到的离子通道电流，是在当时参数条件下，多种离子通道开放产生的宏膜电流，要记录其中某一种离子通道电流，应在实验参数设计及工具药采用上予以充分考虑。同时，由于电极内液与细胞内液相通，电极内液中某些物质可改变胞浆内物质的成分和浓度，在记录时常出现 Rundown 现象，如全细胞记录心室肌细胞 L-型钙通道电流时，L-型钙电流常随时间产生衰减，因此在实验设计中，必须考虑到这一因素，设立严格的对照组。

随着膜片钳技术的应用，人们获得了大量离子通道信息并用其解释各种生命现象的本质，使电生理学研究深入到细胞分子水平。但是从功能学角度，常规膜片钳记录的离体单细胞（急性分离或培养细胞）离子通道的改变有其局限性，不能完全代表整体情况下的活动水平。因此，在上述基本记录模式的基础上，根据研究需要提出了多种改良模式，如穿孔膜片钳记录、脑片膜片钳记录、盲膜片钳记录等。

（四）膜片钳技术的应用

膜片钳技术发展至今，已经成为一个应用范围非常广泛的电生理学技术，它不仅能用来记录离子通道的电流，膜片钳电极本身还有很多非电生理学方面的应用，它与其他生物学方法的结合应用目前已经非常普遍。

1. **应用膜片钳技术对离子通道门控动力学、生理功能、药理学特性以及结构与功能的关系进行研究** 通过膜片钳技术对离子通道药理学的研究，可观察药物对离子通道的影响、分析药物在靶离子通道或受体上的作用位点，常用于对活性药物进行筛选。

2. 采用膜片钳技术通过对膜电容变化的细微测量，可以检测到单个分泌囊泡与细胞膜融合时引起膜电容增加的胞吐过程，还可以研究细胞对某些物质进行吞噬的胞吞过程（膜电容降低）。

3. 膜片钳技术与重组 DNA 克隆技术相结合　该方法可通过对通道蛋白分子结构的变构，探讨通道结构与功能位点的关系及第二信使对通道功能的调制，也可对编码通道蛋白克隆基因进行分析和鉴定。

4. 膜片钳技术与激光扫描共聚焦技术相结合　该方法可对胞浆中 Ca^{2+} 浓度的变化进行直接观测的同时，探讨 Ca^{2+} 浓度变化的起因及机制。近年来，在激光扫描共聚焦技术的基础上，着眼于荧光染料激发方式的多光子成像技术，可获得较高的三维分辨率，又避免了紫外光照射引起细胞损伤的不足，使其可以在活体上进行，以便更深入和全面地获得信息。

5. 膜片钳技术与单细胞 RT－PCR 技术相结合　Eberwine 等使用膜片钳技术进行电生理记录，并收集细胞内含物，建立了基因表达的实验体系，用于单细胞 mRNA 分析，使离子通道功能与基因表达差异结合起来。尽管该方法所获得的实验结果与其他技术所得结果有时并不完全吻合，但毕竟使人们对单细胞中微量 mRNA 的分析成为可能，提供了研究单个细胞中基因表达与离子通道活动相关性的有效手段。该技术已应用于哺乳动物中枢神经系统、免疫系统等多种类型细胞的研究，成为单细胞 mRNA 表达水平与电生理性质的联系以及 mRNA 亚细胞定位等研究的重要手段。

（孙宏丽）

十一、VBL－100 医学机能虚拟实验室

虚拟实验室系统采用计算机虚拟仿真与网络技术，涵盖了 40 多个机能学实验的模拟仿真，由于模拟仿真实验无需实验动物，无需实验准备即可帮助学生理解实验的操作步骤以及实验效果，可以作为机能学实验教学的一个有益补充。对教师而言起到辅助教学的作用，对学生而言，则起到知识的预习、熟悉及强化的作用。

该系统由仪器介绍、实验原理、手术操作、模拟仿真、实验波形以及实验测试等部分组成，结构完整，内容丰富，可同时供 40 位同学进行机能学知识的学习（图 1－60）。

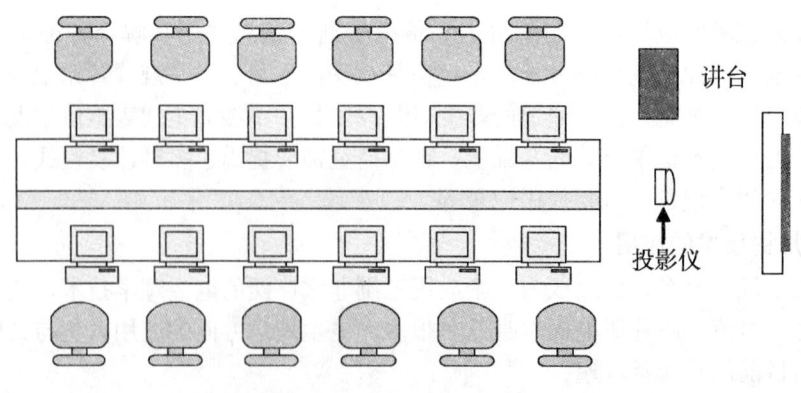

图 1－60　虚拟实验室系统安装示意图

技术要求及配置

1. 系统性能指标

(1) 体系结构：采用客户机/服务器体系结构，根据用户要求提供同时访问服务器的客户端数量，可接入校园网（注：接入校园网系统按100站点系统计算）。

(2) 介绍实验动物的生理特性、生理常数和应用，介绍的动物包括：蟾蜍、大鼠、小鼠、豚鼠、裸鼠、金黄地鼠、家兔、猫、犬、猕猴。

(3) 仿真实验项目个数：42个

1) 生理实验项目包括：刺激强度与肌肉收缩的反应关系、刺激频率与肌肉收缩之间的关系、神经干动作电位的引导实验、神经兴奋传输速度的测定、神经干不应期的测定、减压神经放电、膈神经放电、大脑皮层诱发电位、离体蛙心灌流、期前收缩与代偿间歇、心肌细胞动作电位、家兔血压调节、家兔呼吸运动调节、尿生成的影响因素、消化道平滑肌生理特性。

2) 药理实验项目包括：药物对动物学习记忆的影响、酸枣对小鼠的镇定作用、安定的抗惊厥作用、度冷丁的镇痛作用、地塞米松对实验大鼠脚趾肿胀的抗炎作用、苯海拉明药效实验、神经体液因素及药物对心血管活动的影响、药物急性毒性实验、药物半衰期的测定、给药剂量对药物血浓度的影响、给药途径对药物血浓度的影响、药物在体内的分布、肝肾功能状态对药物血浓度的影响、多次给药对药物血浓度的影响。

3) 病理生理实验项目包括：急性心力衰竭、心律失常、急性缺氧、急性失血性休克、急性高血钾症。

4) 人体实验项目包括：人体指脉信号的测定、人体全导联心电信号的测定、ABO血型的测定、人体前臂肌电的测定、人体握力的测定、人体心音图的记录和测定简介。

5) 综合实验包括：家兔呼吸运动调节、影响尿生成的因素及利尿药物、神经体液因素及药物对心血管活动的影响。

(4) 每个仿真实验包括简介、原理、录像、模拟、仿真等部分。

(5) 仿真实验的波形逼真，血压基波包含有心房波、心室波，并且可以表达出二级呼吸波；刺激强度与反应的关系，刺激频率与反应关系等实验波形和肌肉收缩图形同步反映。

(6) 实验仪器介绍包括：BL-420生物机能实验系统、ME-200微电极放大器、DW-200脑定位仪、MP-200微拉制器、MC-5微操作器、BI-2000医学图像分析系统、HW-400S恒温浴槽、HX-300动物呼吸机、PL-200热刺痛仪、RB-200智能热板仪、PH-200双足平衡测试仪、SW-200光尾刺痛测试仪、YT-100电子压痛仪、PV-200足趾容积测试仪、MT-200 Morris水迷宫行为分析仪、DT-200小鼠跳台仪、BA-200小鼠避暗仪、RM-200八臂迷宫分析测试仪、PM-200大小鼠高架十字迷宫跟踪系统、TS-200悬尾测试仪、ZZ-6小鼠自主活动测试仪、CPP-100条件位置偏爱仪、BP-6无创血压测量系统、GL-2离体心脏灌流系统、HV-4离体组织器官恒温灌流、FT-200动物跑步机、ZB-200疲劳转棒仪。

(7) 背景知识介绍包括：信号采集的原理和性能指标，传感器原理及各种传感器介绍，14种试验试剂的配置，27种手术器械的介绍。

(8) 包含机能实验考试功能。

2. 软件系统

(1) 学生端软件

型号：VBL-100C 1.0。

软件功能：为学生提供交互学习功能，根据学生的选择从服务端获取数据，并解释、显示；获取的数据包括文字、录像、Flash 交互动画等。

（2）服务器软件

型号：VBL-100S 1.0。

软件功能：提供数据管理功能，在 MySQL 专业数据库的支持下，提供各种医学机能虚拟实验需要的素材库；提供数据服务功能，对客户端的数据访问提供应答，应将相应的数据传给客户端。

（曹永刚）

第三节 常用实验动物和动物实验基本知识

一、常用实验动物种类及选择

（一）常用实验动物的种类及其特点

1. 青蛙与蟾蜍　两者均属于两栖纲，无尾目。蟾蜍和青蛙是教学实验中常用的小动物。其心脏在离体情况下仍可有节奏地搏动很久，可用于心功能方面的实验。蛙舌与肠系膜是观察炎症和微循环变化的良好标本。

2. 小白鼠　属于哺乳纲，啮齿目，鼠科。其繁殖周期短、产仔多、生长快、饲料消耗少，温顺易捉，操作方便，能复制出多种疾病模型，是药学实验中用途最广和最常用的动物。

3. 大白鼠　亦属鼠科。受惊时表现凶恶，易咬人。大鼠嗅觉灵敏，对湿度要求严格。具有小白鼠的其他优点，故在药学实验中的用量仅次于小白鼠。

4. 豚鼠　属于哺乳纲，啮齿目，豚鼠科。性情温顺，胆小。豚鼠体内不能合成维生素 C，对维生素 C 缺乏十分敏感，豚鼠最适宜过敏和变态反应研究。

5. 家兔　属于哺乳纲，啮齿目，兔科。性情温顺，易饲养，抗病力强，繁殖率高，耳大，血管清晰，便于注射给药及采血，是常用的实验动物。

6. 猫　属于哺乳纲，食肉目，猫科。猫循环系统发达，血压稳定，能耐受麻醉和手术，宜观察药物对血压的影响。猫的反射功能与人类近似，神经肌肉系统反应灵敏，实验效果较啮齿类更接近人类，特别适宜观察各种反应的实验。

7. 狗　属于哺乳纲，食肉目，犬科。狗的血液、循环、消化和神经系统等均很发达，与人类很相近。狗经过训练能很好地配合实验，因而广泛适用于许多系统的急、慢性实验研究，是最常用的大动物。

（二）常用实验动物的选择

根据不同的实验目的，选择使用相应的种属、品系和个体，是实验研究成败的关键之一。实验教学所用的动物数量较少，因而实验动物的正确选择尤为重要。

1. 种属的选择　在选用实验动物时，尽可能选择其结构、功能和代谢特点接近于人类的。不同种属的动物对于同一致病刺激和病因的反应也不同。例如：过敏反应或变态反应的研究宜选用豚鼠，因为豚鼠易于致敏。因家兔体温变化灵敏，故常用于发热、热原检定、解热药和过热的实验。狗、大白鼠、家兔常用于高血压的研究。肿瘤研究则大量采用小白鼠和大白鼠。

2. 动物品系的选择　同一种动物的不同品系，对同一致病刺激物的反应不同。例如，津白Ⅱ号小鼠容易致癌。津白Ⅰ号小鼠就不易致癌。再如，以嗜酸粒细胞为变化指标，C57BL小鼠对肾上腺皮质激素的敏感性比DBA小鼠高12倍。

3. 实验动物的个体选择　同一品系的实验动物，因为年龄、性别、生理状态和健康状况等条件不同对同一致病刺激物的反应存在着个体差异。

（1）年龄：年幼动物一般较成年动物敏感。应根据实验目的选用适龄动物。急性实验选用成年动物，慢性实验最好选用年轻的动物，减少同一批实验动物的年龄差别，可以增加实验结果的正确性。

（2）性别：实验证明，不同性别对同一致病刺激的反应也不同。一般雌性动物耐受性强，雄性动物对刺激比较敏感。除特殊要求，一般在实验研究中，宜选用雌雄各半。

（3）生理状态：动物的特殊生理状态，如妊娠、授乳期机体的反应性有很大变化。在个体选择时，应该予以考虑。

（4）健康状况：实验证明，动物处于衰弱、饥饿、寒冷、炎热、疾病等情况下，实验结果很不稳定。健康状况不好的动物，不能用于实验。

二、常用动物的捉持法、编号法、给药法、取血法

（一）常用动物的捉持法

1. 蛙类　捉拿蛙时宜用左手将其握住，以中指、无名指和小指压住其左腹侧和后肢，拇指和食指分别压住右、左前肢，右手进行操作。在捉拿蟾蜍时勿碰压耳侧的毒腺，提防毒液射入眼中。如需长时间观察可破坏其脑脊髓，用大头针将蛙固定在蛙板上。

2. 小白鼠　右手轻抓鼠尾，提起置于鼠笼上，将鼠尾略向后拉，用左手的拇指、食指和中指抓住小鼠两耳后项背部皮毛，以无名指及小指夹住鼠尾即可（图1-61）。

3. 大白鼠　大白鼠性烈，齿锋利，捕捉时要提防被它咬伤，从鼠笼捉拿时，可用海绵钳夹住其项背皮毛（切勿夹其尾巴）或戴厚手套，捉住其尾巴，提出置于实验台上。在数层厚布的保护下，左手将大白鼠压住，食指放在左前肢前，中指放在左前肢后，拇指置于右前肢后，将头部和上肢固定在手中，再用手掌和其余手指的力量将鼠身握住，右手进行操作（图1-62）。

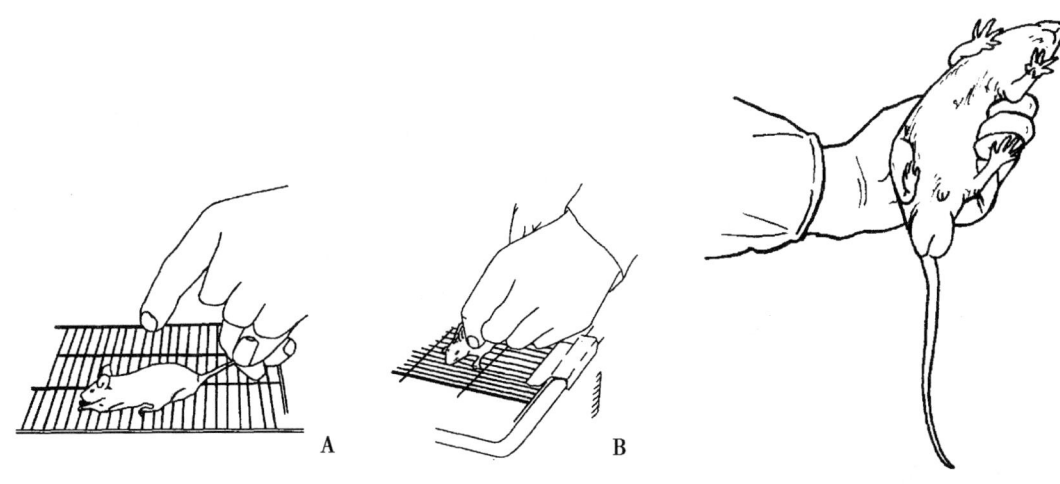

图1-61　小鼠的抓取　　　　**图1-62　大鼠的抓取**

4. 豚鼠 豚鼠性情温和，胆小易惊，一般不易伤人，抓取时先用一只手手掌扣住豚鼠背部，抓住其肩胛上方，拇、食指环握颈部，另一只手托住臀部（图1-63）。

图1-63 豚鼠的抓取

5. 家兔 兔性情驯良，较易捕捉。自笼内取出时，应用手抓住家兔颈部的被毛与皮肤，提离笼底。再用另一手托住其臀部，将其重心承托在掌上。切忌强提兔耳或某一肢体，强行从笼中拖出，兔脚爪锐利，谨防抓伤。在需要观察血压、呼吸和进行颈、胸、腹部手术时，应将家兔以仰卧位固定于兔手术台上。方法是先在四肢绑好固定带，后肢系在踝关节以上，前肢系在腕关节以上，然后将兔仰卧位放在兔台上，头部用兔头固定器固定，前肢固定带从背部交叉穿过，压住对侧前肢后，分别系在兔台的木楔上（图1-64）。若仅作兔头部操作，如耳缘静脉注射或取血，可将兔放入兔盒内，使头部伸出兔盒前壁凹形口，关上兔盒顶盖即可（图1-65）。

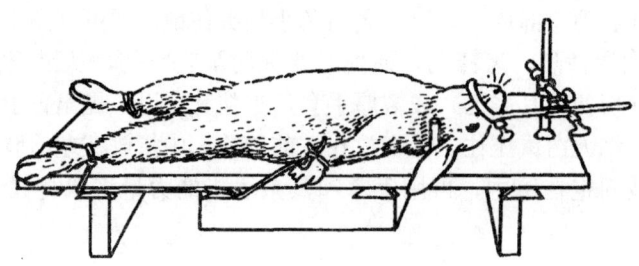

图1-64 家兔的兔台固定

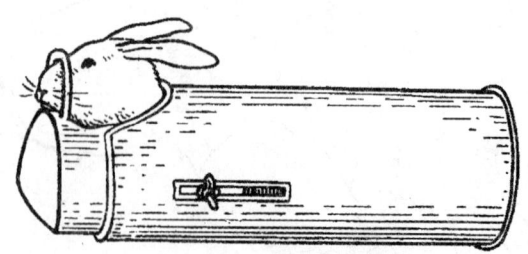

图1-65 家兔的盒式固定

6. 猫 猫的抓取方法见图1-66，固定方法基本同家兔。

7. 犬　用特制的钳式长柄犬夹夹住颈部并仰卧地上，由助手固定四肢后，即可进行麻醉。将麻醉的狗置于狗台，姿势依实验需要。仰卧或俯卧位时，将狗嘴置于一铁圈形狗头固定器内，拉出舌头，再将一直铁条穿过上下颌间，拧紧固定器在鼻上的螺旋体。固定四肢方法同家兔部分。

图 1-66　猫的抓取

（二）常用动物的编号法

在动物实验中，为了观察每个实验动物的反应情况，必须对实验动物进行编号、标记。标记的方法应保证号码清楚、持久、简便、易认和适用。现介绍几种常见标记方法：

1. 染色法　染色法是用化学剂在动物身体明显部位如被毛、四肢等处进行涂染或用不同颜色等来区别各组动物，是实验室最常用、最容易掌握的方法。标记时，用标记笔在动物体表不同部位涂上斑点，以示不同号码。编号原则是：先左后右，从前到后。染色法多用于实验周期较短，动物数量不多的情况，不宜用于长期的实验。

2. 挂牌法　将号码压在金属号码牌上，最好用铝牌，可以反复使用不生锈。将金属牌固定在实验动物耳朵上作为标记。使用时，先将号码牌的尖端避开耳朵中央动脉穿过耳壳，再由耳朵内侧面将其折曲固定，一般用于兔、豚鼠标记。猴、猫等动物有时可挂在颈部或笼箱上。用于犬的金属号码牌较大，且牌上穿有小孔，可固定在犬链条上作标记。

3. 烙印法　烙印法是用刺号钳将号码烙压在动物无体毛或明显部位，如耳、面鼻部和四肢部位等。此类方法应注意烙号部位的污染和预防感染。

4. 耳孔法　耳孔法是专用于动物编号而直接在动物耳朵上打孔的方法，由打孔的位置和孔的数量来标记。用剪刀将耳缘剪缺口也可代替此方法。打孔应注意防止孔口愈合，可使用滑石粉涂抹在打孔局部。

一般小型动物适宜用耳孔法和染色法，中型动物适用挂牌法和烙印法。

（三）常用动物的给药法

动物给药的途径和方法可根据实验目的、动物种类和药物剂型而定，常用的方法简介如下。

1. 经口给药　有口服与灌胃两种方法。口服法可将药物放入饲料或溶于饮水中，使动物自行摄取；为保证剂量准确，可应用灌胃法。现将小白鼠、大白鼠及家兔的灌胃法简介如下。

（1）小白鼠：按前述捉拿法用左手抓住动物，使腹部朝上，右手持灌胃器，先从鼠口角处插入口腔，以灌胃针管压其上腭，使口腔和食道成一直线后，再把针管沿上腭徐徐送入食道，在稍有抵抗感时（此位置相当于食道通过膈肌的部位），即可注入药液。如注射顺利，动物安静，呼吸无异常；如动物强烈挣扎不安，可能针头未进入胃内，必须拔出重插，以免误注入气管造成窒息死亡（图 1-67）。

（2）大白鼠：大白鼠灌胃方法与小白鼠相似（图 1-68）。

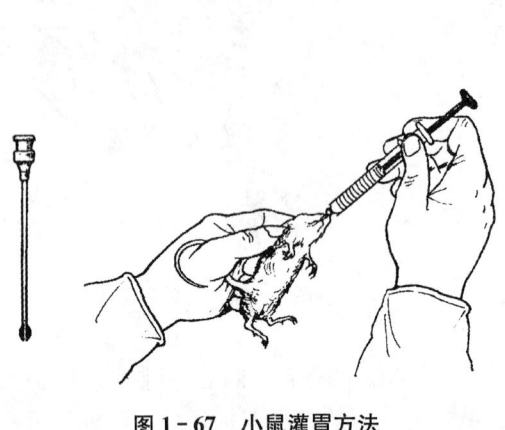
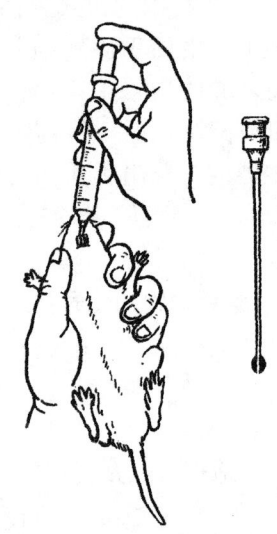

图 1-67　小鼠灌胃方法　　　　　　　图 1-68　大鼠灌胃方法

（3）家兔：兔灌胃系用导尿管配以一个木制张口器（图 1-69、图 1-70）。灌胃时需两人合作。一人坐好，将兔的躯体和下肢夹在两腿之间，左手紧握双耳，固定头部，右手抓住前肢。另一人将兔用开口器横放于兔口中，并将兔舌压在张口器之下，再使导尿管通过张口器中部的小孔慢慢沿上腭插入食道 16~20 cm。为避免误入气管，可将胃管的外端放于清水杯中，若有气泡从胃管口逸出，应拔出再插，如无气泡逸出，表明导管在胃内，即可将药液注入，然后再注入少量清水，将胃管内药液冲入胃内，灌胃完毕后，先拔出导尿管，再取下张口器。

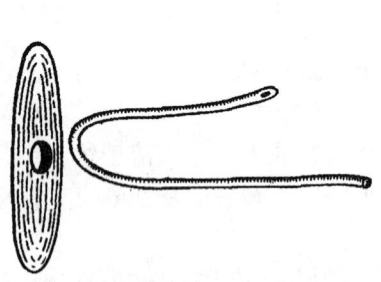

图 1-69　家兔的张口器和胃管　　　　　图 1-70　家兔灌胃方法

2. 注射给药

（1）皮下注射：注射时用左手提起皮肤，右手将针刺入皮下，然后注药。

（2）皮内注射：先在注射部位剪毛、消毒，然后用左手拇指和食指把皮肤按紧，在两指中间用细针头刺入皮下注药，如注射正确，则注药处可出现一白色小皮丘。

(3) 肌肉注射：应选肌肉发达的部位，一般多选臀部或股部，注射时将针头迅速刺入肌肉，回抽如无回血，即可进行注射。

(4) 腹腔注射：常用于大鼠或小鼠给药。用左手捕捉固定动物，右手将注射针头自下腹部刺入皮下后，再穿过腹肌，缓缓注入药液，切勿刺入肝脏及肠腔。

(5) 静脉注射

1) 蛙：将蛙仰卧位固定，沿腹中线稍左剪开腹肌翻转，可见腹静脉紧贴腹壁肌肉下行，将针刺入即可。

2) 小鼠和大鼠：一般采用尾静脉注射，大鼠尾部角鳞较多，注前需先刮去，左右两侧尾静脉较易固定，应优先选择。注射时先将动物固定在鼠筒或玻璃罩内，使鼠尾露出，在45～50℃热水中浸泡或用二甲苯涂擦，使血管扩张，以左手食指压住鼠尾，拇指和中指（或无名指）夹住尾巴末端，右手持注射器连4号细针头。从尾下1/4处进针，如针确已在静脉内，则进药无阻，否则局部发白隆起，应拔出针头再移向前方静脉部位重新穿刺。

3) 家兔：一般采用外侧耳缘静脉注射，注射时应先拔去注射部位的被毛，用手指轻弹兔耳，使静脉充盈，左手食指与中指夹住静脉的近心端，阻止静脉回流，用拇指和无名指固定耳缘静脉远心端，右手持针尽量从远端刺入，然后移动左手拇指固定针头，将药液注入（图1-71）。

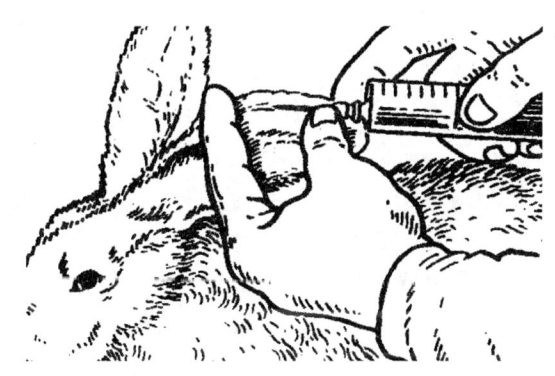

图1-71 家兔耳缘静脉注射

4) 狗：狗静脉注射多选择前肢内侧头静脉或后肢小隐静脉，注射时应先剪去注射部位的被毛，用手压迫静脉近心端，使血管充盈，针自远心端刺入血管，固定针头，待有回血后，徐徐注入药液。

(6) 淋巴囊注射：蛙类皮下有数个淋巴囊，是蛙的给药常用途径，注射时应从口腔底部刺入肌层，再进入胸皮下淋巴囊注药，抽针后药液才不易流出。

(四) 常用动物的取血法

1. 大鼠和小鼠的采血方法

(1) 大鼠和小鼠的静脉采血法：将鼠置于固定盒内，固定好，露出鼠尾用手轻揉或用温水（45℃左右）加温，也可用二甲苯涂擦鼠尾，使尾静脉充血后，用剪刀剪去尾尖，尾静脉血即可流出，用手轻轻地从尾根部向尾尖部推挤，即可收集到少量血液。实验时如果需要间隔一定时间，反复采集少量血液，则每次采血时，可将鼠尾剪去一小段；取血后，用棉球压迫止血，并用液体火棉胶涂于伤口处，以保护伤口。也可采用切割尾静脉取血，这种方法比较适合大鼠的血液采集（图1-72）。

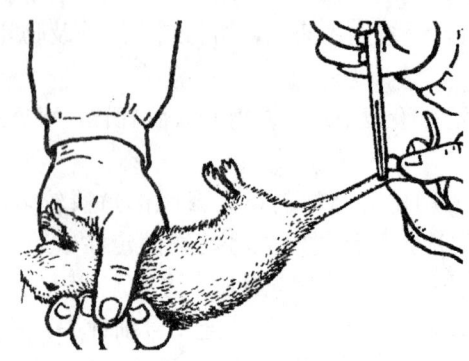

图1-72　大鼠尾静脉采血方法

（2）大鼠和小鼠眼眶动脉和静脉采血法：用左手抓住鼠，拇指和食指将鼠头部皮肤捏紧，使鼠眼球突出。右手取一无钩弯小镊子在鼠右侧眼球根部将眼球摘去，并立即将鼠倒置，头朝下，此时眼眶内动、静脉很快流血，将血滴入预先加有抗凝剂的玻璃器皿内，直至动、静脉不再流血为止，若实验时需大量血液，此种方法最好。

2. 豚鼠的采血方法

（1）心腔穿刺采血法：将豚鼠仰卧固定于小手术台上，把左侧心区部位的被毛剪去，用碘酒、酒精消毒皮肤。用左手触摸动物左侧第3~4肋间，触摸心跳最明显处进针穿刺。进针角度与胸部垂直，当针头接近心脏时，就会感到心脏的跳动，再向里穿刺就可进入心室。若将注射器抽成负压，血不断地自动流入注射器内。采血时动作要迅速，缩短留针时间以防止血液凝固。此种方法也适用于兔的心腔穿刺采血。

（2）耳缘剪口采血法：消毒耳缘后，用二甲苯反复擦拭耳缘使血管充分充盈，然后用刀片割破耳缘血管，血液会从血管中流出，此法采血0.5 ml左右。

3. 兔的采血法

（1）兔耳缘静脉采血法：将动物固定好后，用手轻揉动物耳缘，待耳缘静脉充血后，在靠耳尖部的静脉处，用针头刺破静脉，血液即可流出，也可用5号半针头沿耳缘静脉远端（末梢）刺入血管，抽取血液，取血后压迫止血。一次可采血5~10 ml。此法也适用于豚鼠。

（2）兔颈动（静）脉采血法：首先做颈动（静）脉暴露分离手术，根据所需血量可用连有6号针头的注射器，与血管平行方向向心端将注射针刺入血管即可见到动脉血流入注射器；也可在动脉上做一切口，用细橡皮管把血液引流到试管里。动脉采血时要注意止血，可用纱布或动脉夹止血。从颈静脉采血时，取连有6号针头的注射器，由近心端沿血管平行方向刺入，使注射针头一直深至颈静脉分叉处，即可取血。取血完毕后用纱布压迫止血。

4. 犬和猫的采血法

（1）前肢皮下头静脉或后肢小隐静脉经皮穿刺取血。不宜多次取血。

（2）暴露股静脉或颈外静脉，直接穿刺或插管。可多次取血。

猫的采血法基本与犬相同。常采用前肢皮下头静脉、后肢的股静脉、耳缘静脉取血。需大量血液时可从颈静脉取血。

三、动物实验常用麻醉方法及异常情况的急救

（一）实验动物的常用麻醉方法

为减少疼痛，使动物安静，便于进行手术，需将动物麻醉。麻醉方法可分为局部麻醉和全身麻醉两种。

1. 局部麻醉　局部麻醉常用于表层手术。常用1%普鲁卡因溶液在手术切口部位作浸润注射。注射时，循切口方向把针头全插入皮下，先回抽一下针筒芯，无血液回流时，方可注入。推注麻醉药时要边注射边将针头向外拉出。第二针可从前一针所浸润的末端开始，直至切口部位完全浸润为止。

2. 全身麻醉　全身麻醉常用于较深部位或较广泛的手术。麻醉后，如动物呼吸变深、变慢，四肢松弛无力，角膜反射迟钝，即表明动物已完全麻醉。

（二）常用的麻醉剂

动物实验中常用的麻醉剂分为挥发性麻醉剂和非挥发性麻醉剂两类。

1. 挥发性麻醉剂　这类麻药包括乙醚、氯仿等。乙醚是常用的吸入麻醉剂，挥发性强，有特殊气味，为易燃品，适用于各种动物（鸡除外）。其特点是安全范围大，肌肉能完全松弛，肝、肾毒性小，麻醉的诱导期短，苏醒较快，动物麻醉深度易掌握。其副作用是对呼吸道和结膜刺激性强，胃肠道反应增高，局部刺激作用大，可引起上呼吸道黏膜液体分泌增多，易发生呼吸道阻塞，使用时应小心。

2. 非挥发性麻醉剂　这类麻醉剂种类较多（表1-3），包括苯巴比妥钠、戊巴比妥钠、硫喷妥钠等巴比妥类的衍生物，氨基甲酸乙酯和水合氯醛。这些麻醉剂使用方便，一次给药可维持较长的麻醉时间，麻醉过程较平稳，动物无明显挣扎现象。但缺点是苏醒较慢。

表1-3　常用注射麻醉剂的用法和剂量

药物	动物	给药途径	溶液浓度（%）	剂量	麻醉持续时间
巴比妥钠	狗	静脉注射	3	1 ml/kg	2~4 h
	兔	静脉注射	2.5	1 ml/kg	2~4 h
	大鼠	腹腔注射	1	0.3~0.4 ml/100 g	2~4 h
氨基甲酸乙酯（乌拉坦）	兔	静脉注射	20	5 ml/kg	2~4 h
	大鼠、豚鼠	腹腔注射	10	1.5 ml/100 g	2~4 h
氯胺酮	狗、兔	静脉或肌肉注射	1	0.3~0.5 ml/kg	30 min
	大鼠、豚鼠	腹腔注射	1	0.8 ml/100 g	30 min

（三）麻醉深度的判定和麻醉后动物护理

麻醉过深会导致动物死亡，麻醉过浅又不能获得满意的实验效果，麻醉时可以参考下表判定指标（表1-4）。

表1-4 主要麻醉的共同麻醉深度判定指标

	浅麻醉	中麻醉（最佳麻醉）	深麻醉
呼吸方式	不规则（由于痛反射可使呼吸数增加）	规则的腹式呼吸，呼吸数、换气量减少，血压、心搏数一定	腹式（横膈膜）呼吸，换气量明显减少，心搏数减少，血压下降
循环系统表现	频低，血压下降（由于痛反射可致心搏数增加）		
眼的表现	有眼球运动、眼睑、对光反射，眼球向内下方，瞳孔收缩，结膜露出，流泪	眼球置中央或靠近中央，眼睑反射迟钝，对光反射也迟钝，瞳孔稍开大	眼睑对光，角膜反射消失，瞳孔散大，角膜干燥
口腔反射	咽下、喉头反射尚有	无	无
肌松弛	有	腹肌明显	腹肌异常运动
其他表现	流涎、出汗、分泌多，排便、排尿	内脏牵引引起的迷走神经反射，收缩反射消失	

（四）实验动物的急救

当实验过程中有麻醉过量、大失血、窒息等情况应立即进行急救。急救的方法可根据动物情况而定。对犬、兔、猫常用的急救措施有下面几种。

1. 针刺　针刺人中穴对抢救家兔效果较好。对犬用每分钟几百次频率的脉冲电刺激膈神经效果较好。

2. 注射强心剂　可以静脉注射0.1%肾上腺素1 ml，必要时直接作心脏内注射。当动物注射肾上腺素后，如心脏已搏动但无力时，可从静脉或心腔内注射1%氯化钙5 ml。钙离子可兴奋心肌，使心肌收缩力增强，血压上升。

3. 注射呼吸中枢兴奋药　可静脉注射1%山梗菜碱0.5 ml或25%尼可刹米1 ml。

4. 快速注射高渗葡萄糖液　一般常采用经动物股动脉逆血流加压、快速、冲击式的注入40%葡萄糖溶液。注射量视动物而定，这样可刺激动物血管内感受器反射性地引起血压、呼吸的改善。

5. 动脉快速输血、输液　在做失血性休克或死亡复活等实验时常采用。其方法是在动物股动脉插一软塑料套管，连接加压输液装置。当动物发生临床死亡时，即可加压（180～200 mmHg）快速从股动脉输血和输低分子右旋糖酐。

6. 人工呼吸　可采用双手压迫动物胸廓进行人工呼吸。如有电动人工呼吸器，可行气管分离插管后，再连接人工呼吸器进行人工呼吸。一旦见到动物自动呼吸恢复，即可停止人工呼吸。

（常培叶　刘志跃）

第四节　常用手术器械及手术方法

一、动物实验常用手术器械及使用方法

(一) 蛙类动物手术器械

1. 剪刀　眼科剪刀用于剪神经、血管、心包膜等细软组织；粗剪刀用于剪蛙类骨骼、肌肉、皮肤等粗硬组织。

2. 镊子　分有齿镊（钩镊）、无齿镊（平镊）。有齿镊用于夹捏皮肤，无齿镊（圆头镊子）用于夹捏皮下组织、脂肪、黏膜等，眼科镊用于夹捏细软组织。

3. 金属探针　金属探针是专门用来毁坏蛙类脑和脊髓的器械。

4. 玻璃分针　用于分离神经和血管等组织。

5. 锌铜弓　是由锌和铜两种金属做成的镊子状器械，是简单的电刺激器。当锌、铜两尖端与组织接触时，产生电流，对组织施加刺激。实验中常用于检查神经肌肉标本有无兴奋性。

6. 蛙心夹　用于心脏活动的描记。使用时将一端夹住心尖，另一端借助手术线连于张力换能器。

7. 蛙板　约为 20 cm×15 cm 的软质木板，制备蛙类标本应在清洁的木制板上操作。木板用于固定蛙类，可用蛙腿夹或蛙钉将蛙腿固定于木板上。

8. 蛙心插管　插入蛙心可提供心脏营养液或应用于药物对离体蛙心作用的实验中。所有蛙类动物手术器械如图 1-73 所示。

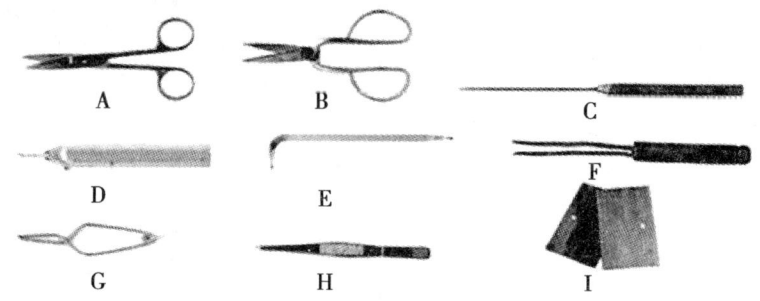

图 1-73　蛙类动物常用手术器械

A. 眼科剪刀；B. 粗剪刀；C. 金属探针；D. 蛙心插管；E. 玻璃分针；F. 锌铜弓；G. 蛙心夹；H. 镊子；I. 蛙板

(二) 哺乳类动物手术器械

1. 手术刀　分为刀柄和刀片两部分，刀柄和刀片各有不同的型号，以适应不同的手术。根据手术部位和性质的不同，可选用不同型号的手术刀柄和刀片。刀片宜用血管钳夹持安装，避免割伤手指。持刀的方式有多种，如指压式：用于较大且深的切口；执笔式：用于解剖及小切口；握持式：用于一般切口；挑起式：用于表浅脓肿切开等（图 1-74）。

2. 手术剪　手术剪根据其结构特点有尖、钝、直、弯、长、短等类型。根据其用途分为组织剪、线剪及拆线剪。组织剪多为弯剪，锐利而精细用来解剖、剪断或分离剪开组织。

图 1-74 执刀方式

A. 指压式；B. 执笔式；C. 握持式；D. 挑起式

通常浅部手术操作用直剪，深部手术操作用弯剪（图 1-75）。线剪多为直剪，用来剪断缝线、敷料、引流物等（图 1-76）。线剪与组织剪的区别在于组织剪的刃锐薄，线剪的刃较钝厚。所以，决不能贪图方便，以组织剪代替线剪，以致损坏刀刃，造成浪费。拆线剪是一页钝凹，一页直尖的直剪，用于拆除缝线（图 1-77）。正确持剪刀法为拇指和无名指分别插入剪刀两个柄环，中指放在无名指环的剪刀柄上，食指压在轴节处起稳定和向导作用，有利操作（图 1-78）。

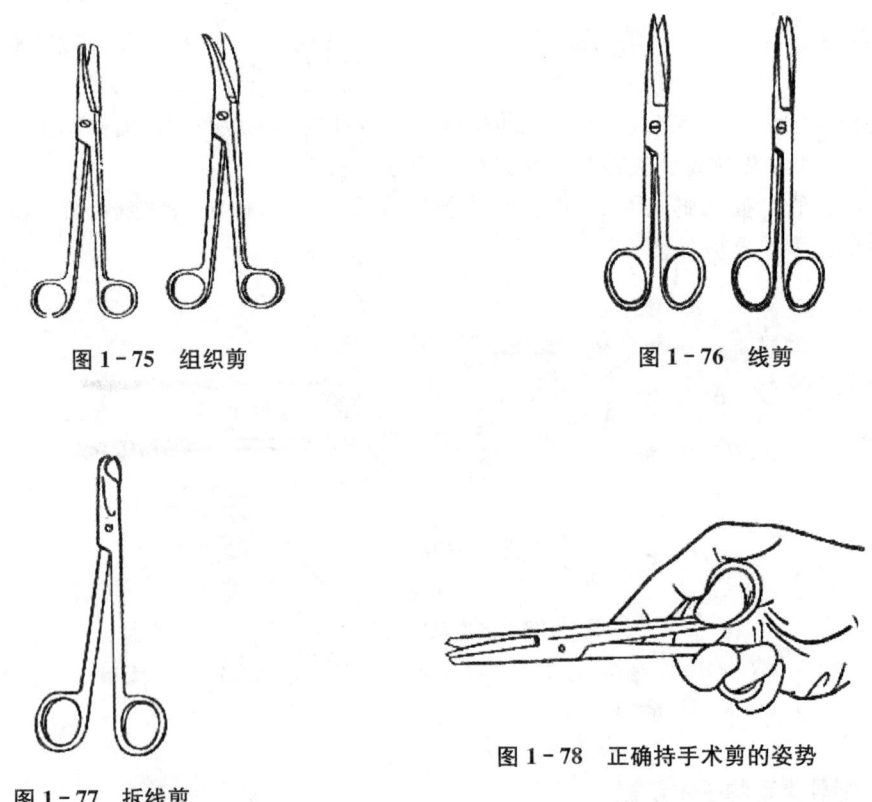

图 1-75 组织剪　　　　图 1-76 线剪

图 1-77 拆线剪　　　　图 1-78 正确持手术剪的姿势

3. 手术镊　手术镊用于夹持和提起组织，以利于解剖及缝合，也可夹持缝针及敷料等。有不同的长度，分有齿镊和无齿镊两种。

（1）有齿镊：又叫组织镊，镊的尖端有齿，齿又分为粗齿与细齿，粗齿镊用于夹持较硬的组织，损伤性较大，细齿镊用于精细手术，如肌腱缝合、整形手术等。因尖端有钩齿、夹持牢固，但对组织有一定损伤。

(2) 无齿镊：又叫平镊或敷料镊。其尖端无钩齿，用于夹持脆弱的组织、脏器及敷料。浅部操作时用短镊，深部操作时用长镊，尖头平镊对组织损伤较轻，用于血管、神经手术。持镊的方法如图 1-79 所示。

4. 血管钳　血管钳主要用于钳夹血管或出血点，也称止血钳。血管钳在结构上主要的不同是齿槽床，由于手术操作的需要，齿槽床分为直、弯、直角、弧形（如肾蒂钳）等。用于血管手术的血管钳，齿槽的齿较细、较浅，弹性较好，对组织的压榨作用及对血管壁、血管内膜的损伤均较轻，称无损伤血管钳。由于钳的前端平滑，易插入筋膜内，不易刺破静脉，也供分离解剖组织用；也可用于牵引缝线、拔出缝针或代镊使用，但不宜夹持皮肤、脏器及较脆弱的组织。用于止血时尖端应与组织垂

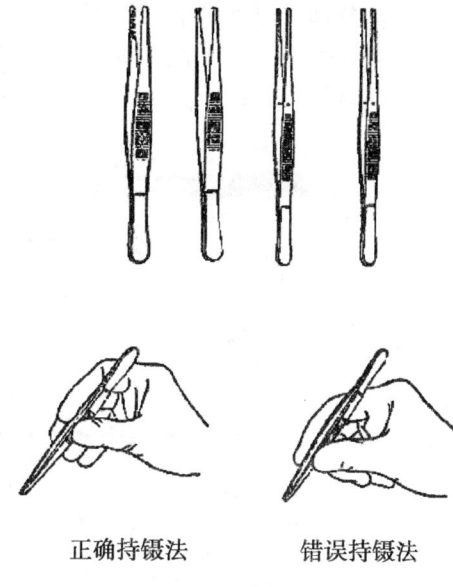

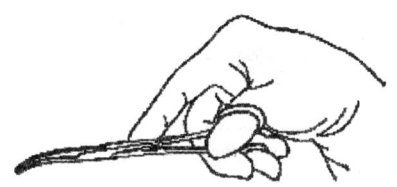
正确持镊法

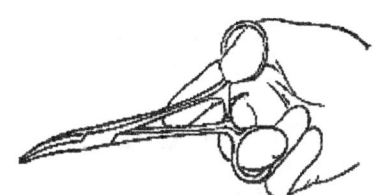
错误持镊法

图 1-79　手术镊种类和持法

直，夹住出血血管断端，尽量少夹附近组织，以免造成损伤（图 1-80）。

图 1-80　止血钳使用方法

5. 持针钳　也叫持针器。主要用于夹持缝针缝合各种组织。有时也用于器械打结。用持针器的尖端夹住缝针的中、后 1/3 处为宜，多数情况下夹持的针尖应向左，特殊情况可向右，缝线应重叠 1/3，且将绕线重叠部分也放于持针器开口内。常见持针钳方法有掌握法、指套法等（图 1-81、图 1-82）。

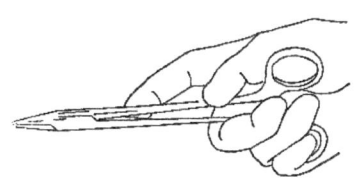
图 1-81　掌握法

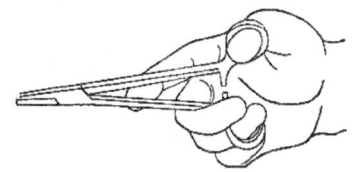
图 1-82　指套法

6. 缝针　缝针的长短、粗细、弯度、针尖横截面积及针眼有各种不同的形式。缝合不同的组织，可选用不同的缝针。缝合皮肤及厚大肌肉时，常用三棱大弯针。缝合胃、肠、子宫、腹膜时需用圆形的弯针。

7. 玻璃分针　分离神经与血管等组织。
8. 气管插管　保证呼吸道畅通。
9. 其他器械　动脉插管、动脉夹、咬骨钳、颅骨钻等（图1-83）。

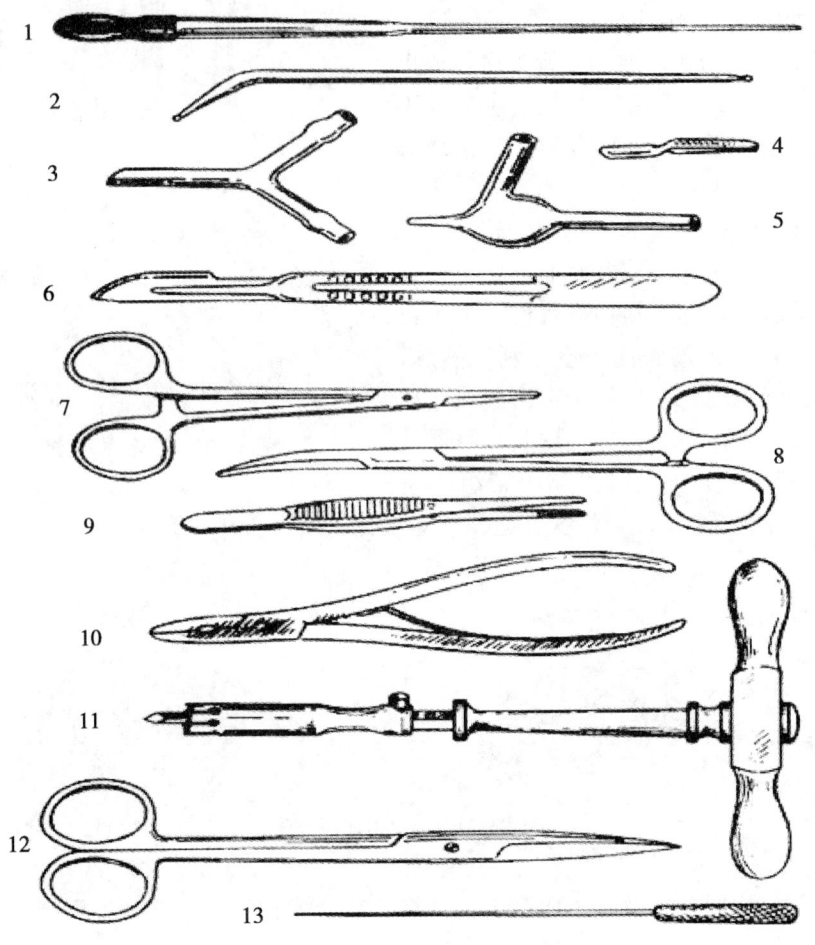

图1-83　常用手术器械

1. 滴管；2. 玻璃分针；3. 气管插管；4. 动脉夹；5. 动脉插管；6. 手术刀；7. 直止血钳；
8. 弯止血钳；9. 眼科镊；10. 咬骨钳；11. 颅骨钻；12. 手术剪；13. 金属探针

二、动物实验的常用手术方法

（一）基本操作技术

1. 切开　根据实验要求确定手术切口的部位及大小。切开时先绷紧皮肤，将刀刃与皮肤垂直，用力要得当，一般切开皮肤全层，切口整齐不偏斜。切开皮及皮下组织时，一定要按解剖层次逐层切开，注意止血，避免损伤深层的重要组织器官。

2. 止血　止血是手术操作中的重要环节。手术过程中止血完善与否，不仅直接影响手术部位的暴露和手术操作，而且关系到手术后动物的安全、切口愈合的好坏以及是否造成并发症等。术中止血必须准确、迅速、可靠。

（1）预防性止血：术前1~2 h内使用一些能提高血液凝固性的药物，以减少术中出血。常用的预防性止血剂有10%氯化钙溶液、10%氯化钠溶液。局部麻醉时，配合应用肾上腺素，达到减少手术部位出血的目的。

（2）术中止血

1）压迫止血：手术中出血一般可先用无菌纱布或拧干的温热盐水纱布按压片刻，切勿用纱布擦拭，以减少组织损伤。

2）钳夹止血：用止血钳与血流方向垂直夹住血管断端，停留一段时间后取下止血钳。

3）结扎止血：常用于压迫无效或较大血管的出血。

4）烧烙止血：以烧热的烙铁烧烙血管的断端，使血液和组织凝固，从而达到止血的目的。

5）药物止血：当内脏出血时，可用纱布吸净积血，然后将止血粉、云南白药或凝血酶等涂撒在创面上，稍后压5~10 s即可止血。

3. 组织分离法　分离组织的目的在于充分显露深部组织，暴露手术路径，便于切除病灶等。

（1）一般要求

1）在同一平面上力求一次垂直切开，以保切口边缘整齐，禁止斜切和锯切，以减少损伤，便于愈合。

2）在切开多层组织时，一般应按组织层次分层切开，切口大小应适当。

3）切开肌肉时，一般应沿肌纤维方向进行。

4）要确保切口创伤分泌物的顺利排出。

（2）组织分离的方法有两种：

1）锐性分离法：使用刀、剪等锐性器械作直接切割的方法，该法用于皮肤、黏膜、各种组织的精细解剖和紧密粘连的分离。

2）钝性分离法：使用刀柄、止血钳、剥离器或手指等分离肌肉、筋膜间隙的疏松结缔组织的方法。

（3）软组织分离要求按解剖层次逐层分离，保持视野干净、清楚。原则上以钝性分离为主，必要时也可使用刀、剪。

1）结缔组织的分离：用血管钳插入撑开，作钝性分离。对薄层筋膜，确认没有血管时可使用刀剪。对厚层筋膜，因其往往内含血管而不易透见，不要轻易使用刀剪。使用血管钳作钝性分离时，应慢慢地分层，由浅入深，避开血管。若需用锐器，应事先用两把血管钳作双重钳夹（有时甚至结扎），再在两钳之间切断。

2）肌肉组织的分离：应在整块肌肉与其他组织之间，一块与另一块肌肉分界处，顺肌纤维方向作钝性分离，肌肉组织内含小血管，若需切断，应事先用血管钳作双重钳夹，结扎后才可剪断。

3）血管神经的分离：顺其直行方向，用玻璃分针小心分离，忌横向拉拽。

4. 缝合法　缝合方法很多，但归纳起来主要有单纯缝合、内翻缝合和外翻缝合三种类型，具体可参阅外科手术学。

（二）基本手术

1. 气管插管术　以家兔为例。手术前，动物麻醉，仰卧位固定，备皮。然后，用手术刀在颈部，自甲状软骨下缘，沿下中线作一长约5~7 cm的皮肤切口，暴露胸骨舌骨肌。再用血管钳插入左右胸骨舌骨肌之间，作钝性分离（也可用两食指分离）。分离时，血管钳不可插得太深，以免损伤气管的小血管。将两块肌肉向两边拉开，暴露气管。用弯头血管钳将气管与背后的结缔组织分开，穿线备用。用手术刀在喉头下2~3 cm处的气管前壁上作一倒"T"形切口。切口不宜大于气管直径的一半。如气管内有血液或分泌物，先用小棉球擦净，以保证呼吸道通畅。然后，用镊子夹住切口一角，以适当口径的气管插管由切口处向胸端插入气管内，用线扎牢并固定于侧管上，以免脱落。

2. **颈部神经分离术** 首先用止血钳将神经或血管周围的结缔组织稍加分离，其次神经或血管附近结缔组织中插入大小适合的止血钳，顺着神经或血管走行方向扩张止血钳，最后使其周围结缔组织剥离。分离细小神经或血管时，先用蚊式止血钳或玻璃分针将神经或血管周围的结缔组织层分开，剥离组织的用力方向应与神经或血管的走行方向一致，然后再用玻璃分针将神经或血管完好地分离出来，有三根粗细不同的神经，最粗者白色，为迷走神经；较细者呈灰白色，为交感神经；最细者为减压神经，位于迷走神经和交感神经之间。迷走神经和交感神经很容易辨别。减压神经在家兔为一条独立的神经，沿交感神经外侧向后走行。确实辨清后，用玻璃分针细心地进行分离。减压神经易受损伤，故应先用玻璃分针将其周围组织分离，然后再分离其他神经，一般神经分离出2~3 cm长度即可（注意：不可用手术刀、剪刀直接切除周围组织，更不能直接触及神经或血管）。最后用眼科镊子在分离出的神经或血管的下面穿过一条浸有生理盐水的手术线，以备将神经或血管提起及结扎用。

3. **颈总动脉插管术** 颈总动脉位于气管外侧，其腹面被胸骨舌骨肌和胸骨甲状肌覆盖。分离胸骨舌骨肌与胸骨甲状肌之间的结缔组织，在肌肉下即看到呈粉红色较粗大的血管，用手指触之有搏动感，即为颈总动脉。颈总动脉与颈部神经被结缔组织膜束在一起，称颈部血管神经束。分离颈总动脉时须注意：颈总动脉在甲状腺附近有一较大的侧支为甲状腺前动脉，分离时应选在距甲状腺以下较远的部位开始，防止将甲状腺前动脉切断。另外，分离时，可先在血管神经束的结缔组织膜处分离出一小段颈总动脉，在动脉下面引过两根手术线，然后轻轻提起，血管、神经自上而下排列在结缔组织膜上。用玻璃分针或眼科镊，轻轻分离颈总动脉与神经之间结缔组织，注意勿损伤血管和神经。在分离过程中，用左手拇指及食指抓住颈皮及颈肌，以中指顶起外翻，右手持蚊式止血钳或玻璃分针顺着血管走向钝性分离颈总动脉约3~4 cm。分离动作要轻柔，不得使用刀剪等锐利器械，以防损伤血管神经。结扎前先穿两根手术线备用，并选择粗细合适的动脉插管，动脉插管内充以肝素并排尽气泡备用。结扎时，先提起动脉下的一根手术线结扎动脉的远心端（尽量靠近头端），再用动脉夹将动脉的近心端夹住，其间动脉长度至少3 cm。然后在紧靠头端结扎线的稍下方，用弯头眼科镊或小指轻轻托起动脉，并用锐利的眼科剪在动脉上作一斜切口（约45°）。切口大小不能大于管径的一半，以防血管折断，最后将准备好的动脉插管由切口处向心脏方向插入动脉内，并用动脉下的另一根手术线结扎固定插管尖端，同时将上述头端的结扎线也固定在插管上，以免动脉插管滑脱（图1-84）。

4. **颈外静脉插管术**

(1) 颈外静脉位置：兔的颈外静脉很粗大，是头颈部的静脉主干。其前端在颌下腺的

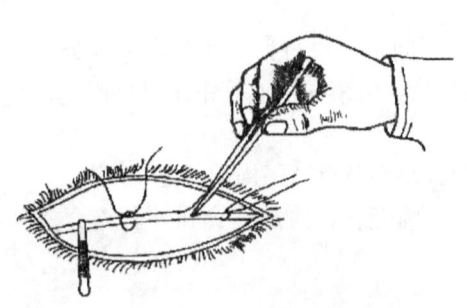

图1-84 颈总动脉插管示意图

后缘，它是由上颌外静脉和上颌内静脉联合而成的。颈外静脉位于颈部左右两侧皮下分布很浅，在颈部皮下胸头肌的外缘。将一侧切开的皮肤，用手指在皮肤外面向上顶起，即可见到该静脉（呈暗紫色的粗大血管）。用玻璃分针或钝头止血钳沿血管走行方向，将颈外静脉周围的结缔组织轻轻分离。颈外静脉比股静脉粗大，容易建立静脉通道，适用于注射多种药物、快速输液、采取静脉血样，也可用于检测中心静脉压，而且易于止血。

(2) 插管方法：用左手拇、食指捏起颈部切口皮缘，向外侧牵拉（但不要捏住肌肉），中指和无名指从外面将颈外侧皮肤向腹侧轻推，使其稍微外翻，右手用玻璃分针将颈部肌肉推向内侧，即可清晰暴露附着于皮下的颈外静脉（暗紫色，较粗）。用玻璃分针或蚊式止血钳钝性分离颈外静脉周围的结缔组织，游离颈外静脉2~3 cm，在其下方穿两根手术线备用。待血管充盈后用一根手术线结扎其远心端。术者左手提起结扎线，右手用眼科剪剪成45°角于近结扎处在颈外静脉剪一"V"形小口，然后将充满生理盐水的静脉导管向心脏方向插入颈外静脉约2 cm（如检测中心静脉压，则宜插至上腔静脉），用另一根丝线将静脉与导管结扎并固定，以防导管滑脱。

(3) 注意事项

1) 颈外静脉与皮肤粘连较紧密，分离时应仔细、耐心，以防撕裂血管。

2) 导管顶部不易过尖，以防刺破血管壁。

5. 股动脉插管术

(1) 分离血管：将动物仰卧位固定，先用手在后肢根部触及动脉搏动部位，剪去该部被毛。用手术刀沿血管走行方向做一切口，长4~5 cm，用止血钳分离皮下结缔组织，并将切开的皮肤向外侧拉开，即可见到股部内侧面的浅层肌肉。

1) 缝匠肌：位于股部前内侧，呈长带形，于髂骨与胫骨之间。

2) 股薄肌：位于股部后内侧，自后方向膝部行走与缝匠肌混合。

3) 耻骨肌：位于缝匠肌与股薄肌之间的上方深处，自后上侧向下前方斜过。在耻骨肌与缝匠肌后部的后缘之间形成股动、静脉和股神经，血管神经束就在该三角内，通过用蚊式止血钳分离出一段股动脉，在其下方穿两条线，一条先在动脉远心端结扎，再将近心端用动脉夹夹住，牵引此线，在贴远心端结扎处用小剪刀剪一开口，然后将动脉套管插入，并用另一条线将套管固定在动脉腔内。在动物的急性实验中，为了便于在实验中随时由动脉、静脉内注射药物，常需要分离股静脉和股动脉，并插入动、静脉套管，以备注射或取血之用。

6. 膀胱插管术　输尿管插管是引流尿液的方法之一，其操作步骤是：

(1) 动物常规麻醉、固定、气管插管；

(2) 下腹部剪毛，耻骨联合上缘正中线切开皮肤4 cm，沿腹白线剪开腹壁，暴露膀胱，手术野以温生理盐水纱布覆盖；

(3) 用手轻轻将膀胱拉出腹腔，反转膀胱暴露膀胱三角，于膀胱三角辨别输尿管（注意与输精管、输卵管区别，前者直后者弯曲），用玻璃分针将输尿管周围组织分离干净，分离输尿管长度约2 cm；

(4) 于输尿管下方穿两根手术线，将近膀胱端的输尿管用一手术线结扎，另一手术线备用；

(5) 一手小指挑起输尿管，用眼科剪于结扎线处剪切输尿管作一斜形切口；将充满生理盐水的细塑料管向肾脏方向插入输尿管内，用备用手术线结扎固定；

(6) 调整、固定插管，使其与输尿管保持同一走向，防止插管尖端翘起成夹角，影响尿液的流出（图1-85）。

7. 离体蛙心标本的制备

（1）蛙的捉拿：用中指和无名指夹住蛙的前肢，后肢握于手中，食指向下按住蛙头部，拇指按压脊柱，使蛙颈部屈曲，充分暴露枕骨大孔。

枕骨大孔的位置：用探针沿蛙头部正中线向下轻划，约在两毒腺连线的中点感觉有一小的凹陷处，即为枕骨大孔。或轻捏住头前端向后仰，颅骨与两上肩胛骨之间凹陷处即为枕骨大孔（图1-86）。

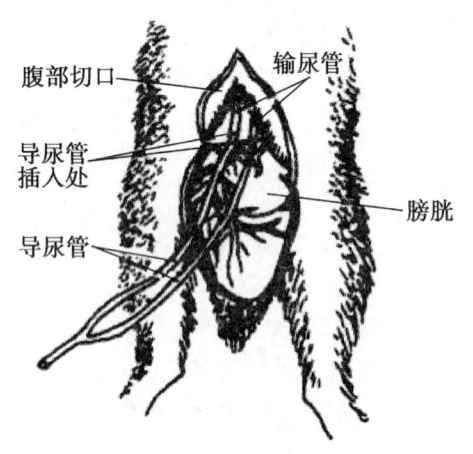 

图1-85　膀胱插管示意图　　　　　　　图1-86　枕骨大孔的位置

（2）破坏脑和脊髓：将探针垂直刺入枕骨大孔，到达皮下即可，刺入时有突破感，左右划动，横断脑和脊髓，然后向前刺入颅腔，向各个方向划动，充分破坏脑组织，再将探针退回至刺入点皮下，转向后方，伸入椎管，检验探针是否在椎管内（皮下、腹腔均摸不到探针尖部，左右轻移探针，若脊柱随探针一同移动可确定在椎管内），上下提动，充分破坏脊髓，直至蛙四肢松软（肌张力消失），下颌停止扇动（呼吸停止）。如果破坏不完全要重复进行破坏。

（3）固定：破坏完全后，将蛙仰卧位用蛙钉固定在蛙板上。

（4）暴露心脏：一手用钩镊提起腹部剑突下的皮肤，另一只手持手术剪刀先在镊下剪一小口，再向两侧下颌角方向呈"V"字形或倒三角形剪开皮肤，暴露肌肉层后，用组织镊提起剑突，用手术剪在剑突下向两侧下颌角方向呈"V"字形或倒三角形剪开肌肉和锁骨，并连同胸骨一并剪去，充分暴露心脏。然后用眼科镊提起心包膜和左右主动脉干包膜，并用眼科剪剪开。观察蛙心外形（图1-87）。

（5）蛙心插管：

1）备线：

①左主动脉下远心端穿一手术线备用：便于剪口及插蛙心插管；

②左右主动脉分叉处下方穿一手术线备用：固定蛙心插管；

③左右主动脉分叉处下方再穿一手术线备用：结扎静脉窦远端的静脉，以防止漏液。

2）充液：将蛙心插管水平充入林格液，平放于桌面上备用。

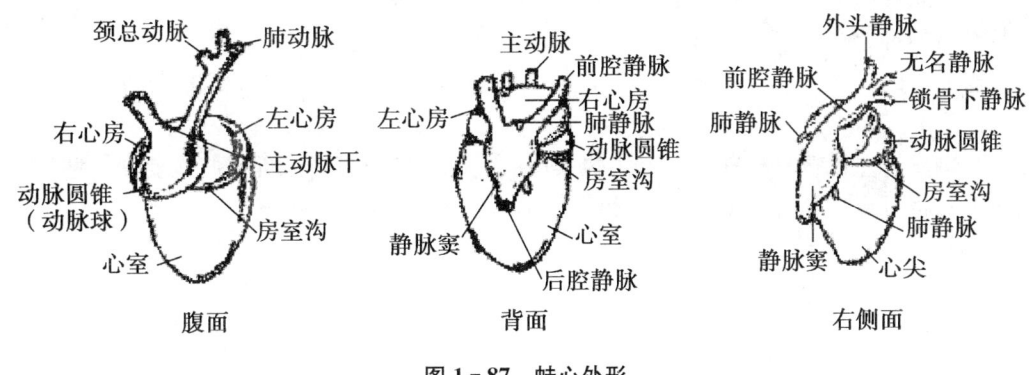

图 1-87 蛙心外形

3）插管：

①左主动脉远心端结扎，在主动脉分叉处稍上方左主动脉上，用眼科剪刀将左主动脉向心剪一斜口，约占直径1/3，见有血液流出后，说明剪破血管内膜；

②用左手提起左主动脉上的结扎线，右手将装有林格液的蛙心插管自剪口处插入左主动脉内（插管时用食指将插管后端堵住，防止管内液体流出）。右手推送插管，使其进入动脉圆锥；

③用眼科镊提起动脉圆锥向右上方转动心脏，在心室收缩期（主动脉瓣开放时），将插管插入心室腔内。如成功插入，可见血液呈涡流射入插管内，并且插管中液面随心搏而上下移动。若插入遇到阻力时不可强行硬插，可稍稍松开动脉圆锥，转动调整动脉圆锥角度后再插（图1-88）；

④备用线结扎，并固定在蛙心插管侧面的小突起上，立即用长吸管吸去插管中混有血液的液体，换成林格液，以免凝血，结扎静脉窦远端的静脉（图1-89）。注意不要损伤静脉窦或将静脉窦结扎掉。

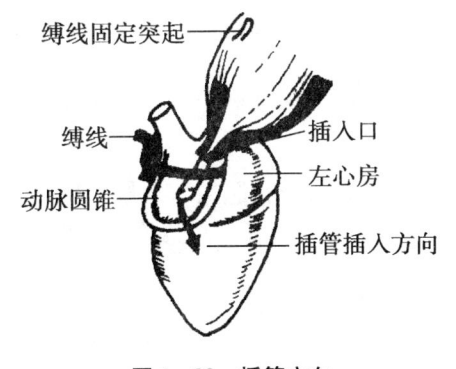

图 1-88 插管方向

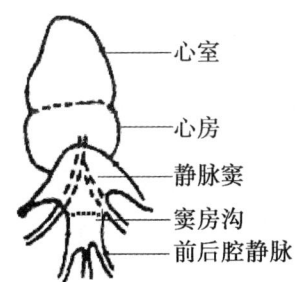

图 1-89 静脉窦结扎背面观（心尖翻向上）

⑤平提起插管，在结扎线的外侧将心脏周围组织剪下，离体蛙心。用林格液将蛙心插管内液体换至澄清（图1-90）。

8. 坐骨神经-腓肠肌标本的制备

（1）剪除多余组织：常规捉拿，毁损蛙的脑和脊髓后，左手握蟾蜍后肢，拇指压住尾骨末端，使头与内脏自然下垂，右手持剪刀在骶髂关节上1.5 cm处剪断脊柱，再沿脊柱两侧向后剪开皮肤和肌肉至股部，在耻骨联合处剪除一切内脏及头胸部，只留下后肢、骶骨、脊柱及其发出的神经。

骶髂关节的位置：左手握蟾蜍后肢，使头与内脏自然下垂，蛙背部的最高点即为骶髂关节。

（2）剥皮：左手执脊柱断端，右手执其皮肤上缘，向下剥掉全部皮肤，要慢一些，不要溅到身上，将剥皮后的标本放于盛有林格液的培养皿中（图1-91）。

图1-90　制备好的离体蛙心

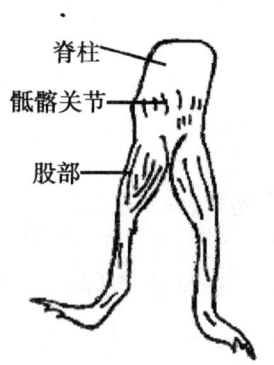

图1-91　剥皮后的标本

（3）清洗：清洗双手、蛙板及用过的手术器械。

（4）分离：将标本背面朝上固定于蛙板上，用钩镊提起肛提肌和梨状肌，用手术剪将其剪开。并沿尾杆骨两侧向前剪，直至脊柱末端，然后横断尾杆骨。

（5）游离神经，制备标本（图1-92）：

1）玻璃分针从脊柱末端分离坐骨神经干，剪断坐骨神经细小分支，并将神经一直游离至腘窝。

2）将腓肠肌跟腱处穿线结扎，留单线10～15 cm，在结扎线外侧剪断跟腱。游离腓肠肌至膝关节。

3）将脊柱端坐骨神经穿线结扎。在结扎线的上端用眼科剪刀剪断神经干，将坐骨神经放于腓肠肌上，滴加林格液。

4）用玻璃分针贴股骨轻划使腿部肌肉与股骨分离，用大剪刀在膝关节周围剪除全部大腿肌肉，并用大剪刀将股骨刮干净，留取1～1.5 cm股骨，剪断股骨。沿膝关节下缘将小腿其余部分剪掉，将标本放于林格液中。

（6）检验：用锌铜弓检验标本的兴奋性，用锌铜弓迅速接触坐骨神经，若腓肠肌发生敏感收缩，说明兴奋性良好（图1-93）。

【蛙类标本制备注意事项】

1. 蛙头部有一对腺体，可分泌毒液，捉拿时不要用力挤压。如果毒液不慎溅入眼内，迅速用清水或生理盐水冲洗。

2. 探针伸入椎管时，探针只能沿椎管上下捻动。而且破坏时应注意力度和位置，不要将探针刺入皮下和腹腔。

3. 暴露心脏时，剪刀一定要紧贴内胸壁，以防损伤心脏和血管。

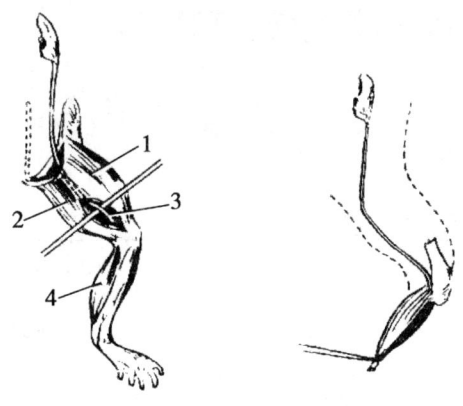 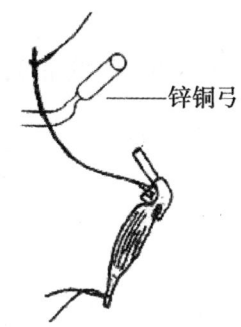

图1-92　蟾蜍坐骨神经-腓肠肌标本制备图
1. 股二头肌；2. 半膜肌；3. 坐骨神经；4. 腓肠肌

图1-93　检验标本活性

4. 插管时动作要轻柔，以防损伤心室肌，用眼科镊提起动脉圆锥时要轻夹以免夹漏动脉圆锥，反复损伤使心脏停止搏动。

5. 插管插入心室后，要及时更换管内液体，以防凝血堵塞插管口。

6. 冲洗时不要过力，防止心室受较强刺激而损伤或造成气体栓塞。

7. 心脏背部颜色较深，最先搏动的为静脉窦，与后腔静脉有一较明显分界，静脉窦相当于窦房结，具有起搏作用，离体时千万注意不要损伤静脉窦或误将静脉窦结扎。

8. 剥皮时，双手尽量不要碰触神经，也不要牵拉神经。

9. 由于蛙皮肤表面的腺体能分泌毒液，可污染标本，影响神经的传导性，所以必须清洗用过的器械，但是注意千万不要用水清洗标本。

10. 剪尾杆骨时，不要剪断坐骨神经。

11. 制备标本的整个过程中，一定要随时给标本滴加林格液；避免用手和金属器械碰触神经；不能用力牵拉神经。

12. 分离腓肠肌时，不要将腓肠肌内侧的腓神经与腓肠肌分离。

【哺乳类动物手术注意事项】

1. 家兔爪子锐利易抓伤人，要按正确方法去捉拿家兔。

2. 注射麻醉药不要超量，速度一定要缓慢，并注意观察麻醉好的标准，防止家兔麻醉意外死亡。

3. 气管表面黏膜要分离干净，以免结扎喉返神经。

4. 颈外静脉分离不可破坏其分枝，以免造成出血。

5. 颈部神经分离时，注意不能用金属器械或者手频繁碰触，以免神经活性丧失。

6. 腹腔暴露时切口不宜过大，注意腹腔的保温。

7. 手术过程中，有血管出血时，不要慌张，迅速用止血钳夹住出血部位，用手术线结扎。

（吴红）

第五节 常用试剂、药物剂量的换算和配制

一、常用生理盐溶液的成分与配制（表1-5）

表1-5 常用生理盐溶液的成分与配制

药品名称	任氏溶液 用于两栖类动物	洛氏溶液 用于哺乳类动物	台氏液 用于哺乳类动物（小肠）	生理盐水 两栖类动物	生理盐水 哺乳类动物
氯化钠（NaCl）	6.5 g	9.0 g	8.0 g	0.5 g	9.0 g
氯化钾（KCl）	0.14 g	0.42 g	0.2 g		
氯化钙（$CaCl_2$）	0.12 g	0.24 g	0.2 g		
碳酸氢钠（$NaHCO_3$）	0.20 g	0.1～0.3 g	1.0 g		
磷酸二氢钠（NaH_2PO_4）	0.01 g		0.05 g		
氯化镁（$MgCl_2$）			0.1 g		
葡萄糖	2.0 g（可不加）	1.0～1.5 g	1.0 g		
蒸馏水	加至1000 ml	加至1000 ml	加至1000 ml	加至1000 ml	加至1000 ml

二、常用抗凝剂的浓度

1. 体内抗凝 体内抗凝常用1‰肝素钠溶液进行静脉注射，用量一般为500～1250 U/kg（4～10 mg/kg）。市售肝素钠注射液规格一般为12500 U/2 ml，相当于100 mg（125 U＝1 mg）。取1支肝素钠注射液（含100 mg/2 ml），加入生理盐水8 ml即可配制成1‰肝素钠溶液10 ml。

2. 体外抗凝

(1) 肝素钠溶液：采血试管的抗凝：1 g肝素，加入100 ml生理盐水配成1‰溶液，取0.1 ml于干净试管，于80℃烘干，每管可使5～10 ml血液不凝。

动物插管的抗凝：取0.3～0.5 g肝素，加入100 ml生理盐水配成0.3‰～0.5‰肝素钠溶液，充满压力换能器及连接的动脉插管。

静脉插管的抗凝：取0.1 g肝素，加入100 ml生理盐水配成0.1‰肝素钠溶液充管。

(2) 枸橼酸钠溶液：采血试管的抗凝：3.8 g枸橼酸钠，加入100 ml水，配成3.8‰的水溶液，0.1 ml枸橼酸钠溶液可使1 ml血液不凝。

动物插管的抗凝：4～5 g枸橼酸钠，加入100 ml水，配成4‰～5‰的水溶液用于兔抗凝，7‰～8‰的水溶液用于狗抗凝。

(3) 草酸钾溶液：2 g草酸钾，加入100 ml水，配成2‰的水溶液。

(4) 草酸盐合剂：草酸铵1.2 g，草酸钾0.8 g，福尔马林1.0 ml，蒸馏水加至100 ml。

三、药物剂量的换算

在动物实验中，常会遇到给药剂量的确定和不同种类动物间用药剂量的换算问题。在实

验前，首先应查阅有关文献资料，确定某一药物对某一动物的剂量。如果查不到待试动物的合理剂量，但知道人或其他动物用药剂量，则可进行换算。在进行换算时，一般认为不宜简单地按体重比例增减，而须按单位体重所占体表面积的比值来进行换算。

1. 按体重换算药物剂量　已知 A 种动物每公斤体重用药量，欲估算 B 种动物每公斤体重用药剂量时，可先查表 1-6，找出折算系数（W），再按下式计算：

B 种动物的剂量（mg/kg）＝W×A 种动物的剂量（mg/kg）

例如，已知某药对小鼠的最大耐受量为 20 mg/kg（0.02 kg 小鼠用 0.4 mg），需折算为家兔量。查 A 种动物为小鼠，B 种动物为兔，交叉点为折算系数 W＝0.37，故家兔用药量为 0.37×20 mg/kg＝7.4 mg/kg，1.5 kg 家兔用药量为 11.1 mg。

表 1-6　动物与人体重的每千克体重等效剂量折算系数

折算系数 W		A 种动物或成人						
		小鼠 0.02 kg	大鼠 0.2 kg	豚鼠 0.4 kg	兔 1.5 kg	猫 2.0 kg	犬 12 kg	成人 60 kg
B 种动物或成人	小鼠 0.02 kg	1.0	1.6	1.6	2.7	3.2	4.8	9.01
	大鼠 0.2 kg	0.7	1.0	1.14	1.88	2.3	3.6	6.25
	豚鼠 0.4 kg	0.61	0.87	1.0	1.65	2.05	3.0	5.55
	兔 1.5 kg	0.37	0.52	0.6	1.0	1.23	1.76	2.30
	猫 2.0 kg	0.30	0.42	0.48	0.81	1.0	1.44	2.70
	犬 12 kg	0.21	0.28	0.34	0.56	0.068	1.0	1.88
	成人 60 kg	0.11	0.16	0.18	0.304	0.371	0.531	1.0

2. 按体表面积折算药物剂量　研究表明，许多药物体内代谢及作用与体表面积的关系比与体重的关系更为密切，故按体表面积折算剂量更为精确（表 1-7）。如 12 kg 犬的体表面积为 200 g 大白鼠的 17.8 倍。该药大白鼠的剂量为 250 mg/kg，200 g 的大白鼠需给药 250×0.2＝50 mg。于是犬的适当试用剂量为 50×17.8/12＝74 mg/kg。

表 1-7　常用动物与人按体表面积折算的等效剂量比值表

	小白鼠 0.02 kg	大白鼠 0.2 kg	豚鼠 0.4 kg	家兔 1.5 kg	猫 2.0 kg	猴 4.0 kg	狗 12 kg	人 70 kg
小白鼠 0.02 kg	1.0	7.0	12.25	27.8	29.7	64.1	124.2	378.9
大白鼠 0.2 kg	0.14	1.0	1.74	3.9	4.2	9.2	17.8	56.0
豚鼠 0.4 kg	0.08	0.57	1.0	2.25	2.4	5.2	4.2	31.5
家兔 1.5 kg	0.04	0.25	0.44	1.0	1.08	2.4	4.5	14.2
猫 2.0 kg	0.03	0.23	0.41	0.92	1.0	2.2	4.1	13.0
猴 4.0 kg	0.016	0.11	0.19	0.42	0.45	1.0	1.9	6.1
狗 12 kg	0.008	0.06	0.10	0.22	0.23	0.52	1.0	8.1
人 70 kg	0.0026	0.018	0.031	0.07	0.078	0.16	0.82	1.0

3. 给药量的换算　动物实验所用药物多配制成百分浓度，而给药剂量一般按 mg/kg（或 g/kg）体重计算，应用时须从已知药物浓度换算出相当于每 kg 应注射的药液量（ml），以便于给药。

已知药物的百分浓度和用药剂量，用下式计算动物的给药量：

$$动物给药量\ D\ (\text{ml}) = \frac{W\ (\text{kg}) \times D_w\ (\text{mg/kg})}{1000 \times P\ (\text{mg/ml})}$$

式中：W 为动物体重，单位为 kg；D_w 为药物剂量，单位为 mg/kg；P 为药物的百分浓度。

例如，小鼠腹腔注射吗啡剂量为 10 mg/kg，吗啡浓度为 0.1%，小鼠体重为 18 g，应注射的吗啡量为 $=18 \times 10^{-3} \times 10/1000 \times 0.1\% = 0.18$ ml。

（薛明明　杨英）

第二章 基础性机能学实验

实验一 不同刺激强度和频率对骨骼肌收缩的影响

【实验目的和原理】

本实验的目的在于学习和掌握制备蟾蜍坐骨神经-腓肠肌标本的方法，观察不同刺激强度和频率对骨骼肌收缩活动的影响。

蛙类的某些基本生命活动和生理功能与哺乳类动物有相似之处，而其离体组织的条件要求比较低，易于控制和掌握，来源也较丰富，因此在生理学实验中，尤其是细胞生理学的某些实验中，常用蛙或蟾蜍的坐骨神经-腓肠肌标本来观察神经肌肉的兴奋性、刺激与反应的关系及肌肉收缩的特点等。制备具有正常兴奋收缩功能的蛙类坐骨神经-腓肠肌标本是生理学实验的基本操作技术之一。

腓肠肌由许多肌纤维（肌细胞）组成，当刺激支配腓肠肌的坐骨神经时，会引起构成腓肠肌的肌纤维产生反应。当刺激强度较小时，不会引起肌肉产生收缩反应，这是由于刺激强度较小无法引起支配腓肠肌的神经纤维产生兴奋，此时的刺激为阈下刺激。当刺激强度逐渐增强，并达到某一数值时，可引起少数肌纤维发生收缩反应，因为随着刺激强度的增加，使坐骨神经中兴奋性较高的那部分神经纤维产生了兴奋，从而引起腓肠肌的少部分肌纤维产生收缩，此时的刺激强度称为阈强度。随着刺激强度的增大，被兴奋的神经纤维数目逐步增多，因而参加收缩反应的肌纤维数量也随之增加，收缩力量增强，此时的刺激称为阈上刺激。当刺激强度继续增加，使支配腓肠肌的神经纤维全部产生兴奋，腓肠肌的全部肌纤维同时收缩时，即出现最大的收缩反应，此时即使再增大刺激强度，肌肉收缩的力量也不再随之加大。生理学中把可引起肌肉发生最大收缩反应的最小刺激强度称为该肌肉的最大刺激强度。

刺激频率与肌肉反应之间也存在着一定的关系，一定强度的阈上刺激，相继作用于神经-肌肉标本，如果刺激间隔时间大于肌肉单个收缩的时程，就出现相互分离的单收缩；当同等强度的连续阈上刺激作用于标本时，则出现多个收缩反应的融合，称为强直收缩。如后一收缩发生在前一收缩的舒张期内，则称为不完全强直收缩；而后一收缩发生在前一收缩的收缩期时，各自的收缩完全融合，肌肉处于持续的收缩状态，直到刺激结束才出现一次舒张，这称为完全强直收缩。

【实验对象】 蟾蜍。

【实验仪器和药品】

BL-420生物机能实验系统、蛙类手术器械、蛙板、蛙板钉、玻璃分针、培养皿（φ10 cm，2个）、滴管、锌铜弓、肌动器；林格液。

【实验方法】

1. **破坏脑和脊髓** 取蟾蜍1只，用自来水冲洗干净。用左手握住其躯干，以食指压其头部前端使其尽量前俯，使头与躯干成直角，右手持探针自枕骨大孔处垂直刺入，到达椎管，再将探针水平向上刺入颅腔，左右搅动充分捣毁脑组织；然后将探针抽回至进针处，再水平向下刺入椎管，反复提插捣毁脊髓。此时如蟾蜍四肢松软，呼吸消失，表明脑和脊髓已完全破坏，否则应按上述方法重复进行，直到完全破坏脑和脊髓。

2. 剪除躯干上部及内脏　在骶髂关节水平以上 1.0～2.0 cm 处用粗剪刀剪断脊柱，然后左手握住蟾蜍后肢，用拇指压住骶骨，使头与内脏自然下垂，右手持手术剪刀，沿脊柱两侧剪除一切内脏和躯干上部，留下后肢、骶骨和脊柱以及紧贴于脊柱两侧的坐骨神经。剪除过程中注意勿损伤坐骨神经。

3. 剥除皮肤　右手用镊子提起脊柱断端（注意不要压迫坐骨神经），左手捏住皮肤边缘，逐步向下牵拉剥离皮肤。剥离至大腿时，如阻力较大，可先剥下一侧，再剥另外一侧。全部皮肤剥除后，将标本置于盛有林格液的培养皿中。洗净双手和用过的全部手术器械，再进行如下的操作过程。

4. 制备坐骨神经-小腿标本

(1) 分离两腿：避开坐骨神经，用粗剪刀从背侧剪去骶骨，然后沿中线将脊柱剪成左右两半，再从耻骨联合中央剪开（保证两侧坐骨神经完整，避免剪时偏向一侧）。将已分离的标本浸入盛有新鲜林格液的培养皿中。

(2) 游离坐骨神经：取一侧下肢，用蛙板钉固定在蛙板上，脊柱端正面向上，小腿端背面向上。先用玻璃分针沿脊柱游离坐骨神经的腹腔部分，然后在股二头肌和半膜肌之间的坐骨神经沟内，纵向分离暴露坐骨神经的大腿部分，分离至胫-腓神经分叉处，剪断股二头肌肌腱、半膜肌和半膜肌肌腱，并绕至前方剪断股三头肌肌腱，自上向下剪断坐骨神经分支，将连着 3～4 节椎骨的坐骨神经分离出来。

(3) 完成坐骨神经-小腿标本：将已游离的坐骨神经搭在腓肠肌上。用手术剪刀自膝关节周围向上剪除并刮净所有的大腿肌肉，在距膝关节约 1 cm 处剪断股骨，弃去上段股骨，保留部分即为坐骨神经-小腿标本。

5. 完成坐骨神经-腓肠肌标本　用尖头镊子在上述坐骨神经小腿标本的跟腱下方穿孔，穿线结扎，提起结扎线，在结扎线下方剪断跟腱，并逐步游离腓肠肌至膝关节处，左手握住标本的股骨部分，使已游离的坐骨神经和腓肠肌下垂，右手持粗剪刀水平方向伸进腓肠肌与小腿之间，在膝关节处剪断，与小腿其余部分分离。左手保留部分即为附着于股骨之上的、具有坐骨神经支配的腓肠肌标本。将标本浸入盛有新鲜林格液的培养皿中待用。

6. 检查标本兴奋性　取锌铜弓在林格液中沾湿后迅速接触坐骨神经，如腓肠肌发生明显收缩，表明标本具有正常的兴奋性，将标本放入盛有新鲜林格液的培养皿中备用。

7. 实验装置连接　将标本固定在肌动器上，通过丝线与张力换能器连接。将张力换能器插头连接于 CH1 通道；刺激器输出线连接到刺激输出插孔。启动生物机能实验系统，在"实验项目"菜单找到"神经肌肉实验"子菜单中的"刺激强度与肌肉反应关系"和"刺激频率与肌肉反应关系"选项，完成实验项目观察，然后保存实验结果，退出实验系统。

【观察项目】

1. 刺激强度与反应的关系　从最小刺激强度开始给予标本电刺激，找到标本的阈强度和最大刺激强度，并观察刺激强度与肌肉反应的关系。

2. 刺激频率与反应的关系　给予标本以适宜强度的电刺激，改变刺激频率，观察肌肉反应与刺激频率之间的关系。

【注意事项】
1. 破坏蟾蜍脑和脊髓时，应防止其皮肤分泌液溅入操作者的眼内或污染实验标本。
2. 操作过程中应避免过度牵拉神经或用镊子夹伤神经和肌肉。
3. 制备神经-肌肉标本过程中，要不断滴加林格液，以防标本干燥，丧失正常生理活性。

【思考题】
1. 完全损毁脑和脊髓后的蟾蜍应有何表现？
2. 制备好的神经-肌肉标本为何要放在林格液中？
3. 如何判断所制备的神经-肌肉标本的兴奋性？
4. 用锌铜弓碰触神经，为何会引起肌肉收缩？

（杨利敏　孟德欣）

实验二　神经干动作电位、传导速度和不应期的测定

【实验目的和原理】

本实验的目的是学习蛙类坐骨神经干动作电位的记录方法，并观察几种因素对动作电位波形的影响，学习测量神经干不应期和传导速度的方法。

动作电位是神经兴奋的客观标志。神经干由许多神经纤维组成，当其受到适宜刺激而兴奋时，其电位会因这些神经纤维动作电位的产生和传导而出现一系列变化，神经干兴奋过程中所发生的这种膜电位变化称为神经干动作电位。神经干动作电位与单根神经纤维的动作电位不同，它是由许多兴奋阈值、传导速度和幅值不同的神经纤维产生的动作电位综合而成的复合性电位变化，称为复合动作电位。

复合动作电位不具有"全"或"无"的特性，其电位幅值在一定范围内可随刺激强度的变化而变化。当刺激强度较小时，构成此神经干的所有神经纤维均未产生兴奋，此时神经干的复合动作电位幅值为"零"；当刺激强度增加至某一数值时，神经干内少数兴奋性较高的神经纤维首先兴奋，产生动作电位，此时，我们可以得到一个幅度较小的动作电位波形，此时的刺激强度为此神经干的阈强度；继续增加刺激强度，当神经干内所有的神经纤维均产生兴奋时，我们可以得到一个幅值最大的动作电位波形，此时的刺激强度称为最大刺激强度，以后即使再增加刺激强度，动作电位的幅值也不会随之增加。

【实验对象】 蟾蜍。

【实验仪器和药品】

BL-420生物机能实验系统、蛙类手术器械、蛙板、蛙板钉、玻璃分针、培养皿（ϕ10 cm，2个）、滴管、屏蔽盒；林格液。

【实验方法】

1. 蟾蜍坐骨神经-腓神经标本的制备　标本制备方法与坐骨神经-腓肠肌标本制备方法大体相同，但无需保留股骨和腓肠肌。神经干应尽可能分离的长一些，应近端从脊髓附近的主干开始，远端分离腓总神经直到踝关节附近。坐骨神经在膝关节后部分为胫神经

和腓神经两支，如要制备腓神经，则在分叉的下端将胫神经剪断，膝关节附近的腓神经表面有肌肉和筋膜覆盖，仔细分离并沿腓肠肌沟一直下行分离至跟腱，然后将丝线用林格液浸泡后，在脊髓侧坐骨神经起始处和跟腱处将神经结扎，在结扎线的远端将神经干两端剪断，制成坐骨神经-腓神经标本。将制备好的神经干标本浸于林格液中数分钟，待其兴奋性稳定后开始实验。

2. 实验装置连接　将刺激输出插头与刺激电极连接，两对记录电极分别与 CH_1、CH_2 通道连接。启动生物机能实验系统，在"实验项目"菜单中找到"神经肌肉实验"子菜单，然后分别选择"神经干动作电位"、"神经兴奋传导速度的测定"、"坐骨神经不应期的测定"选项，完成这些实验项目的观察，并保存和打印实验结果，退出实验系统。

【观察项目】

1. 记录神经干动作电位　将神经干标本置于屏蔽盒内，使神经干与刺激电极、记录电极均接触良好。调节刺激器的强度使显示器上在刺激伪迹之后出现一个先上后下的电位，此即双相动作电位。

2. 测定阈强度和最大刺激强度　刺激强度从 0 开始，逐渐增大至刚能引起一个很小的动作电位，此强度值即是该神经干的阈强度。刺激强度逐渐增大至一定强度时，动作电位不再加大，此临界强度即是神经干的最大刺激强度。

3. 测定神经兴奋的传导速度　分别测量从刺激伪迹到两个动作电位起始点的时间，求出它们的时间差值（其值即为 t）；然后测量记录电极 1、2 之间的距离（其值即为 s）。根据公式 $V=\dfrac{s}{t}$，计算神经干动作电位的传导速度。

4. 不应期的测定　设置刺激参数，给予神经干双刺激，强度为最大刺激强度值，逐渐缩短两个刺激之间的间隔，可观察到第二个动作电位向第一个动作电位靠近，其幅值也随之变小，直到消失。此时，即使增加第二个刺激的强度，也不能引起第二次兴奋，这时两个刺激间的时间间隔即为绝对不应期。

5. 影响神经干动作电位的因素

(1) 把神经干的放置方向倒换后，观察动作电位波形变化。

(2) 把引导电极位置调换，观察动作电位波形变化。

【注意事项】

1. 标本制备过程，尽量减少神经的损伤。实验中要随时滴加林格液防止标本干燥，但要避免短路。

2. 刺激参数设置要合理，过大会损伤神经干的兴奋性。

【思考题】

1. 为什么在一定范围内神经干动作电位的幅值随刺激强度的变化而改变？这是否与神经纤维动作电位的"全"或"无"特性相矛盾？

2. 改变神经干的方向后，动作电位的波形发生了什么变化，为什么？

3. 神经兴奋性的周期变化有哪几个时期？各有何特点？

（杨利敏　孟德欣）

实验三　反射弧分析与反射时测定

【实验目的和原理】

本实验目的是分析反射弧的组成，并探讨反射弧的完整性与反射活动的关系；学习测定反射时的方法，了解刺激强度与反射时之间的关系。

反射是指在中枢神经系统参与下的机体对内、外环境刺激的规律性应答。反射活动的结构基础称为反射弧，它包括五个组成部分：感受器、传入神经、神经中枢、传出神经和效应器。反射弧的结构和功能的完整是实现反射活动的必要条件，反射弧的任一部分受到破坏，反射活动均不能发生。

反射时是指从刺激作用于感受器，至效应器出现反应所经历的时间，即反射通过反射弧所需要的时间。反射时与刺激强度有关，在一定的刺激强度范围内，刺激越强，反射时越短。

【实验对象】 蟾蜍。

【实验仪器和药品】

BL-420生物机能实验系统、蛙类手术器械、铁架台、铁夹、培养皿（φ10 cm，2个）、烧杯（10 ml，3个；100 ml，1个）、秒表、纱布；0.1%硫酸、0.3%硫酸、0.5%硫酸。

【实验方法】

破坏蟾蜍大脑，保留脊髓，用铁夹夹住其下颌悬挂在铁架台上，进行以下项目的观察。

【观察项目】

1. 反射时的测定

（1）将蟾蜍任一后肢的脚趾尖浸入0.1%的硫酸溶液中，同时用秒表记录从浸入起至下肢发生屈曲所需要的时间。重复测定3次，求其平均值，此值即为反射时。

（2）分别用0.3%和0.5%硫酸溶液重复上述步骤，分别测定反射时，均重复3次，求出各自的平均值。

2. 反射弧的分析

（1）将蟾蜍右后肢的脚趾尖浸入0.5%的硫酸溶液中，观察其下肢活动。

（2）绕右后肢趾关节上方皮肤作环形切口，然后将其足部的皮肤剥掉，重复（1），观察结果如何。

（3）按（1）的方法用0.5%硫酸溶液刺激左侧脚趾尖，观察有无反应。

（4）在同侧大腿的背面剪开皮肤，分离肌肉，在坐骨神经沟内找出坐骨神经，用丝线结扎后剪断，重复（3），观察结果如何。

（5）以适当强度的连续脉冲刺激，分别刺激坐骨神经中枢端和外周端，观察同侧及对侧后肢有何反应。

（6）用探针破坏蟾蜍脊髓，再分别电刺激同侧坐骨神经中枢端及外周端，观察有何反应。

（7）直接电刺激同侧腓肠肌，观察反应如何。

【注意事项】

1. 刺激脚趾尖时，溶液的浓度应由低到高。浸入硫酸应限于脚趾尖，每次浸入范围应相同。

2. 趾尖皮肤要剥离干净、完全，即使留有极少皮肤，也会影响实验结果。

3. 每次用硫酸溶液刺激脚趾尖出现结果后，要立即用清水冲洗皮肤上的硫酸溶液，并用纱布擦干。

【思考题】

1. 根据各项实验结果所得的反射时长短不同，说明了什么？
2. 用硫酸刺激一侧后肢脚趾尖，有何反应？为什么？
3. 剥净趾尖皮肤或切断坐骨神经后，重复上步，有何反应？为什么？
4. 电刺激坐骨神经外周端或中枢端有何反应？为什么？

（杨利敏　孟德欣）

实验四　脊髓半离断及去小脑动物观察

【实验目的和原理】

本实验的目的是掌握哺乳类动物脊髓半离断的方法，了解脊髓的功能和感觉传导途径的交叉现象；熟悉破坏一侧小脑所引起的肌张力、随意运动的变化以及平衡的失调，掌握小脑对躯体运动的调节作用。

脊髓不仅是机体的低级反射中枢，也是躯体感受器与效应器同脊髓以上各级中枢的联络通路。通过观察动物脊髓半离断后的表现，比较切面水平以下两侧肢体的运动机能和感觉机能的不同，以证明脊髓的传导机能。

小脑是调节姿势和躯体运动的重要中枢。它接受来自运动器官、平衡器官和大脑皮质运动区的信息，发出传出信息，经丘脑至皮质运动区；经红核、下橄榄核至小脑，或经红核、脑干网状结构至脊髓，组成复杂的反馈环路，对躯体运动作精细调节。小脑损伤后发生躯体运动障碍，主要表现为身体失衡、肌张力增强或减退及共济失调。

【实验对象】小白鼠。

【实验仪器和药品】

小动物手术器械1套、鼠手术台、大头针（或注射器针头）、橡皮筋2根、200 ml烧杯1个、棉球、冷冻棉签；乙醚等。

【实验方法】

1. 小白鼠脊髓半离断

（1）先观察正常小白鼠在实验桌上活动时的四肢动作情况。用针刺其后肢脚趾，观察反应情况。用冷冻棉签刺激双侧后肢，观察反应情况。

（2）将小白鼠在浸有乙醚棉球的烧杯内进行麻醉。待动物呼吸深慢且不再有随意运动时，用橡皮筋俯位固定于鼠台上。用拇指及示指摸到小白鼠的浮肋，以此为标志剪去背中部的毛，沿背中线剪开，紧贴第1～3腰椎的棘突，用手术刀切开棘突两侧以及椎骨间的肌腱，用镊子和棉球分离肌肉，暴露椎骨。轻轻夹住其中一节腰椎，用小镊子夹去其棘突和一侧椎弓，暴露出白色的脊髓约2 mm。以脊髓背面正中的脊髓后静脉为标志，用大头针将一侧脊髓从中央向外侧完全离断，以生理盐水棉球覆盖创口。待小白鼠清醒后即可进行观察。

2. 去小脑小白鼠

（1）观察正常小白鼠的活动，包括姿势、肌张力和运动表现。

(2) 将小白鼠在浸有乙醚棉球的烧杯内进行麻醉。麻醉后将其取出，俯卧位缚于鼠台上，沿头部正中线剪开头皮直达耳后部，用左手捏住头部两侧，用刀背刮剥顶间骨上的薄层肌肉，使包于小脑外的顶间骨更多地暴露出来，通过透明的颅骨即可看到小脑的位置。用大头针尽量远离中线处垂直穿透一侧小脑上的顶间骨（进针处如图2-1所示），首先进行浅破坏进针约2 mm，将针伸向前方，自前向后将一侧小脑浅层捣毁，将针取出，以棉球止血；观察相应现象后，进行深破坏进针深度为3 mm，在小脑范围内左右前后搅动，以破坏该侧小脑。将针取出，以棉球压迫止血。

【观察项目】

1. 小白鼠脊髓半离断后的观察

(1) 比较两侧后肢脚掌的皮肤颜色有何不同。

(2) 观察小白鼠的前肢和两后肢的姿势并加以比较。

(3) 让小鼠在桌上爬行，观察有无瘫痪表现。

(4) 用冷冻棉签分别刺激两后肢，观察有无反应。

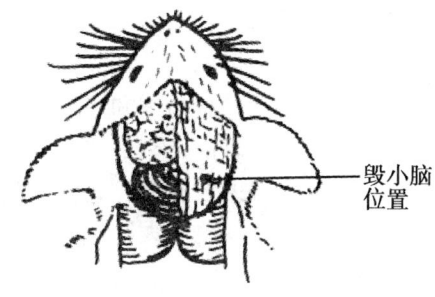

图2-1 小白鼠小脑腹侧观

(5) 用大头针分别刺激两侧后肢，观察反应。

2. 去小脑小白鼠的观察

(1) 放开小白鼠，待麻醉作用消失后，观察其姿势的平衡和两侧肢体肌肉的紧张度，有无旋转或翻滚现象。

(2) 进行深破坏后，再次观察动物姿势及运动状态变化。

【注意事项】

1. 乙醚麻醉过程中，随时观察动物变化，以防麻醉过深致动物死亡，如果手术中动物苏醒挣扎，则可随时用乙醚棉球追加麻醉。

2. 剪开椎骨时注意不要损伤脊髓。

3. 看清楚脊髓后再作横切。横切时不要损伤脊髓背面正中的脊髓后动脉，以免失血过多。

4. 左手持动物头部时，要防止将眼球挤出，分离肌肉时也不能用力过大，以免过多损伤肌肉。

5. 捣毁小脑时部位要尽量找准，不可刺入过深，以免伤及中脑、延髓或对侧小脑。

6. 实验后应将小白鼠处死后再抛弃。

【思考题】

1. 为什么脊髓半离断部位选在第1～3腰椎处？
2. 小脑在调节躯体运动中有何作用？
3. 解释一侧小脑损伤后出现的症状。

（杨英）

实验五 大脑皮层运动功能定位及去大脑僵直

一、大脑皮层运动功能定位

【实验目的和原理】

本实验的目的在于学习大脑皮层运动区功能定位的方法，了解皮层运动区对躯体运动的调节作用。

大脑皮层运动区是调节躯体运动功能的高级中枢，是感受躯体的姿势和躯体各部分在空间的位置及运动最重要的区域。其功能特征是：①对躯体运动的调节为交叉性支配；②具有精细的功能定位，运动越精细和（或）越复杂的肌肉，其代表区的面积愈大；③运动区定位从上到下的安排是倒置的。确定这些皮层部位的排列顺序及位置的方法，被称为皮层运动区功能定位。在较低等的哺乳动物，如兔和大鼠的大脑皮层运动区功能定位已具一定雏形，因此可以借以了解高等动物的大脑皮层运动功能的生理特性。

【实验对象】家兔。

【实验仪器和药品】

哺乳动物手术器械、解剖台、刺激器、刺激电极、纱布、持极器、去顶的大头钉、纱布、小锤、直尺、橡皮、棉花；20％氨基甲酸乙酯等。

【实验方法】

1. 取家兔1只，不麻醉或半麻醉，俯卧固定于兔解剖台上。
2. 正中纵向切开家兔的颅顶皮肤，剥离肌肉和骨外筋膜，暴露颅骨。
3. 用铅笔在颅骨表面划出六条骨标志线（图2-2）。

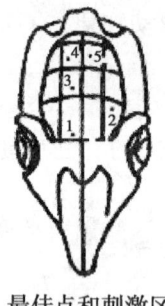
1. 动头
2. 咀嚼
3. 前肢
4. 竖耳
5. 举尾

最佳点和刺激区

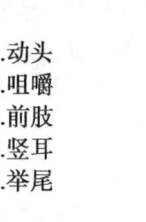

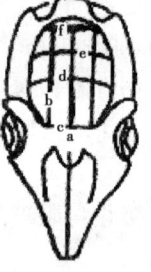
a. 矢状线
b. 旁矢状线
c. 切迹连线
d. 冠状线
e. 顶冠间线
f. 顶间前线

骨标志线和区

图2-2 家兔大脑半球运动区颅顶标志

(1) 矢状线：与矢状缝重合的直线。
(2) 旁矢状线：沿眶后切迹内侧缘与矢状线相平行的直线。
(3) 切迹连线：两侧眶后切迹前缘的连线。
(4) 冠状线：冠状缝的平均线。
(5) 顶冠间线：顶间前线与冠状缝之间的平均线。
(6) 顶间前线：沿人字缝的顶点与冠状线的平行线。

4. 运动区定位，并在相应部位用铅笔画一点，以作标记。
(1) 动头区：矢状线外 2 mm 与切迹连线后 1 mm 会合处。
(2) 咀嚼区：旁矢状线外 2 mm 与冠状线前 1 mm 会合处。
(3) 前肢区：矢状线外 2 mm 与冠状线后 2 mm 会合处。
(4) 竖耳区：旁矢状线内 1 mm 与顶冠间线后 2 mm 会合处。
(5) 举尾区：矢状线外 2 mm 与顶间前线前 4 mm 会合处。

5. 将去顶的大头针制成针形电极，以小锤自颅顶外部垂直钉入相应的运动区，深度约 2～3 mm。为防止电极在锤钉时受压弯曲变形，可用特制的持极器加以保护，持极器使用见图 2-3。

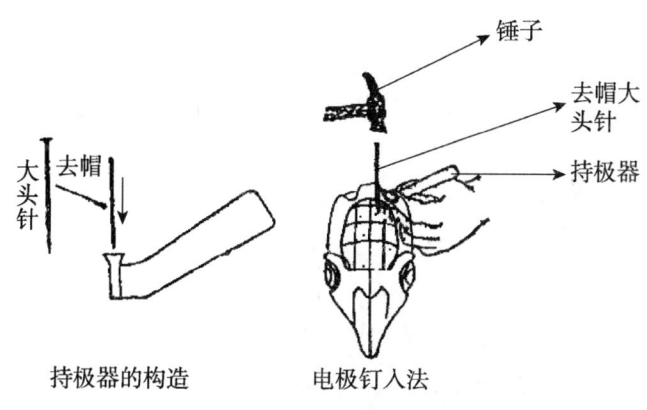

图 2-3 持极器

【观察项目】
放松动物的头部和相应肢体，将一无关电极置于家兔的腹部正中皮下，用另一电极以适宜强度的连续电刺激刺激大脑皮层不同部位，分别观察动头区、咀嚼区、前肢区、竖耳区、举尾区肌肉运动情况。

【注意事项】
1. 麻醉不宜过深，过深则影响刺激效应。
2. 术中仔细止血，并注意避免损伤大脑皮层。
3. 刺激大脑皮层引起的骨骼肌收缩，往往有较长的潜伏期，故每次刺激应该持续 5～10 s 才能确定有无反应。

【思考题】
1. 刺激大脑皮层引起的肢体运动有何特点？
2. 根据实验所得的结果分析大脑皮层各运动区的运动功能。

二、去大脑僵直

【实验目的和原理】
本实验的目的在于学习去大脑僵直动物模型的制备，观察去大脑僵直现象并比较其与脊休克的不同点。

中枢神经系统对伸肌的紧张度具有易化作用和抑制作用，通过二者的作用使骨骼肌保持适当的肌紧张，以维持机体的正常姿势。若在中脑上、下丘之间切断动物的脑干该动物称为去大脑动物，则抑制伸肌紧张的作用减弱而易化伸肌紧张的作用相对地加强，动物将出现四肢伸直，坚硬如柱，头尾昂起，脊柱挺硬的角弓反张现象。这是一种伸肌紧张亢进状态，称为去大脑僵直。但是由于脊髓和低位脑干相连接，因此不出现脊休克现象。

【实验对象】家兔。

【实验仪器和药品】

哺乳动物手术器械1套、锯条、竹刀、纱布、脱脂棉；20％氨基甲酸乙酯。

【实验方法】

1. 取兔1只，不麻醉或半麻醉，俯卧固定。
2. 左手托住家兔头部，右手持手术刀在其头顶部切开头皮，暴露颅骨。
3. 沿人字缝顶点锯开颅骨约1.5 cm，向口裂方向呈45°角进刀在上下丘之间切断脑（图2-4）。

【观察项目】

松解动物四肢，使其侧卧于地面上，观察实验动物的姿势和伸肌紧张情况（图2-4）。

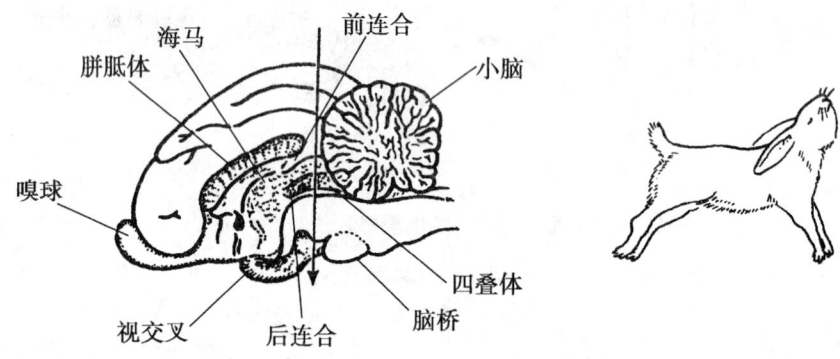

图2-4 兔脑矢状面示意图及去大脑僵直

【注意事项】

1. 麻醉不能过深。
2. 切断脑干处的定位要准确，若切割部位太低，可损伤延髓呼吸中枢，引起呼吸停止；反之，横切部位过高则可能不出现去大脑僵直现象。

【思考题】

1. 产生去大脑僵直的机制是什么？
2. 试比较去大脑僵直和脊休克有何不同。

（纪中）

实验六　药物的镇痛、抗惊厥作用

一、用扭体法观察药物的镇痛作用

【实验目的和原理】

本实验的目的是用扭体法观察比较哌替啶和氨基比林的镇痛作用。

疼痛的感受器是游离的神经末梢。任何形式的刺激达到一定的强度有可能或已经造成组织的损伤时都有可能引起痛觉。这种游离神经末梢是一种化学感受器，当各种伤害性刺激作用时，首先引起组织内释放某些致痛物质（例如 K^+、H^+、组胺、5-羟色胺、缓激肽、前列腺素等），这些致痛物质作用于游离神经末梢即产生痛觉神经冲动，当冲动传入中枢则引起痛觉。某些化学物质如醋酸注入小鼠腹腔，可刺激腹膜引起持久的痛反应，致使小鼠产生"扭体反应"（腹部内凹，躯干和后肢伸长，臀部高起）。镇痛药能有效地对抗疼痛反应，明显地减少发生"扭体反应"的小鼠的数目。例如，哌替啶为人工合成镇痛药，其主要作用是激动阿片受体，阻断痛觉传导，产生中枢性镇痛作用。通常给药组与对照组相比，"扭体反应"发生率减少50%以上，可以认为药物有镇痛作用。

【实验对象】小白鼠。

【实验仪器和药品】

小鼠笼、大镊子、天平、量筒、注射器（1 ml）；0.2%哌替啶、0.7%氨基比林、0.9%生理盐水、1%醋酸。

【实验方法】

1. 每组取9只小鼠，随机分成三组，每组3只，分别为哌替啶组、氨基比林组、生理盐水组。

2. 小鼠称重，三组分别腹腔注射0.2%哌替啶、0.7%氨基比林、0.9%生理盐水各0.1 ml/10 g。

3. 等待20～30 min，腹腔注射1%醋酸0.2 ml/只。

【观察项目】

观察10 min内出现"扭体反应"的小鼠的数目，记录并计算镇痛百分率。

镇痛百分率%＝（实验组无扭体数－对照组无扭体数）/对照组实际扭体数

【注意事项】

1. 醋酸需临用时配制。

2. 小鼠体重轻，"扭体反应"出现率低。

3. 室温以20℃为宜。

【思考题】

成瘾性镇痛药与解热镇痛药的镇痛作用有何不同？

二、观察巴比妥类药物及水合氯醛的抗惊厥作用

【实验目的和原理】

本实验的目的是观察巴比妥类及水合氯醛对惊厥的预防及拮抗作用，比较它们之间的区别。

巴比妥类药物对中枢神经系统有广泛性抑制作用，随着剂量的增加，中枢抑制作用也逐渐加深，依次呈现镇静、催眠、抗惊厥和麻醉作用，过量则麻痹延髓呼吸中枢和血管运动中枢而死亡。

【实验对象】小白鼠。

【实验仪器和药品】

小鼠笼、大镊子、天平、量筒、注射器（1 ml）；0.5%苯巴比妥钠、0.5%异戊巴比妥钠、3%水合氯醛、5%尼可刹米、0.9%生理盐水。

【实验方法】
1. 预防作用　取2只小鼠称重，分别腹腔注射0.5%苯巴比妥钠和0.9%生理盐水各0.1 ml/10 g，20 min后腹腔注射5%尼克刹米0.1 ml/10g。
2. 拮抗作用　取6只小鼠，分为三组，每组2只，分别为异戊巴比妥钠组、水合氯醛组和生理盐水组。小鼠称重后，分别腹腔注射5%尼克刹米0.1 ml/10 g，诱发惊厥后，立即腹腔注射相应药物（0.5%异戊巴比妥钠、3%水合氯醛、0.9%生理盐水），均为0.1 ml/10 g。

【观察项目】
1. 观察记录小鼠有无惊厥。
2. 观察记录惊厥有无好转。

【注意事项】
1. 小鼠惊厥时宜用大烧杯倒扣于实验台，并应于惊厥时立即给药解救。
2. 尼克刹米使用前临时配制。

【思考题】
苯巴比妥钠、异戊巴比妥钠、水合氯醛的抗惊厥作用有何不同？各自有何特点？

（朱坤杰）

实验七　人体心音听诊、动脉血压测量和心电图描记

一、人体心音听诊

【实验目的和原理】
本实验的目的是听取正常心脏在心动周期的活动中产生的声音，初步掌握心音听诊的方法，分辨第一心音和第二心音，为临床心音听诊奠定基础。
在心动周期中由于心肌的舒缩、瓣膜的启闭、血流的撞击而产生声音沿着胸壁传导，用听诊器在胸壁上可听到。

【实验对象】人。

【实验仪器】听诊器。

【实验方法】
心脏各瓣膜活动所产生的声音，常沿血流方向传到前胸壁的一定部位。在听诊时，此部位最清楚，即为该瓣膜的听诊区。心脏瓣膜听诊区与其瓣膜在胸壁上的投影并不完全一致（图2-5）。
1. 二尖瓣听诊区　左第五肋间锁骨中线稍内侧（心尖部）。
2. 主动脉瓣听诊区　在胸骨右缘第二肋间处。主动脉瓣第二听诊区在胸骨左缘第三、四肋间处，主动脉瓣关闭不全的舒张期杂音在此处最响亮。
3. 肺动脉瓣听诊区　在胸骨左缘第二肋间处。
4. 三尖瓣听诊区　胸骨右缘第四肋间或胸骨体下端近剑突下。

【观察项目】
包括心音、心率、心律、杂音等。
1. 受试者解开上衣，面向亮处坐好。检查者坐在对面。也可采取卧位听诊。

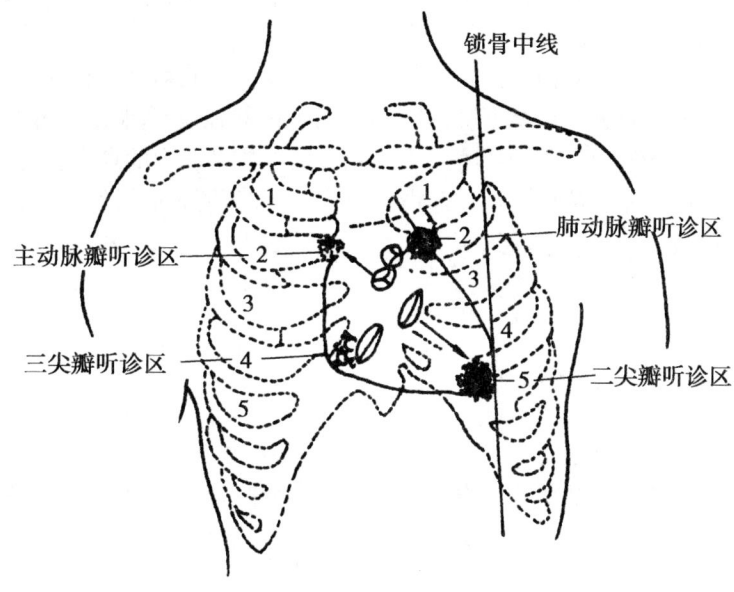

图 2-5 心音听诊区

2. 望诊或触诊受试者心尖搏动的位置与范围。

3. 检查者在上述听诊部位顺次进行听诊。在心前区胸壁上的任何听诊区均可听到第一心音和第二心音。

4. 根据两个心音持续时间的长短、音调的高低、间隔时间与心尖搏动或颈总动脉脉搏的关系，仔细区分第一心音与第二心音。

5. 做蹲起 50 次以上，然后再听诊，与运动之前比较有何区别？为什么？

	运动前	运动后立即	休息 5 min 后
心率			
心音的强度			

【注意事项】

1. 保持室内安静。如果呼吸音影响听诊时，可嘱受试者暂停呼吸。注意力要集中，仔细倾听。

2. 听诊器的胸端按压在皮肤要力量适度。勿使听诊器胶管与它物摩擦。

【思考题】

1. 第一心音、第二心音的产生机制。

2. 各听诊区第一心音与第二心音强弱有何不同。

3. 如果在二尖瓣听诊区听到收缩期杂音或舒张期杂音，分析可能的原因。

二、人体动脉血压测量

【实验目的和原理】

本实验的目的是学习间接测定动脉血压的原理，初步掌握测量人体动脉血压的方法。

通常血液在血管内流动时不会产生声音。如果血液流经血管的狭窄处形成涡流则可用听诊器在远侧血管壁听到声音。临床一般用血压计和听诊器测量肱动脉的血压。当用加压气球将空气打入缠缚于上臂的橡皮袖带内，使其内压力足以压闭肱动脉的程度，完全阻断了血液在肱动脉内的流动。此时触不到桡动脉的脉搏，用听诊器在肱动脉的远端听不到任何声音。然后徐徐放气，逐步降低袖带内的压力。当其压力低于肱动脉内的最高压力时，在心缩期有少量的血液流过受压的血管，形成涡流而产生声音，此时即可在肱动脉远端听到声音，血压计水银柱所标示的数值即相当于收缩压；如果继续放气减压，以致袖带内的压力等于舒张压时，则血管内的血流由断续流动变为连续流动时，听诊器可听到声音消失或音调突然改变，此时血压计所标示的数值为舒张压。

【实验对象】人。

【实验仪器】血压计、听诊器。

【实验方法】

熟悉血压计的结构：血压计有水银柱式及表式两种。两种血压计均由检压计、橡皮袖带、加压气球三部分组成。当袖带与大气相通并无气体残留时，水银柱液面应处于零刻度。

测量动脉血压的方法：

1. 让受试者静坐 10～15 min，脱去一臂衣袖。

2. 松开加压气球上的螺帽，驱出袖带内的残留气体，然后将螺帽旋紧。

3. 让受试者前臂平放于桌上，掌心向上，使上臂中段与心脏在同一水平，将袖带缠在上臂上，其下缘距肘窝上方 2 cm 左右，松紧以能插入两个手指为宜。将听诊器头放置于肘窝处用手指可触及肱动脉脉搏的部位。

【观察项目】

1. 用加压气球将空气打入袖带内，使血压表上水银柱逐渐上升到听诊器内听不到脉搏音时，继续打气使水银柱再上升 2.66～3.99 kPa，然后松开气球螺帽，以每秒 0.26～0.53 kPa 的速度缓慢放气减压，同时注视水银柱液面的移动，当听到"崩崩"样的第一声动脉音时，此时血压计上所示水银柱刻度即代表收缩压。继续缓慢放气，听诊器内听到的声音是先由低而高，而后又由高突然变低，最后则完全消失。在声音由强突然变弱这一瞬间，血压计上所示水银柱刻度即代表舒张压；也可用声音突然消失时血压计上所示水银柱刻度来代表舒张压。

2. 动脉血压一般连续测量 2～3 次，以两次比较接近的数值取其平均数为准。血压记录常以收缩压/舒张压 kPa 表示。

3. 观察运动后的血压变化：将连接袖带的橡皮管接头摘开，令受试者以每秒一次的速度蹲起 50 次以上，运动完毕立即测量血压，与运动前的血压比较，收缩压、舒张压各有何差别？为什么？

4. 观察半蹲位时的血压：令受试者将坐凳移开，半蹲位坚持 1 min，测量血压。与之前比较血压有何变化？为什么？（最好将全部同学的结果进行统计学处理，这样更科学）

5. 记录实验结果填入表格。

分别对收缩压和舒张压进行分析，讨论为什么会出现该结果？

表 2-1　全部男生或全部女生血压的平均值

状态	正常	运动	半蹲位
血压			
变化			

【注意事项】
1. 室内保持安静以利于听诊。
2. 无论采用何种体位测量血压，测量部位必须与心脏在同一水平。
3. 左、右肱动脉常有 0.66~1.33 kPa 压力差，须注意。
4. 发现血压超出正常范围时，可让受试者休息 10 min 后复测。

【思考题】
1. 说出动脉血压的概念，动脉血压的形成和影响因素。
2. 试述运动后血压的变化及其机制。
3. 血压的生理变异。

三、人体心电图描记

【实验目的和原理】
　　本实验的目的是初步学习人体心电图的描记方法，辨认正常心电图的基本波形并了解其生理意义和正常范围，学习心电图波形的测量分析方法。
　　心肌在收缩之前首先出现电变化，心脏的兴奋有一定的顺序，出现一系列电位变化，这些电位变化通过心脏周围的组织和体液传到全身。在体表按一定的引导方法，把这些电位变化记录下来，所得图形即为心电图。心电图分析有助于临床某些心脏病变的辅助诊断。

【实验对象】人。

【实验仪器】
　　心电图机、导联线及地线、导电糊、量角规（每组 1 个）。

【实验方法】
　　1. 连接好心电图机的电源线、地线和导联线。打开电源开关预热 5 min。
　　2. 受试者静卧、放松肌肉。在手腕、足踝和胸前安放电极的部位涂少许导电糊，连接好电极和导联线。方法是红色-右手，黄色-左手，绿色-左足，黑色-右足，白色-胸前导线。
　　胸前导联电极安放位置见第一章第二节心电图机的使用方法。
　　3. 调整心电图机放大倍数，使 1 mV 电压推动描笔向上移动 10 mm，此时，纵坐标每一小格（1 mm）代表 0.1 mV。测量波幅时，凡向上的波形，应从基线上缘测量至波峰的顶点，向下的波形，应从基线下缘测量至波谷的底点。心电图纸的横坐标表示时间，受走纸速度的影响。常用走纸速度是 25 mm/s，横坐标每小格（1 mm）代表 0.04 s。

【观察项目】
　　在记录的心电图中辨认 P 波、QRS 波群、T 波、P-R 间期、Q-T 间期，进行下列项目的分析。
　　1. 心率的测定　测量相邻两个心动周期 P 波或 R 波的间隔时间，代入下面公式进行计算，求出心率。如心动周期之间的时间间距显著不等，可取五个心动周期的 R-R 间隔时间，求得平均值代入公式。

$$心率（次/分）＝60/R-R间隔时间（或P-P间隔时间）$$

2. 心律的分析

（1）主导节律的判定。

（2）心律是否规则整齐。

（3）有无期前收缩或异位节律。

窦性心律的心电图表现：P波在Ⅰ、Ⅱ、aVF导联中直立，aVR导联中倒置；正常PR间期为0.12～0.20 s，最大的RR间隔和最小的RR间隔时间相差在0.12 s以上，称为心律不齐。成年人正常窦性心率在60～100次/分。

3. 心电图各波段的分析

以Ⅱ导联的测量为准，将受试者心电图各波及段测量值及其特征填入表2-2内。与正常值（表2-3）比较分析所测值是否正常。

表2-2 受试者心电图各波及段测量值及其特征

波、段、间期	P波	P-R间期	S-T段	T波	R-R间隔时间（最大与最小差值）
时间					
振幅					

表2-3 心电图各波正常值及其特征

名称	时间	电压	形态
P波	<0.11 s	Ⅰ、Ⅱ、Ⅲ<0.25 mV；aVF、aVL<0.25 mV；V_1～V_5<0.15 mV；V_1、V_2双向时其总电压<0.2 mV	Ⅰ、Ⅱ、aVL、V_4～V_6直立；aVR倒置；Ⅲ、aVL、V_1～V_2直立、平坦、双向或倒置
P-R间期	0.12～0.20 s		
QRS波群	Q<0.04 s，总时间为0.06～0.10 s	Q<＋R（以R波为主）的导联中应<0.5 mV；RaVR<0.5 mV；RaVL<1.2 mV；RaVF<2.0 mV；RV_1<1.0 mV；V_1R/S<1；RV_5<2.5 mV；V_5R/S>1；RV_1＋SV_5<1.2 mV；RV_5＋SV_1<4.0 mV（男）3.5 mV（女）	
ST段		Ⅰ、Ⅱ、aVL、V_1、V_4～V_5抬高不超过0.1 mV，压低不超过0.05 mV	
T波		不应<1/10（R波为主的导联）；肢导联<0.05 mV；胸前导联<0.05 mV	Ⅰ、Ⅱ、V_4～V_6直立；aVR倒置
Q-T间期	<0.40 s		
u波	0.1～0.3 s		Ⅲ、aVL、aVF、V_1、V_2直立，平坦或倒置，其方向应与T波一致

【思考题】
1. 标准Ⅱ导联正常心电图的基本波形有哪几个波？各有何意义？
2. 心肌细胞动作电位与心电图的波形有何异同？
3. 当心率低于60次/分时，应注意观察心电图的哪个部分？有何意义？
4. 受试者有心前区疼痛，应注意观察心电图的哪些部分？有何意义？

（李春月）

实验八　心肌电生理特性的观察

一、蛙心起搏点的观察

【实验目的和原理】

本实验的目的是利用结扎的方法观察蛙心脏不同部位（静脉窦、心房、心室）自律性高低，判断蛙心起搏点。

动物心脏的特殊传导系统具有自动节律性，但各部分的自律性高低不同，哺乳动物以窦房结自律性最高，正常的心脏搏动受窦房结控制，窦房结兴奋传到心房、心室，引起收缩，所以窦房结被称为哺乳动物的心脏起搏点。两栖类动物心脏的起搏点是静脉窦。

【实验对象】　蟾蜍或蛙。

【实验仪器和药品】

两栖类动物解剖手术器材、蛙钉、蛙板、丝线；林格液。

【实验方法】

取蟾蜍1只，用探针破坏脊髓和脑，将蟾蜍仰卧固定在蛙板上。用剪刀剪开胸骨表面皮肤并沿中线剪开胸骨，可见心脏包在心包中，仔细剪开心包膜暴露心脏。

【观察项目】

1. 观察蛙心各部位搏动顺序和跳动频率　从暴露蛙心的腹面看，可见蛙心有一个心室、左右两个心房、动脉圆锥和左右主动脉干。房室之间为房室沟，用玻璃分针将心室翻向头侧，可见位于两个心房下端并与之相连的静脉窦。心房与静脉窦之间为半月形白色条纹称窦房沟。

观察蛙心的静脉窦、心房、心室的搏动先后顺序后，分别由三位同学在统一时间内计数三者的跳动频率。

2. 结扎阻断兴奋传导

（1）斯氏第一结扎：用小镊子在主动脉干下穿一线备用，用玻璃分针穿过心脏后面，将心尖翻向头端，暴露心脏背部，然后将主动脉干下的备用线在窦房沟处结扎，阻断静脉窦和心房之间的传导，此为斯氏第一结扎。观察心房、心室和静脉窦各自的搏动情况。

（2）待心房、心室恢复搏动后，分别记数单位时间静脉窦、心房、心室各自的搏动频率（表2-4）。

（3）斯氏第二结扎：用一丝线沿房室沟作另一结扎，阻断心房与心室之间的兴奋传导，此为斯氏第二结扎，观察心房、心室及静脉窦跳动的情况，待心室恢复搏动后，分别计数三者的跳动频率（图2-6）。

表 2-4 蛙心各部位跳动频率（次/分）　　　　　　　　室温：

实验条件	静脉窦	心房	心室
正常状态			
斯氏第一结扎（结扎窦房沟）			
斯氏第二结扎（结扎房室沟）			

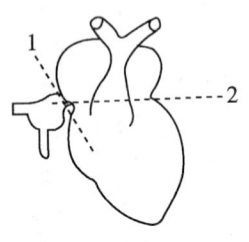

图 2-6　斯氏结扎
1：斯氏第一结扎；2：斯氏第二结扎

【注意事项】

1. 破坏蛙的脑和脊髓要完全。
2. 结扎位置一定要找准。
3. 剪胸骨和胸壁时，伸入胸腔的剪刀要紧贴胸壁，以免损伤心脏和血管。
4. 提起和剪开心包膜时要细心，避免损伤心脏。
5. 如果斯氏第一结扎后房室停搏过长时，可用玻璃分针给心房或心室作人工刺激，使其恢复搏动后再计数。

【思考题】

1. 斯氏第二结扎后，心室为何突然停止跳动？心室跳动还能恢复吗？
2. 两次结扎后，静脉窦、心房、心室跳动次数为何不一致？哪一部分的跳动频率更接近正常心率？这说明什么？

二、期前收缩和代偿性间歇

【实验目的和原理】

本实验的目的是在心室机械活动的不同时期给予电刺激，观察期前收缩和代偿性间歇现象，以验证心脏一次兴奋之后心肌兴奋性的周期性变化及其与心脏机械收缩活动之间的关系。

心肌每兴奋一次，其兴奋性就发生一次周期性的变化。心肌兴奋性的特点在于其有效不应期特别长，约相当于其整个机械活动的收缩期和舒张早期。因此，在心脏的收缩期和舒张早期内，任何刺激均不能引起心肌兴奋而收缩。但在舒张早期以后，一次较强的阈上刺激就可以在正常节律性兴奋到达以前，产生一次提前出现的兴奋和收缩，称之为期前收缩。同理，期前收缩也有不应期。因此，如果下一次正常的窦性节律性兴奋到达时正好落在期前收缩的有效不应期内，便不能引起心肌兴奋收缩。这样，在期前收缩之后就会出现一个较长的舒张期，称为代偿性间歇。

【实验对象】蟾蜍或蛙。

【实验仪器和药品】

两栖类动物解剖手术器材、蛙钉、蛙板、铁支架、张力换能器、滴管、蛙心夹、刺激电极、BL-420生物机能实验系统；林格液。

【实验方法】

1. 蛙心标本制备

(1) 取蟾蜍1只，破坏脑和脊髓，将其仰卧位固定于蛙板上。从剑突下将胸部皮肤向上剪开（或剪掉），然后剪掉胸骨，打开心包，暴露心脏。

（2）用蛙心夹在心室收缩期夹住心尖，将其与张力换能器的变应片相连。将刺激电极固定，使其两极均与心室相接触。

（3）连接线路，张力换能器接1通道。刺激电极与心室接触良好，连接刺激输出。

2. 蟾蜍心室期前收缩与代偿性间歇的观察

打开计算机，启动BL-420生物机能实验系统。点击"实验/常用生理学实验"，选择循环实验"期前收缩与代偿性间歇"。

【观察项目】

1. 描记正常蛙心的搏动曲线，观察曲线与收缩相和舒张相的关系。
2. 分别在心室收缩期和舒张早期刺激心室，观察能否引起期前收缩。
3. 用同等强度的刺激在心室舒张早期之后刺激心室，观察有无期前收缩的出现。
4. 刺激如能引起期前收缩，观察其后是否出现代偿性间歇。

【注意事项】

1. 破坏蛙的脑和脊髓要完全。
2. 蛙心夹与张力换能器的连线要垂直而且要有一定的紧张度。

【思考题】

1. 在心脏的收缩期和舒张早期，分别给予心室一个中等强度的阈上刺激，能否引起期前收缩？可证明什么？
2. 在期前收缩之后，为什么会出现代偿性间歇？
3. 在什么情况下，期前收缩之后可以不出现代偿性间歇？

（薛明明）

实验九　容积导体的导电规律

【实验目的和原理】

本实验的目的是论证容积导体的存在，并观察容积导体中的心电变化。

容积导体指具有长、宽、厚三维空间的导电体。人和动物的机体存在着大量的体液，这些体液均可导电，并且具有三维空间，因此可看成是一个容积导体。心脏各部位兴奋时产生的生物电变化可通过这个导体传至体表，如果把引导电极置于体表的一定部位，则能记录到心脏兴奋过程中所发生的电变化，这些电变化经处理并记录到特殊的记录纸上，就成为了心电图。

【实验对象】蟾蜍。

【实验仪器和药品】

BL-420生物机能实验系统、心电引导电极、蛙类手术器械、蛙板、培养皿（φ10 cm，1个）；林格液。

【实验方法】

1. 破坏脑和脊髓及固定　用探针破坏蟾蜍的脑和脊髓，用蛙板钉将蟾蜍仰卧位固定在蛙板上。

2. 暴露心脏　从剑突下向上依次将蟾蜍胸部的皮肤及胸壁组织呈"V"字型剪开，打开胸腔,然后打开心包,暴露心脏。

3. 识别静脉窦　用眼科镊子夹住主动脉,轻轻提起心脏,认清静脉窦的所在位置。

4. 安放心电导联　按心电图标准Ⅱ导联的方式,将心电引导电极分别夹在蛙的右前肢和两个后肢的蛙板钉上(红色电极接右前肢,绿色电极接左后肢,黑色电极接右后肢)。

5. 实验装置连接　将心电引导电极与生物机能实验系统的1通道相连。从软件主界面菜单条的"实验项目"菜单"循环实验"中选择"容积导体的导电规律"项,然后全屏观察。

【观察项目】

1. 观察和记录正常心电图标准Ⅱ导联的波形形式和特点。
2. 用眼科镊子夹住主动脉,将静脉窦和心脏一同快速剪下,放入盛有新鲜林格液的培养皿中,观察和记录这时的图形变化。
3. 将心脏重新放回胸腔中的原位置上,观察和记录此时的图形变化。
4. 将心脏心尖向上倒放在胸腔中的相应位置上,观察和记录这时的图形变化。
5. 再次取出心脏放入盛有林格液的培养皿中,并按心电标准Ⅱ导联将心电电极与培养皿相连,注意电极要与林格液接触,观察和记录这时的图形变化。
6. 把培养皿中的心脏倒置,观察和记录这时的图形变化。

【注意事项】

1. 剪取心脏时,勿损伤心肌和静脉窦。
2. 冬季进行此实验时,实验前可将蟾蜍放在30℃左右的温水中游泳10 min,以提高蟾蜍的心率,避免心跳过慢。
3. 连接引导电极时,一定要连接良好并接好地线,以避免静电干扰。

【思考题】

1. 正常心电图标准Ⅱ导联有哪些波形变化,各代表什么生理学意义。
2. 将心脏由胸腔取出后,图形有什么变化?为什么?
3. 再次将心脏放回胸腔原位后,图形有什么变化?为什么?
4. 将心尖向上倒置放入胸腔中时,图形有什么变化?为什么?
5. 将心脏放入盛有林格液的培养皿中,并连好电极记录时,有无波形产生?为什么?
6. 将培养皿中的心脏倒置后,波形有无变化?为什么?

(孟德欣　杨利敏)

实验十　减压神经与膈神经放电的观察

一、减压神经放电

【实验目的和原理】

本实验的目的是学习电生理学实验方法,观察减压神经放电与动脉血压、心电的关系。

减压神经为主动脉弓压力感受器的传入纤维。家兔的减压神经在颈部单独一根,其传入中枢的冲动对动脉血压的升降有监控作用,是维持动脉血压相对稳定的重要机制之一。

【实验对象】家兔。

【实验仪器和药品】

BL-420生物机能实验系统、哺乳动物手术器械1套、纱布、脱脂棉；20％氨基甲酸乙酯1∶10000乙酰胆碱、1∶10000去甲肾上腺素。

【实验方法】

1. 麻醉与固定　取家兔1只称重，耳缘静脉缓慢注入20％氨基甲酸乙酯（5 ml/kg），麻醉成功后将家兔仰卧位固定于兔手术台上。

2. 连接实验装置　将心电图导联线连接第4通道，将血压换能器插入第1通道，将生物电引导电极插入第2通道。

3. 手术　颈正中切口8 cm，辨认清楚减压神经后，用玻璃分针或小镊子沿一段神经束分离2 cm左右，勿损伤神经，穿线备用。

4. 用钩状保护电极将减压神经悬空勾起（不要拉得太紧），勿使神经触及周围组织，将颈部皮肤提起，作一皮兜注入40℃的液体石蜡，以保护和防止神经干燥。

5. 将心电肢体导联线连于刺入四肢皮下的针形电极上。

6. 在颈部分离左侧颈总动脉，插动脉插管，分离减压神经和迷走神经，穿线备用。

7. 打开计算机，双击生物机能实验系统图标，进入初始界面。点击菜单项，选中实验项，下拉菜单生理学实验，选择减压神经放电。点击开始按钮，即可记录到减压神经放电，其波形为群集型放电，通过音箱可以听到类似火车开动的声音。

【观察项目】

1. 观察正常血压曲线、心电和减压神经群集型放电的波形特征，持续时间。

2. 耳缘静脉注入1∶10000乙酰胆碱0.5 ml，观察减压神经放电的变化与血压和心电之间的关系。

3. 待血压恢复到正常或不再呈现大的波动的基础上，由耳缘静脉注入1∶10000的去甲肾上腺素1 ml，观察减压神经放电的变化与血压和心电之间的关系。

4. 用动脉夹夹闭右侧颈总动脉15~20 s，观察减压神经放电的变化与血压之间的关系。

5. 牵拉左侧颈总动脉的结扎线（向心脏方向），观察减压神经放电的变化与血压和心电之间的关系。

6. 用中等强度的电流刺激右侧迷走神经末梢端，观察减压神经放电的变化与血压和心电之间的关系。

7. 记录并将实验结果打印。

【注意事项】

1. 手术过程尽量避免出血。

2. 应仔细分离减压神经周围的结缔组织，不可用玻璃分针钩住神经进行分离，以免损伤神经。

【思考题】

1. 支配心脏的神经有哪些？各有何作用？

2. 静脉注射乙酰胆碱和去甲肾上腺素后，减压神经发放冲动有何变化？为什么？

3. 电刺激迷走神经外周端，减压神经放电与血压有何变化，两者有何关系？为什么？

二、膈神经放电

【实验目的和原理】

本实验的目的是观察膈神经放电与呼吸运动的关系。

呼吸的节律性运动是由呼吸中枢产生的节律性冲动发放，经膈神经、肋间神经的传出冲动到膈肌和肋间肌产生的规律性舒缩活动。

【实验对象】 家兔。

【实验仪器和药品】

BL-420生物机能实验系统、哺乳动物手术器械1套、纱布、脱脂棉；20%氨基甲酸乙酯、10%尼可刹米。

【实验方法】

1. 麻醉与固定 取家兔1只称重，耳缘静脉缓慢注入20%氨基甲酸乙酯（5 ml/kg），麻醉成功后将家兔仰卧位固定于兔手术台上。

2. 手术 颈正中切口，长约10 cm。暴露气管，插气管插管。将一侧皮下的颈外静脉及其他组织稍推向对侧，看到颈椎两侧的神经丛，以喉结相平行为第三颈丛，第四、第五颈丛的腹支汇合为膈神经，沿颈椎一侧侧缘垂直下行，从斜方肌腹缘进入胸腔。辨认清膈神经后，分离2 cm穿线备用。

3. 用钩状保护电极将膈神经悬空勾起（不要拉得太紧），勿使神经触及周围组织，将颈部皮肤提起，作一皮兜，加入40℃的液体石蜡浸没神经，以利保温、绝缘和防止神经干燥。

4. 在张力换能器的悬梁上缚一根细线并连一挂钩，把它勾在胸骨剑突呼吸运动幅度最大之处。

5. 打开计算机，双击生物机能实验系统图标，进入初始界面。点击实验项，下拉菜单，选中生理学实验项，选择膈神经放电。

6. 将神经放电引导电极与2通道相连，将呼吸张力换能器与1通道相连，同时打开音箱监听神经放电的声音。

7. 点击开始按钮，即可记录到膈神经放电，其波形为群集型放电，同时记录呼吸运动曲线，此时通过音箱可以听到与呼吸一致的膈神经节律性放电声音。

【观察项目】

1. 观察正常膈神经放电与呼吸运动的关系。

2. 增大解剖无效腔 将气管插管开口一端堵住，另一端连一约50 cm长的橡皮管，使动物通过此管进行呼吸，观察膈神经放电与呼吸运动的变化。

3. 吸入气中CO_2浓度增加 将气管插管开口一端开放，另一端与CO_2气袋上的橡皮管口相对（但不能相连，打开CO_2气袋上的螺旋，使一部分CO_2流入气管内），观察膈神经放电与呼吸运动的变化。

4. 由耳缘静脉注入10%尼克刹米（50 mg/kg），观察膈神经放电与呼吸运动的变化。

5. 切断颈部迷走神经 先切断一侧迷走神经，观察呼吸运动的变化，再切断另一侧，对比观察切断迷走神经前后的膈神经放电与呼吸频率和深度的变化情况。

6. 电刺激颈部一侧迷走神经中枢端 以中等强度的连续脉冲刺激一侧迷走神经的中枢端，观察刺激时膈神经放电与呼吸运动的变化。

7. 夹闭气管观察呼吸与膈神经放电的变化及其关系。

8. 记录并将实验结果打印。

【注意事项】
1. 手术过程中尽量避免出血。
2. 实验中始终保持气管插管通畅。
3. 分离神经时应细心，勿损伤神经。

【思考题】
阐明每一观察项目引起呼吸运动和膈神经放电变化的特点及其机理。

(李春月)

实验十一　尼可刹米对中枢性呼吸抑制的解救

【实验目的和原理】
本实验的目的是学习常用的呼吸活动记录法，观察尼可刹米对吗啡中毒时呼吸抑制的对抗作用。

吗啡可通过降低延髓呼吸中枢对二氧化碳的敏感性以及直接抑制脑桥呼吸调节中枢两种机制产生呼吸抑制作用。治疗量吗啡即可抑制呼吸，使呼吸频率减慢，潮气量减少。大剂量时呼吸抑制作用增强。尼可刹米可直接兴奋延髓呼吸中枢，提高呼吸中枢对二氧化碳的敏感性；也可刺激颈动脉体化学感受器，反射性兴奋呼吸中枢，使呼吸加深加快。呼吸中枢兴奋药尼可刹米可对抗吗啡引起的呼吸抑制。

【实验对象】家兔。

【实验仪器和药品】
兔固定器、兔呼吸口罩、Y形管、橡胶管、铁支架、双凹夹、螺旋夹、注射器、针头、压力换能器、BL-420生物机能实验系统；2.5%尼可刹米、1%吗啡。

【实验方法】
1. 取家兔1只，称重，置于兔固定器内固定。
2. 用带有中开圆口橡皮膜的呼吸口罩将兔的口鼻罩住，呼吸口罩的下端连接Y形管，管的一端以橡胶管与外界通气以供家兔呼吸，并用螺旋夹调节通气量（注意避免家兔窒息，空气量调节好后不能再动螺旋夹，否则会影响实验结果）；Y形管的另一端以橡胶管与压力换能器压力腔端相连，换能器的输入端插头与BL-420系统前面板上的1通道输入插口接好。
3. 用鼠标选择菜单条上"输入信号"中的"1通道"菜单项，以弹出"1通道"菜单项，在"1通道子菜单"中选择"呼吸"信号，使用鼠标单击工具条上的"启动波形显示"命令按钮，或者从"基本功能"菜单中选择"启动波形显示"命令项。此时在1通道显示窗口中显示家兔正常呼吸曲线。
4. 观察记录正常呼吸曲线后，从耳缘静脉缓慢注射：
(1) 1%盐酸吗啡溶液 1.0 ml/kg。
(2) 当家兔呼吸抑制明显时，再由耳缘静脉缓慢注射2.5%尼可刹米0.5 ml/kg。

【观察项目】

	给药前	注射吗啡后	注射尼可刹米后
呼吸曲线			
呼吸频率（次/分）			

【注意事项】
1. 注射吗啡应缓慢，以便控制剂量到刚好引起间歇性的陈-施氏呼吸。
2. 呼吸抑制时，解救要及时，如呼吸抑制过深，易致动物死亡。
3. 注射尼可刹米的速度也宜缓慢，否则可致惊厥。
4. 准备好戊巴比妥钠，一旦中枢兴奋药过量，出现惊厥时立即解救。
5. 家兔应固定好，以免挣扎影响呼吸曲线描记。

【思考题】
1. 根据实验结果讨论这两种药的药理作用与临床应用。
2. 吗啡中毒的主要症状有哪些？如何诊治？
3. 为什么尼可刹米较适用于吗啡急性中毒时呼吸抑制的解救？使用时应注意什么？

（刘明远）

实验十二　人体视野、视敏度及盲点的测定

一、人体视野的测定

【实验目的和原理】

本实验的目的是学习视野的测定方法，测定正常人白、黄或蓝、红和绿色视野，并了解测定视野的生理学意义。

视野是指单眼固定注视前方一点时，该眼所能看到的空间范围；它的最大界限以其与视轴形成的夹角大小表示。由于面部的结构（鼻和额）可阻挡视线，从而影响了视野的大小及形状，使一般人颞侧和下方的视野较大，而鼻侧和上方的视野较小。在光照条件相同时，不同颜色目标物测得的视野也大小不一，白色视野最大，黄绿色次之，再次为红色，绿色的视野最小。临床上对视野的测定有助于了解视网膜、视神经或视觉传导通路和视觉中枢的功能。

【实验对象】人。

【实验仪器】

视野仪、遮眼板、各色视标（白、黄或蓝、红及绿）、视野图纸、铅笔。

【实验方法】

1. 观察视野仪的结构（图2-8），主要包括视野弓、刻度盘、眼眶架和托颌架，并熟悉它们的使用方法。

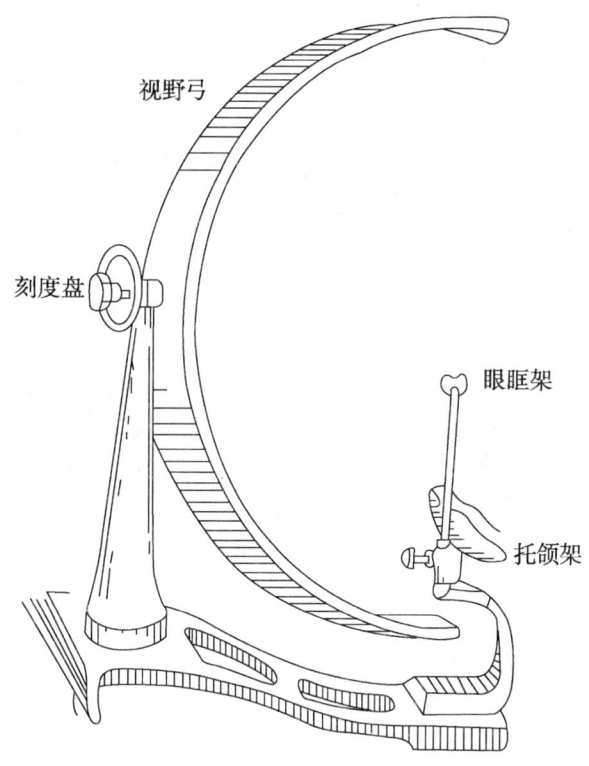

图 2-8 视野仪结构图

2. 将视野仪安放于光照充足的实验台上，受试者面对视野仪坐好，把一侧眼眶下缘靠在眼眶托上，调整托颌架的高度，使其能托住下颌，并使受试者的眼与视野弓的中心在同一高度。

【观察项目】

1. 将视野弓调成水平位，用遮眼板挡住左眼，右眼注视视野弓的中心，检查者持视标（从白色开始）沿一端慢慢向中心移动，随时询问受试者能否看到视标，当刚能看到视标时，在视野图的对应位置上标记该点。用同样的方法，测定对侧的视野，并标记在视野图纸（图2-9）的相应位点上。将视野弓依次顺时针转动45°，重复上述操作步骤，测定四个角度的八个位点，将它们都标记在视野图纸的相应位置上，并顺次连接，就得到了白色视野的范围。

2. 按照上述的检查方法，分别测定红、黄或蓝、绿各颜色的视野。
3. 按同样的方法，检测左眼的各颜色的视野。
4. 对比双眼的视野图，找出它们的异同之处。

【注意事项】

1. 检查过程中，测试眼要始终注视视野弓的中心点。
2. 检测时，视标的移动速度要缓慢。
3. 用遮眼板挡眼时，勿压迫眼球，以防影响测试结果。

【思考题】

1. 为什么用不同颜色的视标，检测出的视野范围各不相同？

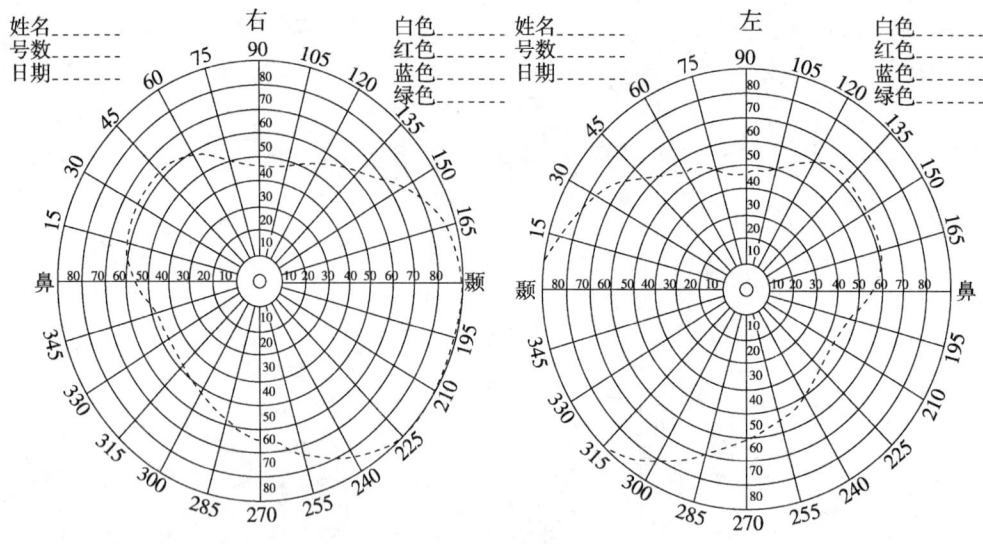

图 2-9 视野图纸

2. 如果视网膜、视神经或视觉传导通路和视觉中枢功能发生障碍对视野有何影响？为什么？

二、人体视敏度的测定

【实验目的和原理】

本实验的目的是了解视力的测定原理并学习视力的测量方法。

视敏度是指眼对物体细小结构的分辨能力，又称为视力或视锐度，通常用视角的倒数表示。视角是从物体的两个端点各引一直线到眼节点的夹角。正常人眼的视敏度以所能看清的最小视网膜像的大小为指标，其大致相当于视网膜中央凹处一个视锥细胞的平均直径（4~5 μm）。临床应用的视力表就是根据此原理设置的。

国内检查视力常用的视力表包括：标准对数视力表和国际标准视力表，它们的视标是一组由上到下依次变小、方向不同的字母"E"组成。用国际标准视力表检查视力时，受试者站在距表 5 m 远处，能看清第 10 行的"E"字缺口两缘所形成的视角为 1 分角，视力为 1.0，作为正常视力的标准（图 2-10）。计算公式如下：

$$视力 = \frac{1}{5\ m\ 远处能看清物体的视角}$$

$$或 = \frac{d\ (受试者能看清某物体的最远距离)}{D\ (正常视力能看清该物体的最远距离)}$$

用标准对数视力表检查视力时，受试的距离和要求同国际标准视力表，但其计算公式为：

视力 = $5 - \log A$，A 为 5 m 远处能看清物体的视角。以国际标准视力为例则其视力计算如下：视力 = $5 - \log 1 = 5.0$，此为标准视力。

【实验对象】人。

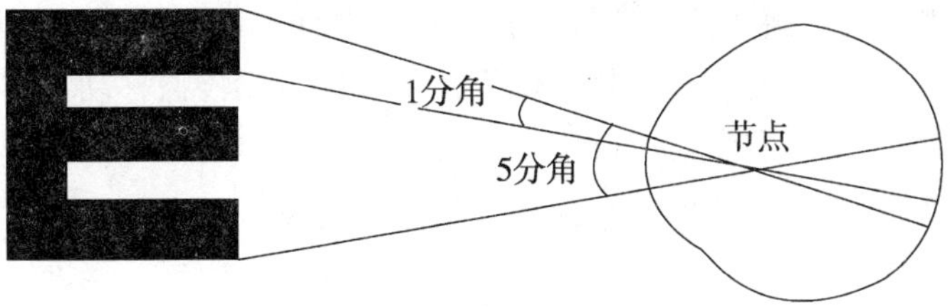

图 2-10　视力表原理图

【实验仪器】
标准对数视力表、指示棒、遮眼板、米尺。

【实验方法】
1. 将视力表挂在光线均匀、充足的墙壁上，视力表的高度要适当。
2. 用米尺测量，在距离视力表 5 m 远处做好记号。
3. 受试者检查时，用遮眼板挡住一只眼，用另一只眼注视视力表，按实验者的指示说出视力表上"E"字缺口的方向。测试由表的上端依次向下，直到受试者能看清楚的最小"E"字为止，表旁所注的数字即为受试者的视力。用同样的方法测试另一眼的视力。

【观察项目】
1. 观察视力表的构成，对比国际标准视力表与标准对数视力表的异同。
2. 按上述方法测定受试者的视力。

【注意事项】
1. 视力表处的光线要充足、均匀。
2. 受试者与视力表的距离要测量准确。
3. 用遮眼板挡眼时，勿压迫眼球，以防影响测试结果。

【思考题】
如受试者在距离视力表 1.0 m 远处才能看清楚第 10 行的"E"字缺口方向，则受试者的视力是多少？为什么？

三、人体盲点的测定

【实验目的和原理】
本实验的目的是了解盲点测定的原理，并测定正常人的盲点范围。
视神经穿出视网膜的部位称为视神经乳头，由于该处没有感光细胞存在，所以外来光线在此处成像后不能引起视觉，称为生理盲点，其形状呈椭圆形，直径约 1.5 mm，位于中央凹的鼻侧。根据无光感现象，可找出盲点所在位置和范围，依据相似三角形各对应边成比例的关系，则可计算出盲点的大小。

【实验对象】人。

【实验仪器】
白纸、铅笔、黑色视标、米尺、遮眼板。

【实验方法】
取一张白纸粘在适当高度的墙上，其中心与受试者的眼睛在同一水平。受试者站在纸前

50 cm 处，用遮眼板遮住左眼，在白纸上与右眼相平行处划一"＋"字记号。令受试者右眼注视"＋"，检测者将视标由"＋"符号开始慢慢由鼻侧向颞侧移动，当受试者刚刚看不到视标时，在白纸上记下视标的位置；然后将视标继续向颞侧慢慢移动，当受试者又看见笔尖时，再作一记号。由记下的两个记号的中心点起，沿各个方向向外移动视标，找出并记下各方向视标又被看见的各点（一般取 8 点）。

【观察项目】

1. 将所标各点依次连接起来，可形成一椭圆形，其所包含的区域即为受试者的右眼盲点投射区。同样方法测出左眼盲点的投射区。

2. 按下列公式计算盲点的直径及其与中央凹的距离（图 2-11）。由于：

$$\frac{盲点与中央凹的距离}{盲点投射区到"＋"字的距离} = \frac{眼节点与视网膜的距离}{眼节点到白纸的距离}$$

其中眼节点到视网膜的距离为 15 mm，而眼节点到白纸的距离为 500 mm，因此：

$$盲点与中央凹的距离 = 盲点投射区到"＋"字的距离 \times \frac{15\ mm}{500\ mm}$$

又由于：

$$\frac{盲点的直径}{盲点投射区直径} = \frac{眼节点到视网膜的距离}{眼节点到白纸的距离}$$

所以：

$$盲点直径 = 盲点投射区直径 \times \frac{15\ mm}{500\ mm}$$

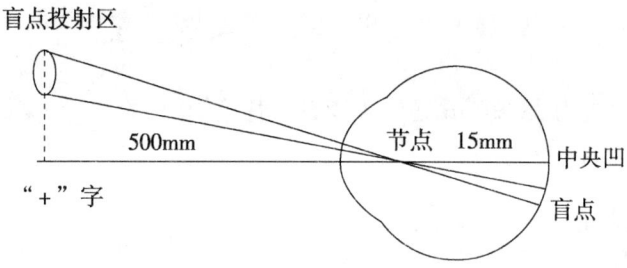

图 2-11 盲点计算示意图

【注意事项】

1. 受试者的眼睛在实验中要与"＋"字一直处于同一水平高度。
2. 受试眼在实验中要始终注视"＋"字，不能随视标的移动而移动。

【思考题】

为什么在日常生活中我们感觉不到生理盲点的存在？

（孟德欣　杨利敏）

实验十三　声音的传导途径

【实验目的和原理】

本实验的目的是学会检查气传导和骨传导方法，了解临床上常用的鉴别传导性耳聋和神经性耳聋的方法及其原理。

声波在正常人主要经过气传导传入内耳，即声波经外耳道引起鼓膜振动，再经听骨链和前庭窗膜传入内耳的途径。此外，声波也可直接引起颅骨的振动，在导致位于颞骨中的耳蜗的内淋巴振动，使声音传入内耳，这称为骨传导。临床上可通过检查患者气传导和骨传导受损情况来判断听觉异常的产生部位和原因，常用的检查包括任内氏试验和魏伯氏试验。

【实验对象】人。

【实验仪器】

音叉（频率 256 Hz 或 512 Hz）、棉球。

【实验方法和观察项目】

1. 比较同侧耳的气传导和骨传导（任内氏试验）

室内保持安静，受试者取坐位，检查者敲响音叉后，立即将音叉柄置于受试者一侧颞骨的乳突部，此时受试者可听到音叉振动的声响，且响声随时间的推移而逐渐减弱，最后消失。当受试者刚刚听不到声音时，立即将音叉移至同侧的外耳道口，这时受试者又可重新听到声响。反之，如先将振动的音叉置于受试者外耳道口处，当其刚刚听不到声响时，再将音叉移到颞骨的乳突部，受试者仍听不到声响，这说明正常人气传导的时间要比骨传导的时间长，临床上称之为任内氏试验阳性。

用棉球塞住同侧外耳道（相当于传导性耳聋），重复上述实验步骤，会出现气传导时间等于或短于骨传导时间，临床上称为任内氏试验阴性。

2. 比较两耳骨传导（魏伯氏试验）

检查者将振动的音叉置于受试者前额发际的正中处，比较双耳所听到的声响。正常人听到的声响应该是相等的，因为正常人两耳的感音功能基本一致，并且声波传向两耳的途径和距离也相等。然后用棉球将一侧外耳道口塞住，重复上述实验，让受试者比较两耳听到的声响是否一致。

【注意事项】

1. 振动音叉时用力不要过猛，切忌在坚硬物体上敲击，以免损坏音叉。
2. 在实验操作过程中，应用手指持住音叉柄，避免音叉与受试者的皮肤、毛发或其他物体相接触而影响音叉的振动。
3. 将音叉放至外耳道口时，应使音叉的振动方向正对外耳道口，并与之相距 1～2 cm 为宜。

【思考题】

1. 正常人声波传导的途径及其特点是什么？
2. 根据上述实验，说明如何进行传导性耳聋和神经性耳聋的鉴别？

（孟德欣　杨利敏）

实验十四 药物作用的影响因素

一、不同给药途径对药物作用的影响

【实验目的和原理】

本实验的目的主要是观察给药途径不同，动物对药物的反应有何区别。

硫酸镁口服不易吸收而产生泻下。注射给药可使血中 Mg^{2+} 增加，可使骨骼肌松弛。同时对中枢神经及心血管系统产生抑制作用，因此产生抗惊厥及降压效果。

【实验对象】 小白鼠。

【实验仪器和药品】

小鼠笼、天平、注射器（1 ml）、大烧杯、小鼠灌胃器；10％硫酸镁、0.9％生理盐水。

【实验方法】

取体重相近的小白鼠 3 只，编号并称重。1 号鼠腹腔注射 10％硫酸镁溶液 0.3 ml/10 g，2 号鼠经口灌胃 10％硫酸镁墨汁 0.3 ml/10 g，3 号鼠经口灌胃 0.9％生理盐水墨汁 0.3 ml/10 g。

【观察项目】

比较 3 只鼠的呼吸、肌张力及排便情况。30 min 后可剖开 2、3 号鼠腹腔，观察墨汁在肠内移动距离的情况（表 2-5）。

表 2-5 给药途径对药物作用的影响

鼠号	给药途径	剂量	呼吸	肌张力	肠管内容物移动距离	大便
1 号	腹腔注射	0.3 ml/10 g 硫酸镁				
2 号	灌胃	0.3 ml/10 g 硫酸镁墨汁				
3 号	灌胃	0.3 ml/10 g 生理盐水墨汁				

二、不同剂型对药物作用的影响

【实验目的和原理】

本实验的目的是比较不同剂型药物对小鼠作用的差别，认识胶浆剂延缓药物扩散的作用。

药物可制成各种不同的剂型，不同剂型药物的崩解、溶解速率不同，吸收快慢、多少也就不同。溶解释放速率越快，扩散速率就越快，吸收越容易。药物本身的黏度与扩散速度成反比，制剂黏度越高，则扩散释放速度越慢，吸收也越慢，产生疗效时间也越缓慢。因此，不同药物剂型所含药量虽然相等，药效强度却不尽相同，临床应注意区分选择。

【实验对象】 小白鼠。

【实验仪器和药品】

小鼠笼、天平、注射器（1 ml）、大烧杯；0.1％氯丙嗪水溶液、0.1％氯丙嗪阿拉伯胶溶液（含 10％阿拉伯胶溶液）。

【实验方法】

取小白鼠 4 只，编号、分组并称重。甲组 2 只鼠背部皮下注射 0.1％氯丙嗪水溶液 0.2 ml/10 g，乙组 2 只鼠背部皮下注射 0.1％氯丙嗪阿拉伯胶溶液 0.2 ml/10 g。

【观察项目】

观察并记录小白鼠对药物的反应情况（表 2-6）。

表 2-6 剂型对药物作用的影响

分组	药物	给药途径	剂量	剂型	现象
甲组	0.1%氯丙嗪	皮下注射	0.2 ml/10 g	水溶液	
乙组	0.1%氯丙嗪	皮下注射	0.2 ml/10 g	阿拉伯胶溶液	

三、不同给药速度对药物作用的影响

【实验目的和原理】

本实验的目的是比较相同药物不同给药速度对小白鼠作用的差别。

氯化钙可用于血钙降低引起的手足搐搦症以及肠绞痛、输尿管绞痛等。静注时可有全身发热感。注射宜缓慢（每分钟不超过 2 ml），因钙盐兴奋心脏，注射过快会使血钙浓度突然增高，引起心律失常，甚至心搏骤停。氯化钙有强烈刺激性，5%溶液不可直接静注，应在注射前以等量葡萄糖液稀释。亦不宜做皮注或肌注。注射液不可漏于血管外，否则导致剧痛及组织坏死。如有外漏于血管外应立即用 0.5%普鲁卡因液作局部封闭。

【实验对象】小白鼠。

【实验仪器和药品】

小鼠笼、天平、注射器（1 ml）、大烧杯；1%$CaCl_2$。

【实验方法】

取体重相近、性别又相同的小白鼠 2 只，编号并称重。1、2 号鼠分别在尾静脉快速和缓慢注射 1%$CaCl_2$ 溶液 0.25 ml/10 g。

【观察项目】

观察并记录各小白鼠对药物的反应情况（表 2-7）。

表 2-7 给药速度对药物作用的影响

鼠号	药物	给药途径	剂量	注射速度	现象
1 号	1%$CaCl_2$ 溶液	尾静脉注射	0.25 ml/10 g	快	
2 号	1%$CaCl_2$ 溶液	尾静脉注射	0.25 ml/10 g	慢	

四、不同剂量对药物作用的影响

【实验目的和原理】

本实验的目的是比较相同药物不同剂量对小白鼠作用的差别，认识药物量效关系。

尼可刹米属于中枢兴奋药，可直接或反射性地兴奋延髓呼吸中枢，但若剂量过大，则可引起中枢神经系统各个部位广泛兴奋，导致惊厥发生。

【实验对象】小白鼠。

【实验仪器和药品】

小鼠笼、天平、注射器（1 ml）、大烧杯；1.25%尼可刹米、5%尼可刹米、10%尼可刹米。

【实验方法】

取体重相近、性别又相同的小白鼠3只,编号并称重。1、2、3号鼠分别腹腔注射1.25%、5%、10%尼可刹米溶液 0.1 ml/10 g。

【观察项目】

观察并记录各小白鼠对药物的反应情况（表2-8）。

表 2-8 剂量对药物作用的影响

鼠号	药物	给药途径	剂量	现象
1号	1.25%尼可刹米溶液	腹腔注射	0.1 ml/10 g	
2号	5%尼可刹米溶液	腹腔注射	0.1 ml/10 g	
3号	10%尼可刹米溶液	腹腔注射	0.1 ml/10 g	

【思考题】

1. 剂型对药物作用有何影响？
2. 不同给药途径为什么会影响药物效应？

（朱坤杰）

实验十五　水杨酸钠血浆半衰期的测定

【实验目的和原理】

本实验的目的是掌握用比色法测定水杨酸钠的血浆药物浓度的原理、方法并计算其半衰期（$t_{1/2}$）的过程；熟悉并掌握移液管、离心机和分光光度计的正确使用方法；掌握半衰期的定义及意义；了解水杨酸钠在动物体内随时间变化的代谢规律；了解水杨酸类非甾体抗炎药的作用机制、药理作用、临床应用及不良反应。

在酸性条件下，水杨酸钠解离为水杨酸，后者与 $FeCl_3$ 生成一种紫色的络合物。该络合物在 520 nm 波长处其光密度值与水杨酸浓度成正比。

$$\text{C}_6\text{H}_4(\text{COONa})(\text{OH}) + H^+ \rightarrow \text{C}_6\text{H}_4(\text{COOH})(\text{OH}) + Na^+$$

$$6\,\text{C}_6\text{H}_4(\text{COOH})(\text{OH}) + FeCl_3 \rightarrow [Fe[\text{C}_6\text{H}_4(\text{COO}^-)(\text{OH})]_6]^{3-} + 3HCl + 3H^+$$

【实验对象】家兔。

【实验仪器和药品】

离心管4支、试管8支、试管架、移液管（5 ml、5支，1 ml、2支，0.5 ml、1支）、吸耳球、注射器（20 ml、1支，10 ml、1支，2 ml、1支）、7号针头、标记铅笔、气管插管、动脉插管、兔手术台、手术器械1套、计算器、分光光度计、离心机；10%及0.02%

水杨酸钠、10%三氯醋酸、10%三氯化铁、20%氨基甲酸乙酯、肝素钠、蒸馏水。

【实验方法】

1. 编号　取4支离心管，分别编号1、2、3、4后，各加入10%三氯醋酸3.5 ml（用5 ml的移液管）。

2. 麻醉与固定　取家兔1只，正确捉拿，称重，耳缘静脉注射20%氨基甲酸乙酯溶液（5 ml/kg），成功麻醉后将家兔仰卧位固定于兔手术台上。

3. 手术　颈部备皮，自甲状软骨下缘沿正中线切开皮肤5~7 cm，钝性分离皮下组织及气管。钝性分离任意一侧颈总动脉2~3 cm，将动脉远心端结扎，用动脉夹夹住近心端，在远心端结扎处向心方向剪一"V"形切口，将充有肝素溶液的动脉插管向心方向插入，用线结扎并固定，以备取血用。

4. 放血　用2 ml注射器，安装7号针头，将其进行肝素化后，打开动脉夹且不要将动脉夹拿下来。先将插管内残血放出，再放血2 ml于注射器内，分别置入1号离心管和2号离心管内各1 ml，迅速摇匀静止。将2 ml注射器洗刷干净，再进行肝素化，备用。

5. 给药　由耳缘静脉缓慢注射10%水杨酸钠（2 ml/kg），为防止发生"阿司匹林"哮喘可先作气管插管，如不发生可暂且不作。给药后10 min放血1 ml置入3号离心管内，60 min后再放血1 ml置入4号离心管内，迅速摇匀静止，放血方法同第4步。

6. 离心　在1、3、4号离心管内各加蒸馏水1 ml（用1 ml的移液管），2号离心管内加入0.02%水杨酸钠溶液1 ml（用1 ml的移液管），摇匀。然后将4支离心管对称放入离心机内离心5 min，转速为1500~3000转/分（转速由低到高逐渐增加），使血浆蛋白沉淀。

7. 取上清液　取8支试管编号（分为前后两排，每排试管分别编号1、2、3、4），将离心后的上清液分别一次性倒入相应编号的第一排4支试管中，从中准确吸取上清液3 ml（用5 ml的移液管），分别置入相应编号的第二排4支试管中，每管再各加入10%三氯化铁0.5 ml（用0.5 ml的移液管），摇匀显色。

8. 比色、测光密度（Y）值

（1）将第二排试管中的液体分别倒入相应编号的比色杯中，且倒入杯高的2/3（防止液体溢出，腐蚀机器），拿麻面，不可用手触摸光面，用擦镜纸擦拭比色杯外的液体。

（2）以1号杯为对照，用分光光度计在波长为520 nm处测定其余三个比色杯中液体的光密度值。

9. 计算 $t_{1/2}$ 及 X_3 和 X_4

由2号管的光密度值（Y_2）和浓度（X_2 已知）求比值 K，即 $K=X/Y$，再根据 $X=KY$，由 Y_3 和 Y_4 求得 X_3 和 X_4，根据下式求 $t_{1/2}$。

$$t_{1/2}=\frac{0.301}{(\lg X_3 - \lg X_4)/\Delta t}$$

式中 X_3 和 X_4 分别为给药10 min和60 min的血药浓度，Δt 为两次间隔时间（即50 min）。

【观察项目】

将实验结果填入表2-9，并求出 $t_{1/2}$。

【注意事项】

1. 本实验属分析性实验，操作必须准确，每次移液不能混用任何仪器，如移液管、试管、注射器等。

2. 每次取血前先将动脉插管中的残血放掉。

表 2-9　水杨酸钠血药浓度测定步骤

试管编号	10%三氯醋酸 (ml)	血 (ml)	蒸馏水 (ml)	0.02%水杨酸钠 (ml)	10%三氯化铁 (ml)	光密度 (Y)	药物浓度 (μg/ml) (X)	K值
对照管 1	3.5	1	1		0.5			
标准管 2	3.5	1		1	0.5			
给药管 3	3.5	1	1		0.5			
给药管 4	3.5	1	1		0.5			

3. 注意放血时注射器的针芯要保持干净,以免放回针筒内后推注时有阻力或推不动。
4. 本实验系定量比较,故取血时间及每次容量必须准确。
5. 离心时应注意离心管的平衡,以免损坏离心机。
6. 禁忌用手触摸比色杯的光面,若溶液流出,只能用擦镜纸擦拭,以免损坏光面。
7. 离心机使用时注意要由低转速向高转速逐渐的调,不可直接调至高转速,以防损害离心机。

【思考题】
1. 半衰期的概念?测定药物的半衰期有何临床意义?
2. 影响血药浓度测定结果的因素有哪些?
3. 水杨酸类非甾体抗炎药的作用机制、药理作用、临床应用及不良反应?给药后家兔会出现什么反应?
4. 如何根据两次不同时间测定的血药浓度和光密度的正比关系计算药物的半衰期?

(吴红)

实验十六　药物的安全性评价及半数致死量的测定

【实验目的和原理】

本实验的目的是了解药物半数致死量(LD_{50})的测定原理、方法、计算过程,并理解其药理学意义。

LD_{50}属质反应的资料类型,其实验结果只有质的区别,而无具体的测量值。其数据是通过计数(即计数阳性反应的个数)而取得的,通常以百分率(%)或小数来表示。LD_{50}是指药物引起半数实验动物死亡的剂量,是衡量药物的急性毒性大小的重要指标,LD_{50}越大,表示该药的毒性越小。与LD_{50}意义相近的还有半数有效量(ED_{50})。ED_{50}是指引起半数实验动物产生阳性效应的剂量。它是衡量药物效应力强弱的重要指标,ED_{50}越小,表示该药的药效越强。LD_{50}和ED_{50}的比值称为药物的治疗指数(TI),通常以此指标来表示药物的安全性大小。TI越大,药物越安全,但有些药物仅用TI又不能完全表示出药物安全性的大小。因此,药物的安全性评价还要参考1%致死量(LD_1)与99%有效量(ED_{99})的比值或5%致死量(LD_5)与95%有效量(ED_{95})之间的距离。

LD_{50}的测定方法很多,较常用的有寇氏法(Karber法)、加权概率单位法(Bliss法)、目测概率单位法、综合法、序贯法等。序贯法的最大优点是使用动物少，但它只应用于作用出现快的药物，本实验重点介绍此种计算法。

【实验对象】小白鼠。

【实验仪器和药品】

小鼠笼、大镊子、天平、量筒、注射器（1 ml）；0.01％硝酸士的宁。

【实验方法】

1. 预实验

(1) 探索剂量范围：先找出100％与0的致死量（或阳性反应的剂量）为实验的上下限剂量（Dm和Dn）。取动物若干，每4只一组，按估计量（根据经验或文献资料定出）给药，如出现4/4死亡时，下一组剂量降低，当出现3/4死亡时，则上一剂量为Dm，如降低一剂量出现的死亡率为2/4或1/4时，应考虑到4/4死亡剂量组在正式实验时可能出现死亡率低于70％，为慎重起见可将4/4死亡剂量乘以1.4倍，作为Dm。同法找出Dn。

(2) 选择合理的剂量分组方案：组数（G）以5～8组为宜，组间剂量公比为r。在确定组数后，按下列公式求算r。

$$r = (Dm/Dn)^{1/(G-1)}$$

再按公比计算各组剂量D1，D2，D3…Dm，其中D1＝Dn，为最小剂量，D2＝D1×r，D3＝D2×r，…Dm＝Dm−1×r。

2. 正式实验（表2-10）

(1) 拟定鼠所需剂量：根据预实验结果，本实验采用组间对数剂量的等差值为0.05。

(2) 每组取9只小鼠，取1只鼠称重，选取表中任一剂量按体重给药，采用腹腔注射。

表2-10　序贯法LD_{50}测试结果记录表

剂量（mg/kg）D	对数剂量 X	实验结果										组内动物数 T	C T·X
		1	2	3	4	5	6	7	8	9	10		
2.00	0.30												
1.78	0.25												
1.59	0.20							＋				1	0.20
1.41	0.15	＋			＋		−		±			4	0.60
1.26	0.10	−		＋		−						3	0.30
1.12	0.05				−							1	0.05
1.0	0.00												
0.89	−0.05												
0.78	−0.10												

【观察项目】

1. 观察、记录给药后10 min之内动物死亡情况：若小鼠在10 min内死亡，记为（＋），若不死亡，记为（−）。必须根据前一只动物的实验结果确定下一只动物所需剂量，一只一只的做，故称为序贯法。若死亡，则下一只小鼠采用相邻的下一个剂量；若存活，则采用相邻的上一个剂量，故本法也称为上下法。因此剂量的大小应由上组决定（记录在表2-10中）。

2. 在上述依次接受实验的各鼠中，以结果出现质的变化的鼠开始作为第 1 号鼠，依次为 2 号、3 号…直做到第 9 号动物，第 10 只小鼠不需要再做实验，根据第 9 号结果即可确定第 10 号鼠所在的剂量组位置。

3. 统计以上的结果，代入下列公式，计算 LD_{50}

$$LD_{50} = \log^{-1}(\Sigma C/\Sigma T)$$

上表中为某次实验的结果，以此为例，计算如下：

$LD_{50} = \log^{-1}[(0.2+0.6+0.3+0.05)/(1+4+3+1)] = \log^{-1} 0.128 = 1.343 \text{ mg/kg}$

【注意事项】

1. 本实验为定量药物效应测定，精确性要求高，在实验的过程中，各个环节均须精确无误。

2. 小鼠捉拿宜熟练掌握，避免抓伤咬伤。

3. 给药：一次性给药，pH 值及渗透压均在生理范围内，给药与注射速度应保持一致。腹腔注射选择小鼠左下腹，减少首关效应。

【思考题】

1. 测定 LD_{50} 的意义是什么？
2. 为什么选择 LD_{50} 作为评价药物急性毒性大小的指标？
3. 用 LD_{50} 评价药物的安全性有何缺点？
4. 评价药物的安全性的指标还有哪些？

（孙宏丽）

实验十七　普鲁卡因的传导麻醉作用

【实验目的和原理】

本实验的目的是学习以蛙坐骨神经传导麻醉法筛选局麻药的方法；观察普鲁卡因的传导麻醉作用。

神经兴奋和传导主要与膜 Na^+、K^+ 通道的开放关闭有关。膜 Na^+、K^+ 通道开放造成膜对 Na^+、K^+ 通透性发生变化，Na^+、K^+ 发生跨膜流动，改变了膜内外电压差形成神经细胞的动作电位。局麻药普鲁卡因从膜内侧阻断 Na^+ 通道，抑制了动作电位的发生和传导，动作电位消失，从而发挥局麻作用。

【实验对象】蛙或蟾蜍。

【实验仪器和药品】

探针、蛙板、蛙腿钉、剪刀、镊子、止血钳、棉球、铁支架、小烧杯、秒表、塑料薄片；0.5% 盐酸、2% 盐酸普鲁卡因。

【实验方法】

1. 取蛙（或蟾蜍）1 只，用探针破坏脑后，腹部向上，用蛙腿钉把蛙四肢固定在蛙板上。剖开腹腔，除去脏腑，暴露脊椎两侧坐骨神经丛。用棉球拭去胸腹腔的积液。

2. 用止血钳夹住蛙下颌部，将蛙悬挂于铁支架上，当蛙腿不动时，将其两侧足趾分别浸入盛有 0.5% 盐酸溶液的烧杯内，测定自浸入盐酸溶液至引起举足反射所经时间，并立即用烧杯中盛有的清水冲洗蛙足趾上附着的盐酸溶液。

3. 在蛙一侧坐骨神经丛下面放一块塑料薄片，将在2%盐酸普鲁卡因溶液中浸过的小棉球贴附在塑料薄片之上的神经丛上。约7～8 min后，再将其足趾浸入盐酸溶液内，测验其举足反射所需时间有何变化，并以另一侧足趾作对照。

【观察项目】

	举足反射时间	
	左侧	右侧
给药前		
给普鲁卡因后		

【注意事项】

1. 除去腹腔脏腑后，要用棉球将腹腔积液擦干，以免给药后药物溶解于腹腔积液作用于对侧而影响实验结果。

2. 浸有普鲁卡因溶液的小棉球湿度要适当，既要保证有充足的药物发挥作用，又要避免药液流入对侧。

【思考题】

比较实验中蛙的两侧足趾对盐酸刺激的举足反射有何变化？为什么？

（刘明远）

实验十八　高渗硫酸镁和液体石蜡对蟾蜍肠道的作用

【实验目的和原理】

本实验的目的是观察高渗硫酸镁和液体石蜡对肠道的作用并分析其作用机制。

硫酸镁口服不吸收，在肠腔内形成高渗而减少水分吸收，肠容积增大，刺激肠壁，肠蠕动加快；液体石蜡为矿物油，肠道不吸收，产生润滑肠壁和软化粪便的作用。

【实验对象】蟾蜍。

【实验仪器和药品】

蛙板、蛙腿钉、手术剪、眼科镊、止血钳、纱布、线、注射器；10%氨基甲酸乙酯、20%硫酸镁（$MgSO_4$）、液体石蜡、生理盐水。

【实验方法】

1. 取蟾蜍1只，胸部淋巴囊注射10%氨基甲酸乙酯1 ml麻醉，背位固定。

2. 沿腹中线剪开腹腔，取出小肠一段，在不损伤肠系膜的条件下用线将这一段小肠结扎成3小段，每段长约2.5 cm，互不相通。

3. 向3小段的肠腔内（在靠近结扎线处）分别注入20% $MgSO_4$ 溶液、液体石蜡和生理盐水各0.2 ml（注射后可再用线扎紧注药端，以避免药液注入后从针孔漏出）。给药后将小肠放回腹腔内，并以止血钳夹住腹壁切口，盖上湿纱布。

4. 1 h后再打开腹腔，观察各节肠段的膨胀程度，以注射器分别抽取各节肠段内的液体，比较其容积，并剪开肠壁，观察肠黏膜的充血程度。

【观察项目】

肠段	注入药液及容量	膨胀程度	实验结束时肠段内液体容量	肠黏膜充血程度
1				
2				
3				

【注意事项】

关腹时注意将结扎线做好标记（如：起始段结扎线颜色不同，结扎线摆放位置不同等），以免开腹时分不清各段肠管曾给何种药物。

【思考题】

试讨论注入3种不同药液的3节肠段出现不同结果的原因，并分析硫酸镁和液体石蜡的导泻作用机制。

（刘明远）

第三章 综合性机能学实验

实验一 大鼠海马神经细胞钠通道电流的记录

【实验目的和原理】

本实验的目的是直接观察细胞产生的钠通道电流，了解膜片钳技术的原理及其在医学研究中的应用。

1976年Neher和Sakmann在电压钳技术基础上，建立了以记录通过离子通道的离子电流来研究细胞膜上单个（或多个）离子通道分子活动的新技术，即膜片钳技术。该技术是用玻璃微电极与细胞膜紧密接触，通过负压吸引造成电极尖端与细胞膜形成高阻封接（10～100 GΩ），使电极尖端下的小块膜片与膜的其他部分在电学上绝缘，并在此基础上固定膜电位，对膜片或细胞离子通道电流进行监测和记录。

钠电流（I_{Na}）是快反应细胞上重要的除极离子流。其主要特点为：膜电位为-70～-65 mV时开始激活，持续时间较短，激活和失活都比较快，膜电位为-40～-30 mV时达到最大电流峰值，具有电压和时间依赖性。钠通道广泛分布于神经、骨骼肌、心肌等可兴奋细胞中，可被特异性阻断剂河豚毒素或Ⅰ类抗心律失常药所阻断。

【实验对象】 大鼠。

【实验仪器和药品】

膜片钳放大器、微电极拉制器、显微镜、三维操纵器、电极抛光仪、玻璃微电极、电子天平、pH仪、恒温水浴箱、离心机、切片机、哺乳类动物手术器械、烧杯、试管、氧气瓶；胰蛋白酶、人工脑脊液、电极内液、河豚毒素、普罗帕酮。

【实验方法】

1. 单个神经细胞的急性酶分离　将大鼠断头，立即取出脑组织迅速置入低温人工脑脊液（0～4℃）中10～20 s，然后于大脑半球腹内侧分离出海马，将海马切成400 μm的薄片，置于32℃人工脑脊液内孵育，连续通以5%CO_2+95%O_2混合气。30 min后换以含1 g/L胰蛋白酶的人工脑脊液，酶解（32℃，40 min）后用人工脑脊液洗脑片3次。将脑片重新置于32℃人工脑脊液内连续通5%CO_2+95%O_2混合气孵育待用，取出部分脑片移入盛有氧饱和的人工脑脊液的离心管内，先后用尖端热处理的直径为400 μm和150 μm左右的吸管轻轻吹打，将离心管静止竖立约2 min，取上部细胞悬液，加入培养皿内，约20 min后细胞贴壁。此时即可在倒置显微镜下观察细胞形态，待细胞贴壁后，即可进行膜片钳记录。

2. 仪器的连接　仪器连接见图3-1。

3. 膜片钳微电极的制作　用微电极拉制器将玻璃毛细管经两步拉制成尖端直径约为1 μm的微电极；为了提高吉欧姆封接的成功率，在显微镜下将微电极尖端接近抛光仪的热源进行抛光。然后用注射针或聚乙烯的细塑料管从电极尾部充灌电极内液到微电极中备用。

【观察项目】

1. 吉欧姆封接的形成和单通道电流的记录　将分离的大鼠海马单个细胞置于倒置显微

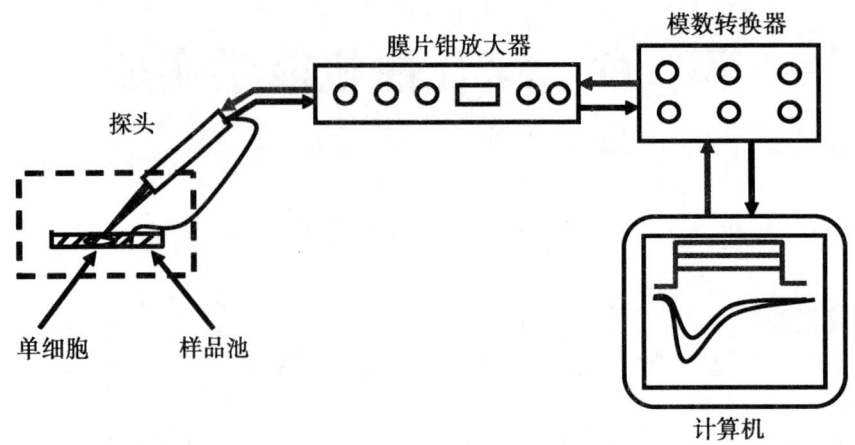

图 3-1　膜片钳实验仪器连接示意图

镜的浴槽中，灌流液冲洗 10 min，待细胞贴壁后，把电极安放于放大器探头上，电极内应给予弱正压以保持尖端通畅、干净。在三维液压操纵器推进下使微电极尖端入浴液，由膜片钳放大器向微电极发放一电压为 10 mV、波宽为 40 ms 的方波脉冲信号，检查电极尖端阻抗及观察封接形成过程。利用微推进器使微电极尖端靠近细胞。当微电极尖端与细胞表面接触后，可见应答电流减小。此时放掉正压，再向微电极尖端施以负压，应答电流进一步减小直至为零，形成吉欧姆封接，达到电化学绝缘。此为细胞贴附式膜片，如给予一个保持电位 -120 mV、指令电位 -50 mV 的刺激，即可以记录到单通道电流（图 3-2）。

2. 神经细胞钠电流的全细胞记录　单通道电流记录之后快速给予较强负压吸引，或给予高电压电击破膜，使电极内液与细胞内液相通，则形成全细胞记录模式，调节快电容补偿，抵消电容性尖峰，调节放大器的慢电容补偿和串联电阻补偿来抵消瞬态电流。

采用电压钳制方式对细胞进行电压钳制，保持电位为 -120 mV，指令电压在 -90～+25 mV，脉冲阶跃为 10 mV，刺激频率为 0.5 Hz，钳制时间为 40 ms，采样频率为 10 kHz，即可引导出全细胞钠通道电流（图 3-3）。在浴液中给予河豚毒素 50 μmol/L 或 I 类抗心律失常药普罗帕酮 20 μmol/L，灌流 10 min 后，观察钠电流幅度的变化。

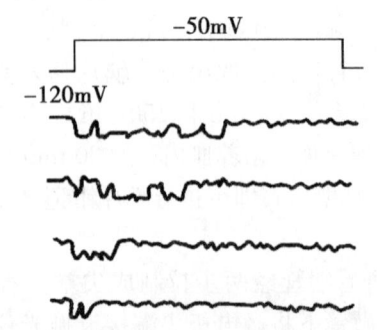

图 3-2　大鼠海马神经元单通道钠电流

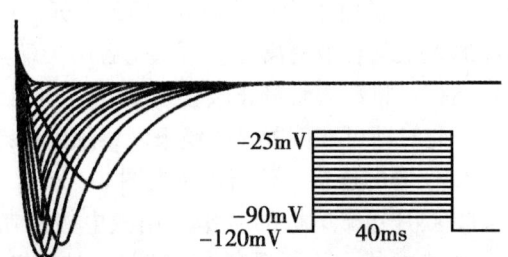

图 3-3　大鼠海马神经元全细胞钠通道电流

【注意事项】
1. 在分离细胞时，注意酶量和消化时间，防止消化过度造成细胞损害，并保证浴液清洁，将有利于高阻封接的形成。
2. 选择贴壁良好、立体感强、折光性好、表面光滑的细胞进行实验，可以提高实验的成功率。
3. 在高阻封接后及实验过程中减少地面震动，以免电极尖端断裂或细胞脱落。

【思考题】
1. 膜片钳实验有几种基本记录模式？其特点是什么？
2. 全细胞记录钠电流的参数是如何设置的？

（孙宏丽）

实验二 大鼠大脑皮层电位记录

【实验目的和原理】
本实验的目的是了解大脑皮层脑电图的记录方法，观察脑电图的基本波形及镇静催眠药对脑电图频率和波幅的影响。

在正常情况下，大脑皮层存在具有一定节律性的自发脑电活动，把引导电极安置于颅外头皮表面所记录的大脑皮层自发电位活动称为脑电图（EEG）。在动物实验或给病人作开颅手术时，也可把引导电极直接安置在大脑皮层表面，这样所记录到的皮层自发电位活动称为脑皮层电图（ECOG）。脑电波是脑内不同神经细胞在某一瞬间兴奋和抑制的综合生物电反应。脑皮层电图与脑电图的波形及其特征基本相同，但脑皮层电图的振幅较脑电图高。

【实验对象】大鼠。

【实验仪器和药品】
BL-420生物机能实验系统、哺乳类动物手术器械、咬骨钳、骨钻、脑立体定位仪、银球引导电极；1%普鲁卡因、75%乙醇、2%碘酊、2%戊巴比妥钠、0.5%地西泮（安定）、502黏合剂。

【实验方法】
1. 手术 大鼠腹腔注射2%戊巴比妥钠溶液2 ml/kg（40 mg/kg），将麻醉动物俯卧位固定于脑立体定位仪上。于头顶正中线切开皮肤，向两侧推开骨骼肌和骨膜，暴露颅骨。
2. 埋藏引导电极 在颅骨表面前囟后5 mm、矢状缝左侧旁开3 mm与右侧旁开2 mm处各钻一孔，分别埋入皮质电位记录的银球引导电极和无关电极，以502黏合剂固定电极。手术完毕后，肌肉注射抗生素。术后1天即可进行实验。

【观察项目】
1. 观察大鼠在清醒时的正常脑皮层电图，测量其波形、频率和波幅。
2. 记录一段正常脑电后，肌肉注射0.5%地西泮0.7 ml/100 g，记录注射后大鼠脑电波形、频率和波幅的变化以及大鼠行为的改变。

【注意事项】
1. 埋藏电极要紧贴在大脑皮层上，防止接触不良。
2. 电极应埋置稳固，导线连接处应牢固，避免滑脱。

【思考题】
1. 脑皮层电图是属于动作电位，还是局部电位？
2. 脑电图与脑皮层电图有何异同？

（王麟）

实验三　生理性止血及影响血液凝固的因素

一、生理性止血功能的测定

【实验目的和原理】

本实验的目的是通过测定出血时间和凝血时间了解机体生理性止血功能的状况，加深对生理性止血机制的认识。

生理性止血是指正常情况下小血管受损后引起的出血在几分钟内自行停止的现象。生理性止血避免了血液的流失，保证机体正常生命活动的进行，是体内的重要保护机制之一。生理性止血主要包括以下三个过程：①受损局部的小血管收缩，封闭血管使血流量减少；②损伤部位血小板激活发生黏附、聚集和释放反应形成松软的血小板血栓；③血液凝固启动形成牢固的止血栓。临床上称小血管损伤出血开始到出血自行停止的时间为出血时间，正常值为1～4 min；而在体外血液发生凝固所需的时间即为凝血时间，正常值为2～8 min。出血时间和凝血时间的长短反映了机体的生理止血功能是否正常。血小板减少或者功能降低、某些凝血因子缺乏或功能异常等均可导致出血时间和（或）凝血时间延长。

【实验对象】人。

【实验仪器和药品】

一次性消毒采血针、计时器、滤纸条、清洁玻片、大头针；75％酒精棉球。

【实验方法】

1. 出血时间的测定　用酒精棉球将耳垂或指端皮肤消毒。采血针刺入皮肤2～3 mm，让血液自然流出。穿刺出血后每隔半分钟用滤纸吸去血滴一次（每次用滤纸条的不同部位），直到血流停止，计数血滴可知出血时间。出血时间正常值为1～4 min。

2. 凝血时间的测定　用酒精棉球将耳垂或指端皮肤消毒。采血针刺入皮肤2～3 mm，让血液自然流出。将第一滴血滴于载玻片上。每隔半分钟用大头针在血滴中挑一次，直至能挑起丝状物为止，此段时间记录的为凝血时间。正常值为2～8 min。

【观察项目】

观察并记录出血时间和凝血时间。

【注意事项】

1. 注意严格消毒。
2. 刺破皮肤后，不要用手挤压破损处。
3. 每次用大头针挑血滴时，要按一定的方向进行，动作不要太快。
4. 将血滴滴于载玻片上以后，不要手持玻片，要将载玻片置于实验台上，避免手的温度影响血液凝固的速度。

【思考题】
1. 生理止血的过程分为哪几步？
2. 测定出血时间与凝血时间有何实际意义？

二、影响血液凝固的因素

【实验目的和原理】

本实验的目的是让学生了解影响血液凝固的因素，掌握加速或延缓血液凝固的方法和原理。

血液凝固是一种发生在血浆中由许多因子参与的复杂的生物化学连锁反应过程。其最终结果是血浆中的纤维蛋白原变成纤维蛋白，即血浆由流体状态变成凝胶状态。根据激发凝血反应的原因和凝血酶原复合物形成途径的不同，可将血液凝固分为内源性激活途径和外源性激活途径。内源性激活途径是指参与凝血过程的全部因子存在于血浆中，而外源性激活途径指在组织因子的参与下的血凝过程，凝血时间较前者短。

本实验采用颈总动脉放血取血，血液几乎未与组织因子接触，其发生的凝血过程基本上可以看作是由血浆中凝血因子启动的内源性凝血。

血液凝固过程受许多因素的影响，除凝血因子可直接参与血凝过程外，某些化学、物理及生物因素，例如温度、接触表面粗糙程度及一些抗凝因素等都会对这一过程产生影响。

【实验对象】家兔。

【实验仪器和药品】

兔手术台、哺乳类手术器械、动脉夹、动脉插管、三通、注射器、干燥试管 6 支、试管架、手表、纱布碎屑、恒温水浴箱、烧杯；20％氨基甲酸乙酯、枸橼酸钠、2％$CaCl_2$、生理盐水、液状石蜡。

【实验方法】

1. 取 6 支干燥试管及烧杯，编号备用。
2. 家兔称重，耳缘静脉注射 20％氨基甲酸乙酯 5 ml/kg，观察到家兔角膜反射消失时停止麻醉，将家兔仰卧固定于兔手台上。剪去颈部正中的毛，在正中切开颈部，分离皮下组织和肌肉，暴露气管后，在气管旁沟找到颈动脉鞘，分离一侧颈总动脉穿双线，远心端用线结扎阻断血流，近心端夹上动脉夹。在动脉靠近头端一侧斜向剪口，插入事先充满肝素的动脉插管，用另一线固定动脉插管以备取血。
3. 放开动脉夹，向每个试管中加入血液 1 ml 左右。放血前，6 支试管及烧杯分别按表 3-1 中条件准备。

【观察项目】

自血液置入试管中起开始计时，每隔半分钟将试管缓慢倾斜一次，观察液面，记录各管血液凝固的时间，填入表 3-1 内，并分析其原因。

【注意事项】

1. 判断凝血的标准要以倾斜试管达 45°时，试管内血液不再流动为准。
2. 各试管口径及采血量要相对一致。
3. 加入血液后，要将试管与内容物混匀。

表 3-1 记录血液凝固时间

各种条件	凝血时间	结果分析
1. 室温		
2. 加少许棉花于试管底部		
3. 均匀涂以石蜡油于壁内		
4. 冰水槽		
5. 温水槽		
6. 加少许枸橼酸钠如不凝再加 $CaCl_2$		
7. 烧杯接血 10 ml,玻璃棒搅拌		

【思考题】
1. 血液凝固的机制及影响血液凝固的因素?
2. 分析各管中血液凝固速度不同的原因。

(纪中)

实验四 各种离子及药物对离体蟾蜍心脏活动的影响

【实验目的和原理】

本实验的目的是学会制备离体蛙心及离体蛙心灌流的方法,并观察 K^+、Na^+、Ca^{2+} 三种离子,去甲肾上腺素,乙酰胆碱,温度,酸碱度等诸多因素对心脏活动的影响。

两栖类动物蟾蜍或蛙的心脏正常起搏点静脉窦能自动产生节律性兴奋。将离体蛙心用与其血浆理化特性近似的林格液灌流,在一定时间内仍可保持兴奋性和节律性。改变灌流液的组成成分,这种有节律舒缩活动也随之发生改变,说明内环境理化因素的相对稳定是维持心脏正常节律活动的必要条件。一旦这种适宜的理化环境被干扰或破坏,心脏的活动就会受到影响。

心脏受自主神经的双重支配,交感神经兴奋时,其末梢释放去甲肾上腺素,使心肌收缩力加强,传导速度增快,心率加快;而迷走神经兴奋时,其末梢释放乙酰胆碱,使心肌收缩力减弱,心率减慢。通过实验使学生对递质、受体、受体兴奋剂及受体阻断剂的概念有初步的感性认识。

毒毛花苷 K 属于强心苷类药物,可抑制 Na^+-K^+-ATP 酶,使细胞内失钾,最大舒张电位绝对值减小,接近阈电位,使自律性提高,K^+ 外流减少而使 ERP 缩短,故强心苷中毒时出现室性心动过速或室颤。

利多卡因是 I b 类钠通道阻滞药,对正常心肌组织的电生理特性影响小,对除极化组织的钠通道(处于失活态)阻滞作用强,因此对于强心苷中毒所致的除极化型心律失常有较强抑制作用。利多卡因能减小动作电位 4 相除极速率,提高兴奋阈值,降低自律性。

【实验对象】蟾蜍。

【实验仪器和药品】

BL-420 生物机能实验系统、张力换能器、万能支架、双凹夹、试管夹、蛙心插管、蛙心夹、蛙类手术器械、滴管2支、大烧杯2个、温度计、恒温水浴、棉线；林格液、0.65% NaCl、2%$CaCl_2$、1%KCl、3%乳酸、2.5%$NaHCO_3$、1∶10000 去甲肾上腺素、1∶100000 乙酰胆碱、0.1%普萘洛尔、5∶10000 阿托品、0.25%毒毛花苷K、0.05%利多卡因。

【实验方法】

1. 制备离体蛙心

(1) 破坏蛙的脑和脊髓，仰卧于蛙板上，从剑突下剪开皮肤后，剪掉胸廓，充分暴露心脏。

(2) 用小镊子提起心包膜，用眼科剪剪开心包膜，仔细辨认心房、心室、动脉圆锥、主动脉、静脉窦及前后腔静脉。

(3) 在左右主动脉下方穿一线备用，用小镊子将左主动脉提起，用眼科剪在左主动脉表面剪一斜口，将盛有林格液的插管插入主动脉，插至动脉圆锥时，稍向后退经主动脉瓣插入心室内。若插管成功，液面会随心脏的收缩而上下波动。用动脉下方的备用线结扎插管，并将结扎线固定于插管侧钩上。

(4) 提起插管，剪断结扎线远端动脉及周围血管，将心脏离体。用吸管将插管内血液用林格液换洗直至完全澄清。

2. 连接仪器　用试管夹将蛙心插管固定于万能架台上，蛙心夹在心室舒张期夹在蛙心尖部，将蛙心夹上的线连至张力换能器的弹簧片上（切勿让心脏受到过度牵拉），将张力换能器连到 BL-420 生物机能实验系统（图3-4）。

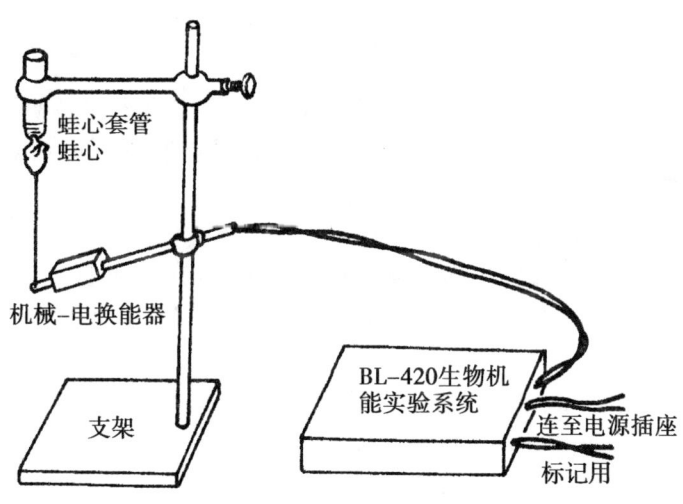

图3-4　蛙心灌流装置示意图

【观察项目】

1. 描记心脏的正常收缩曲线。

2. 观察不同离子对心脏收缩的影响

(1) 吸出插管内全部灌流液，加入 0.65% NaCl 溶液，观察心脏收缩曲线改变。效应明显后，吸出灌流液，用新鲜林格液冲洗至收缩曲线恢复正常。

(2) 加1~2滴 2%$CaCl_2$ 溶液于灌流液中，观察收缩曲线的改变。效应明显后，用新鲜林格液冲洗至曲线恢复正常。

(3) 加 1～2 滴 1‰ KCl 溶液于灌流液中，观察曲线改变。效应明显后，用林格液冲洗至曲线恢复正常。

3. 递质和药物对心脏收缩的影响

(1) 加 1～2 滴 1∶10000 去甲肾上腺素溶液于灌流液中，观察收缩曲线改变。效应明显后，用新鲜林格液冲洗至曲线恢复正常。

(2) 加 1～2 滴 0.1% 普萘洛尔溶液，出现效应后立即滴入 1～2 滴去甲肾上腺素溶液，观察心跳变化并与（1）项结果比较，然后换液。

(3) 加 1 滴 1∶100000 乙酰胆碱溶液于灌流液中，观察收缩曲线改变。效应明显后，用新鲜林格液冲洗至曲线恢复正常。

(4) 加 1～2 滴 5∶10000 阿托品溶液，出现效应后立即滴入 1～2 滴乙酰胆碱溶液，观察心跳变化并与（3）项结果比较，然后换液。

(5) 将 0.25% 毒毛花苷 K 溶液 1～2 滴置于灌流液中，观察收缩曲线变化，待效应明显后，立即加 0.05% 利多卡因 1～2 滴，观察心跳变化。

4. 温度对心脏收缩的影响 将插管内的林格液吸出，加入 4℃ 的林格液，观察收缩曲线变化。效应明显后，用室温的林格液冲洗至曲线恢复正常。

5. 酸碱度对心脏收缩的影响

(1) 加 2.5% $NaHCO_3$ 溶液 1～2 滴至灌流液中，观察收缩曲线变化。待效应明显后，用新鲜林格液冲洗至曲线恢复正常。

(2) 加 3% 乳酸溶液 1～2 滴至灌流液中，观察收缩曲线改变。待效应明显后，再加 1～2 滴 $NaHCO_3$ 溶液，观察曲线改变，换液冲洗至曲线恢复正常。

【注意事项】

1. 游离蛙心时，必须保留静脉窦，勿伤及静脉窦。随时滴加林格液使心脏保持湿润。

2. 每次滴加试剂出现明显效应后，应立即吸出全部灌流液，并迅速以新鲜的林格液换洗，待心跳恢复正常后，再进行下一个步骤。

3. 每项实验均应有正常对照。每次换液时，插管内的液面应保持恒定的高度。

4. 每次加药时，要及时标记，以便观察分析。加试剂时应先加 1～2 滴，如果作用不明显时可再补加。实验中液体种类较多，注意避免通过滴管交叉污染，影响实验结果。

【思考题】

1. 蛙心收缩曲线幅度、疏密的改变反映了什么？有何意义？
2. 为什么每次换液时插管内的液面应保持恒定的高度？
3. 分析各种因素对心脏收缩影响的机制。

(纪中　卢春凤)

实验五　药物对兔血压的影响及其受体机制分析

【实验目的和原理】

本实验的目的是学习哺乳动物动脉血压的直接描记方法，观察神经、体液因素以及受体兴奋剂或者阻断剂对动脉血压的影响，从而加深对动脉血压的调节及药物作用机制的理解。

动脉血压是指血管内的血液对单位面积血管壁的侧压力。血压的形成首先是由于心血管系统内有充盈的血液,其次是心脏射血。另外,血管壁弹性而产生对血液的一定阻力(外周阻力)也参与血压的维持。因此,血压的形成和维持是由机体的心血管活动共同完成的,而心血管活动又受神经、体液和血液中化学物质的调节影响。支配心脏活动的神经主要是心交感神经和迷走神经,心交感神经兴奋时心搏加快、心肌收缩力加强和传导加速,从而使心排血量增加,动脉血压升高;心迷走神经兴奋时心搏减慢、心肌收缩力减弱,心排血量因此减少,动脉血压降低。支配血管平滑肌的神经统称为血管运动神经,包括缩血管神经和舒血管神经。交感缩血管神经兴奋时血管平滑肌收缩,血管口径变小,外周阻力增加,动脉血压升高。另外,神经调节还可通过各种心血管反射实现,其中最重要的是颈动脉窦和主动脉弓压力感受性反射,即减压反射。此反射在主动脉受到强大血流刺激时兴奋,经传入神经使心血管抑制中枢兴奋,由此抑制外周交感神经,使心脏抑制而心搏减慢、血管舒张而血压下降。

同时,动脉血压也可受到相应药物的影响。传出神经系统药物如肾上腺素、去甲肾上腺素、异丙肾上腺素、乙酰胆碱、酚妥拉明、普萘洛尔、阿托品等均能影响心血管系统活动,其主要作用机制是这些药物能与心肌和血管平滑肌上的受体结合而产生兴奋或阻断受体作用。支配心脏、血管活动的受体主要有 α、β、M 受体。α 受体主要存在于血管平滑肌中,激动 α 受体导致血管收缩,动脉血压升高。β 受体包括两大类型:$β_1$ 受体主要存在于心肌中,激动 $β_1$ 受体会使心搏加快、心肌收缩力加强和传导加速;$β_2$ 受体主要存在于血管平滑肌和支气管中,激动 $β_2$ 受体能使血管舒张,动脉血压降低。M 受体主要分布于心肌、平滑肌和腺体,激动 M 受体使心率减慢、心肌收缩力减弱、血压降低。本实验所用药物中肾上腺素是 α、β 受体激动药,去甲肾上腺素是 α(也可作用于 β)受体激动药,阿托品是 M 受体阻断药,它们可升高血压或加快心率;普萘洛尔是 β 受体阻断药,乙酰胆碱是 M 受体激动药,酚妥拉明是 α 受体阻断药,它们与血压降低有关。异丙肾上腺素是 $β_1$ 和 $β_2$ 受体激动药,作用于动脉血管可使血压下降,但同时兴奋心脏而使心排血量增加,因而,血压下降的幅度较小。由此可见,不同的药物作用于不同部位可产生不同效应。

【实验对象】 家兔。

【实验仪器和药品】

BL-420 生物机能实验系统、哺乳类动物手术器械、压力换能器、玻璃分针、注射器(1 ml、2 ml、若干)、静脉输液管、动脉插管、三通、动脉夹、丝线、5 号注射针头、小烧杯、万能支架;20% 氨基甲酸乙酯、0.85% 生理盐水、0.85% 肝素生理盐水、0.001% 酒石酸去甲肾上腺素、0.001% 盐酸肾上腺素、0.001% 硫酸异丙肾上腺素、酚妥拉明、盐酸普萘洛尔、1∶100000 乙酰胆碱、1∶100 乙酰胆碱、1∶1000 阿托品、1∶100 阿托品。

【实验方法】

1. 麻醉与固定 取家兔 1 只,称重,耳缘静脉缓慢注射 20% 氨基甲酸乙酯(5 ml/kg)麻醉,仰卧位固定于手术台上。

2. 连接实验装置 将压力换能器连接到任一输入通道,以橡皮管连接动脉插管;用注射器通过动脉插管三通的侧管,使用肝素生理盐水驱除动脉插管、与之相通的橡皮管和换能器压力腔内全部空气。然后,封闭压力换能器的侧管和动脉插管三通侧管,移去注射器,若此时系统内全部液体未见减少,说明系统无漏气现象。留待进行颈总动脉插管。

3. 手术

(1) 剪去颈部兔毛,正中切开皮肤 5~7 cm,钝性分离皮下组织,分离暴露颈外静脉,行颈外静脉插管,连接静脉输液装置。低速输入生理盐水以保持输液通道通畅。同时输注肝素致全身血液肝素化。实验药物均用注射器从颈外静脉输液通道输注体内。

（2）暴露分离气管，在两侧气管旁沟小心分离两侧颈总动脉鞘，仔细辨别鞘内的颈总动脉和神经。仔细分离颈总动脉，穿双线备用。

（3）在一侧颈总动脉远心端结扎动脉，完全阻断血流；以动脉夹夹住动脉近心端，暂时阻断血流。结扎处与动脉夹之间长度越长越好，至少应3 cm。用眼科剪在靠结扎处的远心端做一切口（切勿完全剪断，切口约为管径一半），将装有肝素抗凝剂的动脉插管以向心方向插入，并结扎固定于与此连接三通的侧管上，防止插管滑脱。

4. 启动BL-420生物机能实验系统 从软件主界面菜单条的"实验"菜单中选择"动脉血压调节"项；或1通道描记"压力"（动脉血压），其他不使用的通道关闭。

【观察项目】

1. 肾上腺素受体激动剂和阻断剂的作用观察

（1）观察肾上腺素受体激动剂对血压的作用

1) 静脉注射肾上腺素0.1 ml/kg，然后观察并记录血压曲线的变化。

2) 静脉注射去甲肾上腺素0.1 ml/kg，然后观察并记录血压曲线的变化。

3) 静脉注射异丙肾上腺素0.1 ml/kg，然后观察并记录血压曲线的变化。

（2）观察α肾上腺素受体阻断剂酚妥拉明对肾上腺素受体激动剂对血压作用的影响

1) 静脉缓慢注入酚妥拉明1 mg/kg，用药2 min后再给予下列药物。

2) 静脉注射肾上腺素0.1 ml/kg，然后观察并记录血压曲线的变化。

3) 静脉注射去甲肾上腺素0.1 ml/kg，然后观察并记录血压曲线的变化。

4) 静脉注射异丙肾上腺素0.1 ml/kg，然后观察并记录血压曲线的变化。

（3）观察β肾上腺素受体阻断剂普萘洛尔对肾上腺素受体激动剂对血压作用的影响

1) 静脉缓慢注入普萘洛尔0.5 mg/kg，用药5 min后再给予下列药物。

2) 静脉注射肾上腺素0.1 ml/kg，然后观察并记录血压曲线的变化。

3) 静脉注射去甲肾上腺素0.1 ml/kg，然后观察并记录血压曲线的变化。

4) 静脉注射异丙肾上腺素0.1 ml/kg，然后观察并记录血压曲线的变化。

2. M胆碱受体激动剂和阻断剂的作用观察

（1）观察胆碱受体激动剂乙酰胆碱和阻断剂阿托品对血压的作用

1) 静脉注射乙酰胆碱（1∶100000）0.1 ml/kg，然后观察并记录血压曲线的变化。

2) 静脉注射阿托品（1∶1000）0.1 ml/kg，然后观察并记录血压曲线的变化。

3) 静脉注射乙酰胆碱（1∶100000）0.1 ml/kg，然后观察并记录血压曲线的变化。

（2）观察大剂量阿托品和大剂量乙酰胆碱对血压的作用

1) 静脉注射乙酰胆碱（1∶100）0.1 ml/kg，然后观察并记录血压曲线的变化。

2) 静脉注射阿托品（1∶100）0.1 ml/kg，然后观察并记录血压曲线的变化。

3) 静脉注射乙酰胆碱（1∶100）0.1 ml/kg，然后观察并记录血压曲线的变化。

3. 根据血压曲线的变化，分析受体激动剂和阻断剂对血压的作用，及与α受体、β受体和M受体的关系。将血压的变化曲线编辑打印处理。

【注意事项】

1. 肾上腺素等药物静脉注射时容积小，要求注射速度要快，阻断剂则须缓慢注入。

2. 每次注入药物后，再滴注少量的生理盐水，使输液管内的药物全部进入体内，保证药物发挥作用。

【思考题】
1. 肾上腺素受体激动剂有几类？主要作用及机制？
2. 肾上腺素受体阻断剂有几类？主要作用及机制？
3. 胆碱受体激动剂有几类？主要作用及机制？
4. 胆碱受体阻断剂有几类？主要作用及机制？

（曹永刚）

实验六　动脉血压的调节及急性失血性休克的治疗

【实验目的和原理】

本实验的目的是以动脉血压为指标，观察神经、体液因素对动脉血压的影响，加深对动脉血压形成原理的理解；通过复制失血性休克动物模型，观察休克发生发展过程中心血管系统的病理生理学变化，掌握急性失血性休克的防治原则。

动脉血压是综合反映心血管功能的重要指标。动脉血压的高低主要取决于心输出量、外周阻力、循环血量与血管系统容积等因素，因此，凡能影响心输出量、外周阻力及循环系统充盈度的各种因素均能影响动脉血压。在整体条件下，心血管活动受神经和体液因素调节。

心脏主要受交感神经和迷走神经支配，心交感神经兴奋时，心率加快，收缩力加强，使心输出量增加，从而使动脉血压升高。而心迷走神经兴奋时，心率减慢，心肌收缩力减弱，使心输出量减少，动脉血压降低。绝大多数血管都受交感缩血管神经支配，兴奋时使血管收缩，外周阻力增加，血压升高。心血管活动的神经调节主要是通过各种心血管反射来实现的，其中较重要的反射是颈动脉窦和主动脉弓压力感受性反射（即减压反射），通过改变心输出量和外周阻力，从而调节动脉血压。心血管活动除受神经调节外，还受血液和组织液中的化学物质的影响，如肾素-血管紧张素系统、肾上腺素、去甲肾上腺素及血管升压素等可以对心脏和血管的活动进行全身或局部体液调节。

休克是以机体循环系统的功能紊乱，尤其是微循环功能障碍为主要特征，并可导致器官功能衰竭等全身调节紊乱性病理过程。由于血容量减少引起的休克，称为低血容量性休克，见于失血、失液、烧伤等。如果失血量较少，不超过总血量的10%，则通过神经和体液的调节即可使血量逐渐恢复，不会出现明显的心血管机能障碍和临床症状，如果失血量较大，达到总血量的20%时，各种调节机制则不足以使心血管机能得到代偿，就会导致一系列的临床症状。在临床上休克的病人表现出典型的"三低一高"现象：动脉血压降低、心输出量降低、中心静脉压降低，总外周阻力升高。典型的失血性休克发病机制按微循环的改变可分为休克Ⅰ期（微循环缺血性缺氧期）、休克Ⅱ期（微循环淤血性缺氧期）、休克Ⅲ期（微循环衰竭期）。休克的防治原则是应在去除病因的前提下采取综合措施（纠酸、扩容、合理应用血管活性药及防治细胞损伤等），支持生命器官的血液灌流和防止细胞损害。

【实验对象】家兔。
【实验仪器和药品】

BL-420生物机能实验系统、哺乳类动物手术器械、压力换能器、玻璃分针、注射器（1 ml、2 ml、10 ml、50 ml）、静脉输液管、气管插管、动脉插管、三通、动脉夹、保护电极、丝线、小烧杯、兔手术台；20%氨基甲酸乙酯、肝素、生理盐水、1∶10000肾上腺素、去甲肾上腺素、山莨菪碱。

【实验方法】

1. 麻醉与固定　取家兔1只称重，然后于耳缘静脉缓慢注入20%氨基甲酸乙酯（5 ml/kg），麻醉成功后将家兔仰卧位固定于兔手术台上。

2. 连接实验装置

（1）将刺激输出插头连接至刺激输出插孔上。

（2）将压力换能器输入端插入1通道，以橡胶管连接动脉插管；用注射器通过动脉插管三通的侧管，使用肝素生理盐水驱除动脉插管、与之相通的橡皮管和换能器压力腔内全部空气。然后，封闭压力换能器的侧管和动脉插管三通侧管，移去注射器，若此时系统内全部液体未见减少，说明系统无漏液现象，留待进行颈总动脉插管。

3. 手术

（1）剪去颈部的被毛，在甲状软骨下正中切开皮肤5～7 cm，钝性分离皮下组织，分离右侧颈外静脉，行颈外静脉插管，并连接静脉输液装置。低速输入生理盐水以保持输液通道通畅。

（2）在两侧气管旁沟，小心分离出两侧颈总动脉鞘，仔细辨别鞘内的颈总动脉和迷走神经（最粗）、交感神经（较细）及减压神经（最细）。一般先分离减压神经和交感神经，然后再分离迷走神经和颈总动脉。每条神经分离出2～3 cm，其下各穿双线备用。双侧颈总动脉也穿双线备用。

（3）颈外静脉注射肝素1 ml，使全身血液肝素化。

（4）在左侧颈总动脉远心端结扎动脉，完全阻断血流；以动脉夹夹住动脉近心端，暂时阻断血流。结扎处与动脉夹之间长度越长越好，至少应3 cm。用眼科剪在靠结扎处的远心端做一切口（切勿完全剪断，切口约为管径一半），将充灌有肝素抗凝剂的动脉插管以向心方向插入，并结扎固定于与此连接三通的侧管上，防止插管滑脱。

（5）在左侧腹股沟处，沿股动脉方向做皮肤切口，分离出左侧股动脉。股动脉内插入动脉插管，通过三通活塞连接储血瓶，以备用于放血。

4. 启动BL-420生物机能实验系统　从软件主界面菜单条的"实验项目"菜单"循环实验"中选择"动脉血压调节"项；或1通道选择"压力"（动脉血压）。其他不使用的通道关闭。

【观察项目】

1. 观察和记录正常动脉血压曲线　松开颈总动脉近心端的动脉夹，打开三通活塞，使压力信号经换能器输入系统，观察出现的正常血压曲线。血压曲线有时可以看到三级波（图3-5）：

（1）一级波（心搏波）：伴随心脏收缩和舒张出现的血压波动，与心率一致。

（2）二级波（呼吸波）：伴随呼吸运动出现的血压波动，与呼吸节律一致。

（3）三级波：产生原因尚不十分清楚，可能与血管运动中枢紧张的周期性变化有关。

同时观察记录皮肤黏膜颜色，耳廓血管口径及血流变化等。

2. 夹闭颈总动脉　以动脉夹夹闭右侧颈总动脉5～10 s，观察血压的变化，并进行标记。

3. 刺激减压神经　将刺激器设为连续单刺激，输出连续脉冲经保护电极刺激右侧减压神经，观察血压的变化，并进行标记。

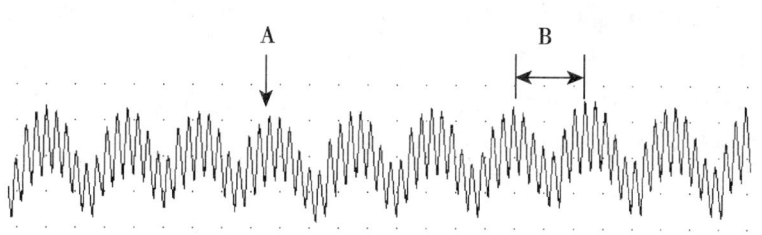

图3-5 正常血压波形
A：一级波；B：二级波

4. 静注肾上腺素 从颈外静脉通道输注1：10000的肾上腺素0.3 ml，观察血压及耳廓血管口径的变化，并进行标记。

5. 复制急性失血性休克模型 打开股动脉插管三通的侧管进行放血，先少量放血，放血量约占全血量的10%（全血量约为体重的7%或70 ml/kg）至储血瓶（预放肝素抗凝）中备用，然后停止放血，观察动脉血压、呼吸等的变化。少量放血10 min使血压稳定在低水平后，再次放血10%血量，放血时间为3～5 min，切勿过快。可见血压开始迅速下降，以后略有回升，待血压稳定在40 mmHg后，停止放血。此时动物处于失血性休克状态，观察记录家兔一般情况，呼吸、皮肤黏膜等的变化。

6. 实验性抢救 根据失血性休克的病理生理变化及防治原则，设计四组抢救方案，观察并记录下列各组措施的抢救效果。

(1) 颈外静脉输液组：仅输入与失血量等量的生理盐水，观察血压的变化。

(2) 去甲肾上腺素组：自颈外静脉缓慢输入含1 mg去甲肾上腺素的生理盐水20 ml，观察血压的变化。

(3) 山莨菪碱组：自颈外静脉缓慢注入含2 mg山莨菪碱的生理盐水20 ml，观察血压的变化。

(4) 单纯输血组：将储血瓶内的血液全部自颈外静脉快速输回，观察血压的变化。

7. 在上述前三组完成抢救措施后，将储血瓶内的血液全部输回，观察血压的变化；待血压维持在80～120 mmHg之间后，再进行以下实验项目。

(1) 刺激迷走神经：以双线结扎右侧迷走神经，从两线间剪断分别以保护电极刺激迷走神经中枢端和外周端，观察血压变化并标记。

(2) 刺激交感神经：先观察比较两耳血管网情况及耳朵颜色，然后结扎切断右颈交感神经，并以保护电极刺激交感神经外周端，观察切断前、后及电刺激对右耳颜色及血管网的影响并记录。

(3) 刺激减压神经：以双线结扎并切断减压神经后，以保护电极刺激减压神经的外周端及中枢端，观察血压变化并标记。

【注意事项】

1. 麻醉深浅要适度，注射时间不少于3 min，至角膜反射消失、肌紧张消失为止，过量易致呼吸抑制而死亡。

2. 手术过程中应尽量避免出血。分离神经时应特别仔细，操作要轻，切勿过度牵拉，以免损伤神经，特别是迷走神经。

3. 在整个实验过程中，均需注意保持动脉插管在颈总动脉内，避免刺破动脉或滑脱。

4. 插管前一定要排尽插管内、胶管内及压力换能器腔内的气泡，保证液体传递压力。插管所用的塑料管均应肝素化，以防止血液凝固。

5. 实验过程中应经常观察动物的状态（如呼吸、肢体运动等）。每观察一个项目，需待血压基本恢复正常后，再进行下一个项目的观察。

6. 放血量不宜过多，当血压下降至 30 mmHg 以下时，抢救效果不佳。

7. 实验结束后，要认真清洗压力换能器，并清洗各器械及实验用品。

【思考题】
1. 心血管活动的神经、体液调节机制如何？动脉血压是如何保持相对稳定的？
2. 夹闭一侧颈总动脉对血压有何影响？机制如何？
3. 刺激减压神经对血压有何影响？机制如何？
4. 失血性休克的救治原则及各组抢救措施的效果如何？为什么？

（孙宏丽）

实验七　急性右心衰竭及其药物治疗

【实验目的和原理】

本实验的目的是掌握急性右心衰竭模型的复制方法，急性右心衰竭时血流动力学的主要改变及心力衰竭发病机制及病理生理变化。了解急性右心衰竭抢救措施。

心力衰竭是指在各种致病因素作用下，心脏的收缩（和）或舒张功能障碍，使心泵功能低下，心输出量下降，不能满足机体组织代谢需要的一种病理生理过程或综合征。

引起心衰的原因有心脏本身的病变，如心肌炎、心肌病；心肌缺血、缺氧如冠状动脉的栓塞；心脏前后负荷增大如肺动脉栓塞、肺动脉高压，使后负荷增大即压力负荷增大；血容量增多、增大了心脏的前负荷即容量负荷，如室间隔缺损等。

由耳缘静脉缓慢注入栓塞剂，经静脉回流至肺脏，并栓塞在肺循环内，引起肺动脉高压，即右心室后负荷增加。如再输入大量生理盐水，使回心血量大大增加，则在右心室后负荷增加的基础上，又增加了前负荷，右心负荷过重，导致急性右心衰竭，其症状越来越重，甚至出现腹水，直至动物死亡。

心力衰竭抢救：

尼可刹米又名可拉明，是呼吸中枢兴奋剂，主要兴奋延脑呼吸中枢，还可刺激颈动脉体和主动脉体间接作用于呼吸中枢，使呼吸加深、加快，当呼吸中枢受抑制时，该药的作用更明显，能提高呼吸中枢对 CO_2 的敏感性，可以暂时缓解肺水肿时的呼吸困难。在本实验中可用于肺水肿的抢救，缓解呼吸困难症状。

利尿药在心衰的治疗中起着重要的作用，它促进 Na^+、H_2O 的排泄，减少血容量，降低心脏前、后负荷，消除或缓解静脉淤血及其所引发的肺水肿和外周水肿。呋塞米是高效利尿药，静脉注射能迅速扩张容量血管，使回心血量减少，在利尿作用发生之前即可缓解急性肺水肿，同时促进 Na^+、H_2O 的排泄，减少血容量，降低心脏前、后负荷。

毒毛花苷是强心苷类药物，正常量时起强心作用，可与 $Na^+ - K^+ - ATP$ 酶结合，并部分抑制该酶活性，使胞内 [Na^+] 升高 [K^+] 降低。通过 $Na^+ - Ca^{2+}$ 交换机制钙入钠出，导致胞内［Ca^{2+}］增高，心肌细胞兴奋收缩耦联增强，心肌收缩力增强，因此对心衰发挥治疗作用。

急性心力衰竭的治疗原则是针对症状制定合理的抢救措施、确定并治疗诱因、诊断和治疗基本病因。但是临床上急性心力衰竭病因较多，临床表现复杂，我们必须针对具体情况合理选用适宜的药物，才能达到良好的抢救和治疗效果。

【实验对象】家兔。

【实验仪器和药品】

BL－420生物机能实验系统、哺乳类动物手术器械、打印机、婴儿秤、兔手术台、压力换能器、呼吸换能器、5 ml、10 ml、20 ml注射器各1个、针头、听诊器、输液瓶、静脉输液管、气管插管、动脉插管、三通、动脉夹、胶管、200 ml烧杯、污物缸、20％氨基甲酸乙酯、生理盐水、液体石蜡、0.1％肝素、0.25 mg/ml毒毛花苷K、20 mg/2 ml呋塞米、原浓度尼可刹米。

【实验方法】

1. 麻醉与固定　取家兔1只称重，然后于耳缘静脉缓慢注入20％氨基甲酸乙酯（5 ml/kg），麻醉后仰卧位固定于兔解剖台上（保留一侧耳缘静脉，用来注射肝素和液体石蜡）。

2. 气管分离　沿甲状软骨下正中切开皮肤5～7cm，气管分离及插管，连接呼吸换能器，描记呼吸。

3. 血管分离　分离一侧颈总动脉及两侧颈外静脉，颈外静脉分布很浅，在皮下胸锁乳突肌外缘。将右侧切开的皮肤，用手指在皮肤外面向上顶起，即可见到该静脉。用止血钳沿血管走行方向钝性分离，分离长度3～4 cm，穿两线备用。对侧同上。颈总动脉位于气管两侧，用手触之有搏动感。颈总动脉与颈部神经被束在颈动脉鞘内，细心分离左侧颈总动脉鞘膜，分离颈总动脉长4～5 cm，穿两根线备用。

4. 全身肝素化　耳缘静脉注射0.1％肝素溶液（2 ml/kg）。

5. 连接实验装置

（1）颈总动脉插管，通过压力换能器与生物机能实验系统相连，用于测量血压。

（2）左侧颈外静脉插静脉导管，待输液用。

（3）右侧颈外静脉插管，深度约5～7 cm，通过压力换能器与生物机能实验系统相连，用于测量中心静脉压。

6. 启动BL－420生物机能实验系统　1通道选择"压力"（动脉血压）；2通道选择"中心静脉压"；3通道选择"呼吸"。

【观察项目】

1. 描记正常呼吸、血压曲线，记录中心静脉压，做肝-CVP返流实验（用手轻推压右肋弓下3 s，中心静脉压上升以cmH_2O表示）。

2. 上述指标测定后耳缘静脉缓慢注射加热至38℃的液体石蜡0.5 ml/kg，同时观察血压和呼吸等变化。注射时观察记录呼吸、血压、中心静脉压的变化，如有一项波形出现明显变化时立即做标记。

3. 继续观察各项指标的变化，液体石蜡注射完5 min以后，以约每分钟5 ml/kg的速度大量输入生理盐水，随时记录各项指标的变化，其中一项如有明显变化在显示器上做标记。如输液超过300 ml各项指标无明显变化时，停止滴注（即将输液速度调节到最慢，以输液管内血液不凝为宜），再注射一次相同剂量的液体石蜡，5 min后再开始大量输液。输液过程中密切观察各项指标的变化：呼吸、血压、心率、中心静脉压、肝-CVP返流实验。当血压轻度下降，中心静脉压明显上升时，抢救。

4. 抢救　停止输液，根据实验室提供的药品，自行选择和设计抢救方案。
(1) 耳缘静脉注射原浓度尼可刹米 (0.5 ml/kg)。
(2) 从输液管给药 20 mg/2 ml 的呋塞米 (0.3 ml/kg)。
(3) 从输液管给药 0.25 mg/ml 的毒毛花苷 K (0.1 ml/kg)。

5. 实验结束，打印输出呼吸、血压、中心静脉压的曲线变化图。

6. 动物解剖　非治疗组动物死亡或抢救组完成实验后，挤压动物胸壁，观察气管内有无分泌物溢出，并注意其性状。剖开胸、腹腔（注意不要损伤脏器和大血管），观察有无胸水、腹水及其量；观察心脏各腔体积；肺外观和切面观；肠系膜血管充盈情况，肠壁有无水肿；肝脏体积和外观情况。最后剪破腔静脉，让血液流出，观察此时肝脏和心腔体积的变化。

7. 实验结果记录于表 3-2。

表 3-2　急性实验性右心衰竭实验结果

一般情况	呼吸		心跳		血压 (mmHg)	中心静脉压 (cmH_2O)	尸检
	频率	深度	频率	强弱			
心衰前（正常）							
心衰后							
给药后							

【注意事项】

1. 颈外静脉浅在、壁薄，分离时应仔细钝性分离，切忌用剪刀剪切。切忌粗暴，以免弄破。

2. 静脉导管的插入深度为 5~7cm，在插管过程中如遇阻力，可将导管稍微退出，调整方向再插，切忌硬插。

3. 液体石蜡注入速度要慢，否则易引起家兔发生急性肺栓塞而迅速死亡。

4. 若输液量已超过 2000 ml/kg，而动物各项指标变化仍不显著时，可再补充注入栓塞剂。

5. 尸检时注意不要损伤胸、腹腔血管，以免影响对胸腹水的观察。

【思考题】

1. 如何制订急性右心衰竭的治疗原则，为什么？
2. 尸检时可见到哪些临床表现，各项变化的病理生理基础是什么？
3. 肝-CVP 返流实验阳性说明什么？其机制是什么？
4. 如剪断肺动脉无油滴样液体流出说明什么？

（吴红）

实验八　哇巴因对心脏的毒性及利多卡因的抗心律失常作用

【实验目的和原理】
　　本实验的目的是要学会哇巴因诱发心律失常的建模方法，并观察利多卡因对哇巴因诱发心律失常的治疗作用。
　　哇巴因诱发心律失常可能主要是抑制心肌细胞膜上的 $Na^+ - K^+ - ATP$ 酶，使心肌细胞内缺少 K^+，导致心肌细胞的静息膜电位和最大舒张电位减小（负值变小），而引起心肌自律性增高。利多卡因对除极化组织的钠通道（处于失活态）阻滞作用强，因此对于缺血或强心苷中毒所致的除极化型心律失常有较强抑制作用。利多卡因能减少动作电位 4 相除极速率，提高兴奋阈值，降低自律性。

【实验对象】家兔。

【实验仪器和药品】
　　婴儿台秤、兔手术台、兔绳、注射器（10 ml、20 ml）、心电电极、BL - 420 生物机能实验系统；20％氨基甲酸乙酯、0.01％哇巴因、0.5％利多卡因等。

【实验方法】
　　1. 取家兔 1 只称重后，耳缘静脉注射 20％氨基甲酸乙酯 5 ml/kg，仰卧位固定于兔手术台上。
　　2. 连接心电电极，记录标准Ⅱ导联正常心电图。
　　3. 0.01％哇巴因 0.15～0.2 ml/kg 耳缘静脉注射，记录给药后 30 s 和 1min、3min、5min、7min、9min、10min 的心电图，如 10 min 未出现心律失常，再适当增量直至出现心律失常为止。当心律失常出现后，立即静脉注射 0.5％利多卡因 1 ml/kg，再次按上述时间重复记录。

【观察项目】
　　1. 观察并记录给予哇巴因后心电图的变化。
　　2. 观察并记录给予利多卡因后心电图的变化。

【注意事项】
　　1. 利多卡因至少要稀释至 0.5％，且应缓慢静脉注射，否则可引起利多卡因中毒，造成动物死亡。
　　2. 哇巴因诱发的心律失常，以频发室性早搏和室性心动过速为多见。

【思考题】
　　1. 强心苷中毒的机制是什么？心电图表现及临床症状？解救原则？
　　2. 利多卡因对何种心律失常的治疗效果好？其原因是什么？作用特点是什么？

（王麟）

实验九　急性心肌梗死及药物的治疗作用

【实验目的和原理】
　　本实验的目的是通过复制急性心肌梗死动物模型，观察心肌梗死后心电图及血流动力学指标的变化，同时观察心肌缺血-再灌注损伤现象及药物的治疗作用。

　　心脏是人体的重要器官，耗氧量极大，其血液供应主要来源于冠状动脉。冠状动脉分为左右两支，分布于心脏表面。左冠状动脉主要供应左心室前部，右冠状动脉主要供应左心室后部及右心室。当病理条件下，冠状动脉突然阻塞时，就会导致其所支配部位的心肌缺血缺氧，甚至坏死，临床上称为心肌梗死。

　　心电图是临床上诊断心肌梗死的重要工具，对心肌梗死的定位、范围估计、病情演变及预后均有重要意义。在急性心肌梗死早期，心电图表现为 ST 段抬高。本实验通过夹闭家兔心尖部的左冠状动脉，导致左心室下壁血液供应受阻制备急性心肌梗死动物模型，心电图 II 导联出现明显的 ST 段抬高。

　　心肌受损后，由于左室收缩和舒张功能的障碍，表现为血流动力学指标的异常。左心室收缩压（LVSP）和左心室等容期压力最大上升速率（$+dp/dt_{max}$）是与心肌收缩强度相关的指标，左心室舒张末压（LVEDP）和左心室等容期压力最大下降速率（$-dp/dt_{max}$）是反映心室舒张功能变化的指标。心肌缺血后，表现为 LVSP 下降，$\pm dp/dt_{max}$ 减慢，LVEDP 升高。如果心肌梗死得不到及时的救治，容易导致心律失常、心源性休克和心力衰竭的产生。

　　当冠状动脉恢复血液灌注后，心肌损伤反而会加重，甚至出现心室纤颤等致死性心律失常，这种现象称为缺血-再灌注损伤。普萘洛尔为 β 受体拮抗药，通过降低自律性，减慢房室结传导，延长房室结有效不应期等机制主要用于交感神经兴奋性过高或儿茶酚胺增多引起的室上性心律失常。心肌梗死患者应用普萘洛尔，可减少心律失常的发生，降低死亡率。维拉帕米为钙通道阻滞药，通过抑制钙通道的活性，可用于缺血-再灌注损伤所致的心律失常（钙超载为心肌缺血-再灌注损伤的机制之一）。

【实验对象】家兔。

【实验仪器和药品】

　　BL-420 生物机能实验系统、小动物呼吸机、左心室插管、输液器、手术器械、注射器（1 ml、5 ml、10 ml）等；20%氨基甲酸乙酯、肝素、0.01%普萘洛尔、维拉帕米。

【实验方法】

　　1. 麻醉与固定　取家兔 1 只，称重，耳缘静脉缓慢注射 20%氨基甲酸乙酯（5 ml/kg）麻醉，仰卧位固定于兔手术台上，耳缘静脉恒速输入生理盐水以保持输液通道通畅。将心电图电极插入家兔四肢皮下，以标准 II 导联监测心电图。

　　2. 启动 BL-420 生物机能实验系统　1 通道，选择"心电"；2 通道，从软件主界面菜单条的"实验项目"菜单"循环实验"中选择"血流动力学"项。其他不使用的通道关闭。

　　3. 气管插管　剪去颈部的被毛，在甲状软骨下正中切开皮肤 5～7 cm，钝性分离皮下组织和肌肉，暴露气管，分离气管软骨环并作一倒"T"型切口，插入气管插管，结扎固定，连接呼吸机以保持呼吸通畅。

　　4. 左心室插管　行右颈总动脉插管（插管内充满肝素），成功后将导管与压力换能器及生物机能实验系统连接，然后把导管缓慢插向左心室，边插边观察动脉血压波形，当其突然变宽大，且最小值接近 0 时（图 3-6），说明导管已进入左心室，固定插管。

【观察项目】

　　1. 观察并记录正常心电图、心率、LVSP、LVEDP、$+dp/dt_{max}$ 和 $-dp/dt_{max}$。

　　2. 从左侧胸壁开胸，暴露心脏剪开心包，可见心尖部小血管，用小止血钳夹闭小血管。

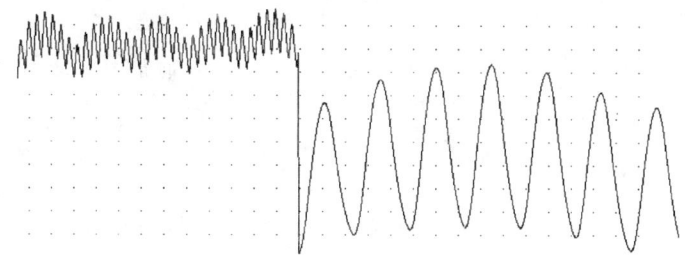

图 3-6　左心室插管成功后曲线变化示意图

观察上述各项指标，若出现心电图 ST 段抬高，表明已出现心肌缺血，记录心肌缺血后上述各项指标，继续观察 30 min。

3. 如出现心律失常则静脉给予普萘洛尔 0.8 ml/kg，观察并记录上述指标改变情况。

4. 松开止血钳，观察各指标的变化，可能出现心室纤颤，即再灌注损伤。此时，可用维拉帕米 0.5 mg/kg 缓慢静脉推注，观察并记录心电图及上述数据的变化。

【注意事项】
1. 左心室插管前应在插入管上涂抹液体石蜡，以减小摩擦。
2. 插管时手法轻柔，尽可能减少血管刺激以避免血管收缩而致插管困难。
3. 心室插管过程中避免用力过猛，以免穿破心脏或血管，如遇阻力可退后或旋转，再往前插。

【思考题】
1. 心肌梗死所致血流动力学改变的主要病理生理机制是什么？
2. 普萘洛尔和维拉帕米的抗心律失常机制是什么？

（孙宏丽）

实验十　高钾血症及抢救

【实验目的和原理】
　　本实验的目的在于学习高钾血症复制方法；观察高钾血症对心肌毒性作用；了解高钾血症时心电图变化特点以及熟悉高钾血症抢救措施。
　　钾是参与机体正常物质代谢活动的重要阳离子之一，也是细胞内的主要阳离子。它可以参与细胞新陈代谢活动、维持细胞静息膜电位，对细胞内外渗透压、酸碱平衡调解都起着非常重要的作用。正常机体血清钾浓度为 3.5～5.5 mmol/L，血清钾浓度大于 5.5 mmol/L 时即为高钾血症。其发生机制包括钾摄入过多，肾脏排钾障碍及细胞释放钾离子过多等。高钾血症影响心肌的基本病理生理机制是使心肌的兴奋性先升高后下降，传导性、自律性和收缩性都下降。其心电图表现为：T 波高尖（血钾高于 5.5 mmol/L 时即可出现）、P 波和 QRS 波波幅下降、间期增宽、S 波加深，可出现窦缓、阻滞、室颤、停搏等多种类型心律失常心电图。高钾血症对机体的影响主要表现为心律失常和肌无力，重度高钾血症可以引起心室纤颤，甚至心脏骤停而导致死亡。

【实验对象】家兔或大鼠。

【实验仪器和药品】

BL-420生物机能实验系统、台秤、兔手术器械1套、动脉插管、注射器（5 ml、10 ml）；20％氨基甲酸乙酯、5％氯化钾、10％氯化钙或葡萄糖酸钙。

【实验方法】

1. 大鼠高钾血症

（1）麻醉与固定：取大鼠1只称重，20％氨基甲酸乙酯按0.75 ml/100 g腹腔缓慢注射，麻醉后仰卧位固定在鼠台上。

（2）连接电极：将针形电极分别插入四肢皮下，连接顺序为：黄色电极→右前肢；黑色电极→右后肢；红色电极→左后肢。将电极另外一端连接至BL-420生物机能实验系统。

2. 家兔高钾血症

（1）麻醉与固定：取家兔1只称重，用20％氨基甲酸乙酯溶液，按5 ml/kg经耳缘静脉缓慢注射，麻醉后仰卧位固定在兔手术台上。

（2）动脉插管：将颈部皮肤沿正中线切开，暴露皮下筋膜及肌肉。将皮下组织分开，可见颈部有两层肌肉，一层与气管平行，覆盖于气管上，为胸骨舌骨肌。其下另有一层肌肉，呈"V"字形，为胸锁乳突肌，用止血钳在两层肌肉交界处（V型沟内）行钝性分离，沟底部即可见到有搏动的颈总动脉鞘。用眼科剪将鞘膜剥开，分离颈总动脉3~4 cm，穿线备用。将颈总动脉远心端结扎，近心端用动脉夹夹紧，用眼科剪在靠近结扎线处向心方向剪开动脉管壁周径1/2左右，再将充满肝素的动脉插管插入动脉管壁内，用手术线扎紧并固定。动脉插管用于采血测定血钾浓度。

（3）连接电极：将针形电极分别插入四肢皮下，连接顺序为：黄色电极→右前肢；黑色电极→右后肢；红色电极→左后肢。将电极另外一端连接至BL-420生物机能实验系统。

【观察项目】

1. 大鼠高钾血症

（1）描记正常心电图：打开电脑，进入实验系统描记出正常心电图。

（2）复制高钾血症：将5％氯化钾溶液1 ml腹腔注射，每隔5 min注射相同剂量1次，连续动态观察心电图变化。若经过40 min仍未出现高钾血症心电图，可以采用10％氯化钾腹腔注射，一边注射一边观察，直至出现高钾血症心电图。

（3）抢救治疗：在出现典型高钾血症心电图后，立即腹腔注射葡萄糖酸钙溶液2 ml/kg，观察并记录心电图变化。

2. 家兔高钾血症

（1）描记心电图：进入实验系统描记正常心电图。

（2）测定正常血钾浓度：颈总动脉采血2 ml，沿着管壁轻轻注入含有肝素的离心管中。轻轻转动离心管混匀，经1000 r/min离心10 min，取血浆放入试管中，用于测定血钾正常值。

（3）复制高钾血症：经耳缘静脉注入5％氯化钾1 ml，观察心电图变化，当出现高钾血症心电图时，颈总动脉采血2 ml，进行血钾测定。

（4）抢救治疗：观察到心电图发生改变后，即刻进行抢救治疗，经耳缘静脉注射10％氯化钙2 ml/kg，观察心电图变化并取血测定血钾浓度。

【注意事项】
1. 大鼠腹腔注射药物，应选择下腹部外侧 1/4 处，以免将药液注入膀胱内，并且进针方向不要和腹腔垂直以免进针过深刺入肠管内。
2. 静脉注射氯化钾时，速度应该缓慢，否则容易导致动物死亡。
3. 动脉插管固定要牢靠，一旦结扎线脱落容易出现大出血。
4. 动物对氯化钾耐受性有个体差异，有些动物需注入较多量时，才会出现心电图改变。

【思考题】
1. 出现高钾血症时，心电图会出现哪些变化？
2. 高钾血症对心肌产生哪些影响？机制如何？怎样进行治疗？

（曹永刚）

实验十一　呼吸运动调节及急性实验性呼吸功能不全的急救

【实验目的和原理】
　　本实验的目的是观察各种刺激对呼吸运动的影响，并通过呼吸衰竭动物模型的复制和机制分析，进一步理解呼吸运动的调节机制和呼吸功能不全的病理生理变化。
　　呼吸是机体与外界环境之间的气体交换过程。通过呼吸，机体摄取氧排出二氧化碳。机体通过肺通气实现外界空气与肺之间的气体交换，完成这一交换的原动力是呼吸运动。在中枢神经系统的调节下，人体呼吸运动能够有节律的进行，并能适应机体活动和代谢的需要，体内、外各种刺激可以直接作用于中枢或通过不同的感受器反射性地影响呼吸运动，如化学性呼吸反射、肺牵张反射等。

【实验对象】家兔。

【实验仪器和药品】
　　BL-420 生物机能实验系统、血气分析仪、婴儿台秤、呼吸换能器、动脉插管、兔手术台、哺乳动物手术器械、气管插管、球胆、50cm 橡胶管、三通管、动脉夹、注射器及针头、静脉输液器、胶塞、纱布；20% 氨基甲酸乙酯、生理盐水、肝素、钠石灰、10% 葡萄糖、1：10000 去甲肾上腺素、3% 乳酸。

【实验方法】
1. 麻醉与固定　取家兔 1 只称重后，用 20% 氨基甲酸乙酯 5 ml/kg 由兔耳缘静脉缓慢注入，注射过程中注意观察动物肌张力、呼吸频率、角膜反射的情况，防止麻醉过深，麻醉剂量以角膜反射消失为准。将麻醉好的动物仰卧位固定于兔手术台上，用寸带固定家兔门齿，使其充分暴露颈部手术术野。
2. 手术操作　颈部剪毛，沿甲状软骨下缘颈部正中切开一 5~7 cm 纵向切口，分离一侧颈外静脉穿线，建立颈外静脉通道输入生理盐水。分离皮下组织和浅层肌肉后，暴露气管穿线备用，于甲状软骨下 3~4 个软骨环处做 T 形切口，插入 Y 形气管插管，用备用线结扎固定，插管的一端用活动双凹夹调节，使动物的呼吸节律及幅度适宜，另一端与呼吸换能器相连，记录动物呼吸的节律及深浅程度。分离左侧颈总动脉穿双线备用，颈总动脉远心端结扎，近心端用动脉夹夹闭，在靠近结扎端剪一斜口，向心方向插入充满肝素的动脉插管，用线将插管与动脉扎紧，用于血气分析时取血。

【观察项目】

1. 描记动物正常呼吸运动曲线，观察口唇黏膜及三通管内血液颜色，用肝素浸润过的1 ml注射器经三通管取动脉血0.5 ml，取血后将注射器迅速与带有胶塞的针头吻合，用血气分析仪进行血气分析。

2. 吸入气氧分压（PO_2）下降对呼吸运动的影响　将呼吸换能器的开口端与盛有钠石灰的瓶相连，观察对呼吸运动的影响。

3. 增加吸入气中CO_2浓度对呼吸运动的影响　将呼吸换能器的开口端与装有CO_2的球胆管呈直角，打开球胆管的活动双凹夹，使球胆内的CO_2随呼吸进入气管，观察呼吸运动的变化。

4. 血中酸性物质［H^+］增多对呼吸运动的影响　由耳缘静脉快速注入3%乳酸溶液2 ml，观察其对呼吸运动的影响。

5. 增大无效腔对呼吸运动的影响　将50 cm长的橡胶管连接于呼吸换能器的开口端，观察呼吸运动的变化。

6. 复制呼吸衰竭的动物模型

（1）阻塞性通气障碍：用活动双凹夹或止血钳将气管插管上端侧管完全夹闭，在完全夹闭的侧管上插2个9号针头，造成动物不完全窒息5～10 min，取动脉血进行血气分析并观察呼吸频率及幅度的变化后，立即解除夹闭，待动物呼吸恢复正常后做下一步实验。

（2）限制性通气障碍：于家兔右胸第4或第5肋间插入一个16号针头（钝头）造成右侧气胸，观察动物呼吸运动的变化，5～10 min后取血进行血气分析。用注射器将胸腔内空气抽尽后拔出针头，待动物呼吸恢复正常后做下一步实验。

（3）肺水肿

1）渗透性肺水肿：抬高兔手术台头端约30°角，保持气管居中。将头皮针前端针头剪掉与注射器相吻合，用注射器吸取10%葡萄糖溶液1～2 ml，将细导管插入气管插管分叉处6～7 cm，5 min内缓慢匀速地将葡萄糖溶液滴入气管内以造成渗透性肺水肿。观察动物呼吸变化，当出现泡沫样液体流出时取动脉血做血气分析，并开胸取肺测量肺系数。

2）压力性肺水肿：找到事先分离好的颈外静脉，远心端结扎，近心端用动脉夹夹闭在靠近结扎端剪一斜口，将输液器前端针头剪掉向心方向插入颈外静脉中，用线将插管与静脉扎紧，以120滴/分的速度快速输入约家兔一倍血容量的生理盐水（家兔血容量约70～80 ml/kg）。输液过程中观察动物呼吸运动变化及是否有粉红色泡沫痰流出，如变化不明显可将肾上腺素以1 mg/kg（20 ml生理盐水稀释）缓慢滴注，观察动物呼吸变化。当有粉红色泡沫痰流出时，取动脉血进行血气分析，并开胸取肺测量肺系数。

$$肺系数 = 肺重量（g）/ 体重（kg）$$

【注意事项】

1. 每做完一项实验后，都应等动物呼吸恢复正常后再做下一项实验。
2. 做血气分析时注意将针管肝素化，取血后立即将针头插上橡皮塞以隔绝空气。

【思考题】

1. 呼吸运动的体液调节因素有哪些？如何调节？
2. 各种类型的呼吸功能不全的发生机制如何？血气指标有何变化？

（王麟）

实验十二　缺氧及抢救

【实验目的和原理】

本实验的目的是通过复制乏氧性、血液性与组织中毒性缺氧的动物模型，了解缺氧的原因与发病机制，观察缺氧对呼吸的影响和不同类型缺氧时皮肤黏膜、血液颜色的变化，探讨其发生机制。

缺氧是指由于供氧不足或利用氧障碍引起的机体机能、代谢和形态的异常变化。机体从环境中摄取氧气，由血红蛋白携带，通过血液循环输送给组织，组织细胞则通过氧化磷酸化产生能量，维持机体的代谢活动。因此大气、血液、循环及内呼吸是造成缺氧的基本环节。

将小白鼠放在密闭的瓶子里，瓶内的氧气被小白鼠不断耗用，使其吸入气氧分压降低，造成低张性低氧血症。

CO 可与 O_2 竞争血红蛋白，使其失去携氧能力，另外 CO 中毒还可使血红蛋白与氧亲和力增加，使氧和血红蛋白放氧减少；亚硝酸盐可使血红蛋白中二价铁氧化成三价铁，形成高铁血红蛋白，高铁血红蛋白与羟基牢固结合而失去携氧能力，同时也增加血红蛋白与氧的亲和力，影响氧的释放，造成血液性缺氧。

氰化物中 CN^- 与呼吸链中氧化型细胞色素氧化酶的 Fe^{3+} 结合，形成氰化高铁细胞色素氧化酶，阻碍其还原为还原型细胞色素氧化酶，使呼吸链中断，造成组织用氧障碍型缺氧。

高铁血红蛋白血症解救原理：亚甲蓝本身是氧化剂，低浓度时 6-磷酸-葡萄糖脱氢过程中的氢离子经还原型三磷酸吡啶核苷传递给亚甲蓝，使其转变为还原型的白色亚甲蓝；后者又将氢离子传递给带三价铁的高铁血红蛋白，使其还原为带二价铁的正常血红蛋白，恢复其携氧能力，从而对 $NaNO_2$ 中毒引起的缺氧起到解救作用。

氰化物中毒解救原理：亚硝酸盐类可使血红蛋白转变为高铁血红蛋白，后者可一方面与 CN^- 形成氰化高铁血红蛋白，减少 CN^- 对细胞色素氧化酶的毒性；高浓度的高铁血红蛋白还可与氰化高铁细胞色素氧化酶竞争 CN^-，恢复酶的活性，恢复组织细胞用氧的能力。由于氰化高铁血红蛋白仍将解离，放出 CN^-，故这种解救作用是暂时的。硫代硫酸钠是利用其中的硫与 CN^- 结合成无毒的硫氰化物，由肾排出。

【实验对象】小白鼠。

【实验仪器和药品】

小白鼠缺氧瓶（或 100～125 ml 带塞广口瓶）、CO 发生装置（或带塞锥形烧杯）、刻度吸管（10 ml、5 ml 和 2 ml）、注射器（1 ml）、酒精灯、手术剪刀、镊子、止血钳、弯盘、长颈滴管、小试管、试管架；钠石灰（NaOH·CaO）、甲酸、浓硫酸、5%亚硝酸钠、0.5%亚甲蓝、0.125%氰化钾、1%亚硝酸钠、10%硫代硫酸钠、10%氢氧化钠、生理盐水、蒸馏水。

【实验方法】

1. 乏氧性缺氧

取钠石灰少许（约 5 g）及小白鼠 1 只放入缺氧瓶内。观察记录正常指标：呼吸频率（次/10 s）、深度、口唇及皮肤的颜色。随后塞紧瓶塞，记录时间，以后每 5 min 重复观察上述指标一次（如有其他变化则随时记录），直到动物死亡为止。

2. 一氧化碳中毒性缺氧

（1）将小白鼠 1 只放入广口瓶中。观察其正常表现，然后与 CO 发生装置连接。

(2) 取甲酸 3 ml 放入三角烧瓶内，缓慢加入浓硫酸 2 ml，塞紧瓶塞。

$$HCOOH \xrightarrow[\Delta]{H_2SO_4} H_2O + CO \uparrow$$

(注意：可用酒精灯加热，加速 CO 的产生，但不可过热以至液体沸腾，因 CO 短时间内产生过多过快，动物会迅速死亡，不利于对呼吸变化的观察)。

(3) 观察指标同乏氧性缺氧。

3. 亚硝酸钠中毒性缺氧

(1) 取体重相近的小白鼠 2 只，观察正常表现后，向腹腔注入 5% 亚硝酸钠 0.3 ml。其中 1 只小白鼠注入亚硝酸钠后，立即再向腹腔注入 0.5% 亚甲蓝溶液 0.3 ml，另 1 只注入等量生理盐水。观察表现，记录其存活时间。

(2) 观察指标同乏氧性缺氧。

4. 氰化钾中毒性缺氧

(1) 取体重相近的小白鼠 2 只，观察正常表现后，腹腔注射 0.125% 氰化钾 0.2 ml。其中 1 只小白鼠注射氰化钾后立即再依次腹腔注射 1% 亚硝酸钠和 10% 硫代硫酸钠各 0.4 ml，另 1 只注入等量生理盐水。对比观察 2 只小白鼠的表现，记录其存活时间。

(2) 观察指标同乏氧性缺氧。

待小白鼠死亡后随即打开胸腔，观察内脏颜色。将乏氧性缺氧、一氧化碳中毒性缺氧和氰化钾中毒性缺氧的小白鼠心脏剪破，各取血约 0.05 ml（1 滴），分别置于三个装有 3 ml 蒸馏水的小试管中混匀，然后滴数滴 10% NaOH，观察颜色变化，只有 CO 中毒的血液可保持桃红色，其他变成棕绿色（因正常氧合血红蛋白遇碱溶液呈现棕绿色）。

【观察项目】

1. 观察动物的一般情况，对比缺氧前后呼吸频率（次/10 s）、深度、口唇及内脏的颜色，记录存活时间。

2. CO 中毒定性实验 血液加碱后颜色的变化。

【注意事项】

1. 缺氧瓶一定要密闭。

2. 浓硫酸有极大的腐蚀性，氰化钾（钠）有剧毒，勿沾染皮肤、黏膜，特别是有破损处。

3. 小白鼠腹腔注射，应稍靠左下腹，勿损伤肝脏，但也应避免将药液注入肠腔或膀胱。

4. 为了便于取血，应尽量使乏氧性缺氧、一氧化碳中毒性缺氧和氰化钾中毒性缺氧小鼠死亡时间相近，故各实验小组要做好合理分工，打好时间差。

5. 三个血混合液试管要同时加碱，以便对比观察颜色变化。

【思考题】

1. 本实验中各种类型缺氧的原因和发病机制是什么？

2. 分析各型缺氧时，小白鼠口唇黏膜、内脏及血液颜色的改变为什么不同？

3. 实验 1 中为何要在缺氧瓶中加少量钠石灰？

4. 实验 3 中的两只小鼠死亡时间有无差异，原因是什么？

5. 实验 4 中的两只小鼠死亡时间有无差异，原因是什么？

(陈瑶)

实验十三　家兔酸碱平衡紊乱

【实验目的和原理】

本实验的目的是学习复制急性酸碱平衡紊乱的动物模型，观察不同类型的酸碱平衡紊乱动物功能的变化和血气变化；学习结合病史（复制原理）及血气指标进行酸碱平衡紊乱类型的判断，设计治疗方案。

人体血液 pH 值的正常范围是 7.35～7.45，尽管机体每天受到饮食和代谢等多方面因素的影响，但通过体液的缓冲、呼吸调节及肾脏的代偿，机体内环境的 pH 值却维持相对稳定，称为酸碱平衡。当各种原因导致体内的酸或碱异常增加，超过了机体的调节能力，或机体的调节机制受损，使体液的酸碱稳态被破坏即可导致酸碱平衡紊乱。pH＞7.45 为碱中毒，pH＜7.35 为酸中毒。由 HCO_3^- 原发增减引起的酸碱紊乱称代谢性的，由 H_2CO_3 原发增减引起的酸碱紊乱称呼吸性的，故单纯型酸碱平衡紊乱包括代谢性酸中毒、呼吸性酸中毒、代谢性碱中毒、呼吸性碱中毒四种类型。两种以上酸碱平衡紊乱同时存在为混合型酸碱平衡紊乱。

磷酸二氢钠进入体内释放出 H^+，血浆中 HCO_3^- 对其缓冲而被消耗，导致 HCO_3^- 原发性减少，pH 降低，引起代谢性酸中毒。磷酸根的蓄积，使未测定的阴离子增加，阴离子间隙（AG）增大。H^+ 刺激外周化学感受器，使呼吸加深加快，CO_2 排出增加，H_2CO_3 继发性减少。

碳酸氢钠进入血液后，直接增加了体内 HCO_3^- 的浓度，pH 增加，引起代谢性碱中毒。血浆中 H^+ 被 HCO_3^- 消耗而减少，呼吸中枢受抑制，CO_2 排出减少，导致 H_2CO_3 继发性增加。

夹闭气管插管阻塞呼吸道，使 CO_2 排出障碍，导致 H_2CO_3 原发性增加，pH 降低，引起呼吸性酸中毒。

疼痛刺激导致呼吸急促，使 CO_2 大量排出，导致 H_2CO_3 原发性减少，pH 增高，引起呼吸性碱中毒。

肾上腺素兴奋 α 受体可引起血管收缩，因体循环血管上 α 受体密度高于肺循环，故导致体循环血液大量转移到肺循环，使肺毛细血管血压增高，造成急性肺水肿。严重肺水肿既影响 CO_2 的排出，引起呼吸性酸中毒，又影响 O_2 的摄取，引起缺氧。机体在缺氧时糖酵解过程加强，乳酸生成增加，合并代谢性酸中毒。

【实验对象】 家兔。

【实验仪器和药品】

BL-420 生物机能实验系统、压力换能器、张力换能器、血气分析仪、注射器（1 ml、5 ml 和 10 ml）及针头、三通阀、气管插管、动脉插管、手术器械；1％普鲁卡因、0.3％肝素生理盐水、12％磷酸二氢钠、5％碳酸氢钠、0.1％肾上腺素、生理盐水。

【实验方法】

1. 固定和麻醉　称重后将家兔仰卧位固定于兔台上，颈部和一侧腹股沟部剪毛。用 1％ 普鲁卡因在颈部沿气管走形及腹股沟部沿股动脉走形做皮下注射，每处约 2 ml。

2. 连接实验装置　将与动脉插管相连的压力换能器与 BL-420 生物机能实验系统相连，用注射器经三通的侧管向动脉插管中推注肝素生理盐水，使动脉插管、与之相通的橡皮管和换能器压力腔内全部充满，检测无漏液现象待用。

3. 经耳缘静脉注入 0.3％肝素溶液，使动物全身肝素化。

4. 颈部手术 沿颈部正中做一个长 4～6 cm 的纵行皮肤切口，分离出气管、一侧颈总动脉和一侧颈外静脉。分别行气管插管、颈总动脉插管（与检压装置相连）和颈外静脉插管（与输液器相连）。

5. 分离股动脉和股神经 沿股动脉走形的方向做 3～4 cm 长的皮肤切口，钝性分离皮下组织，可以看到由外而内依次是股神经、股动脉和股静脉。分离股动脉，并将带有三通开关的动脉插管向心性插入，结扎固定，供血气分析取血用。并分出股神经备用。

6. 记录正常的血压及呼吸。

7. 血气分析 打开股动脉的动脉夹，缓慢打开三通开关，弃去最先流出的 2、3 滴血液后，立即将插管口直接对准电极板芯片的注血口，注入全血到标准刻度，盖上小盖，插入血气分析仪，进行血气分析。

8. 复制病理模型

（1）代谢性酸中毒及其补碱治疗

1) 从颈外静脉缓慢注入 NaH_2PO_4（5 ml/kg），观察家兔的呼吸、血压变化，10 min 后，按步骤 7 的方法采集血液标本，并测定血气指标。

2) 根据测得的碱剩余（BE）值进行补碱，公式：

$$BE 绝对值 \times 体重（kg）\times 0.3 = 所需补充碳酸氢钠的量（mmol）$$

(0.3 是 HCO_3^- 进入体内的分布间隙，即体重×30％)

5％碳酸氢钠 1 ml=0.6 mmol

所需补充 5％碳酸氢钠的毫升数=所需补充碳酸氢钠的 mmol 数/0.6

3) 静脉输入 5％碳酸氢钠，补碱治疗后 10 min，再取血测血气，观察是否恢复到接近正常，并描记呼吸和血压。

（2）呼吸性酸中毒：将上述补碱治疗后测得的血气指标作为本实验对照值，进行呼吸性酸中毒的实验。将兔气管插管的通气管用止血钳夹闭（开始时做不完全夹闭）1.5～2 min，随即取血测定其血气指标，观察其呼吸、血压的变化。

（3）呼吸性碱中毒：待动物呼吸恢复正常后，取动脉血测血气对照值后，用 BL-420 生物机能实验系统的刺激器对兔的股神经进行疼痛刺激：①将输出的无关电极末端的鳄鱼夹夹住股部切口周围组织，刺激电极末端的蛙心夹夹住股神经；②刺激输出电压 5 V，频率 10 Hz，连续刺激 15 s 末迅速取血测定血气指标。

（4）代谢性碱中毒：待兔恢复正常后（约 15～20 min），从颈外静脉缓慢注入 5％$NaHCO_3$（3 ml/kg），以造成代谢性碱中毒。注射后 5 min 内，取血测定其血气指标，观察其呼吸、血压的变化。

（5）代谢性酸中毒合并呼吸性酸中毒：另取 1 只家兔，分离颈总动脉并插管，取颈动脉血测定血气指标作为对照。经耳缘静脉注射 0.1％肾上腺素（0.5 ml/kg），造成急性肺水肿。待动物出现呼吸困难，躁动不安，发绀，口鼻流出粉红色泡沫液体时，再取颈动脉血测血气。

【观察项目】

1. 各型酸碱平衡紊乱发生前后呼吸及血压的情况。

2. 各型酸碱平衡紊乱发生前后血气的变化（pH、PaO_2、$PaCO_2$、BE、SB、K^+、

Na^+、Cl^-)。

【注意事项】

1. 实验（2）气道堵塞或窒息时间不可过长，否则引起的将不是单纯的呼吸性酸中毒，而是呼吸性酸中毒合并缺氧所致的代谢性酸中毒。
2. 测血气分析取血后应立即用少许生理盐水冲洗动脉插管，以免管内血液凝固。
3. 由于代谢性碱中毒实验的参数改变在短时间内不会恢复正常，故不便进行实验。

【思考题】

1. 分析各型酸碱平衡紊乱血气变化的意义及发生机制。
2. 比较实验（5）与（1）、（2）的血气有何不同，为什么？
3. 代谢性酸中毒补碱速度过快、量过大会出现哪些并发症？
4. 采用何种方法能使呼吸性碱中毒的动物更快恢复正常？
5. 本实验代谢性酸中毒机体会发生哪些代偿反应？

（陈瑶）

实验十四　氨茶碱对组胺性休克、肺气肿的作用

【实验目的和原理】

本实验的目的是通过氨茶碱给予部分豚鼠预防用药，然后将组胺给予未经预防和已经预防用药的豚鼠，观察组胺的致休克作用，了解支气管和细小支气管痉挛造成的肺气肿，以及因毛细血管壁通透性增加，血浆外渗，血压下降造成休克的表现，同时了解氨茶碱对组胺性休克豚鼠的保护作用，并学习豚鼠外踝静脉穿刺技术。

休克是各种强烈致病因子作用于机体引起的急性循环衰竭，其特点是微循环障碍、重要器官灌流不足和细胞功能代谢障碍，并由此引起多器官衰竭的病理生理过程。组胺是广泛存在于人体组织的自身活性物质，在过敏性休克的发生发展过程中起着重要的作用。组织中的组胺主要存在于肥大细胞及嗜碱性粒细胞中。因此，含有较多肥大细胞的皮肤、支气管黏膜和肠黏膜中组胺浓度较高，脑脊液中也有较高浓度。肥大细胞颗粒中的组胺常与蛋白质结合，物理或化学等刺激能使肥大细胞脱颗粒，导致组胺释放。组胺与靶细胞上特异受体结合，产生生物效应。例如，小动脉、小静脉和毛细血管舒张，引起血压下降甚至休克；增加心率和心肌收缩力，抑制房室传导；兴奋平滑肌，引起支气管痉挛、胃肠绞痛；刺激胃壁细胞，引起胃酸分泌等。氨茶碱是甲基黄嘌呤类药物中最常用的扩张支气管药物，可直接作用于支气管平滑肌，解除痉挛达到止喘目的，是目前临床上最常用的平喘药物之一。氨茶碱能抑制支气管平滑肌细胞的磷酸二酯酶活性，减少 cAMP 转化为 $5'$-AMP，提高细胞内 cAMP 的浓度，从而松弛支气管平滑肌，并抑制肥大细胞的释放。该药也能增强心肌收缩，扩张冠状动脉，使心输出量、冠脉血流量都显著增加，同时由于兴奋迷走神经而心率减慢，因而可用于治疗伴有心功能不全的哮喘患者。

【实验对象】豚鼠。

【实验仪器和药品】

哺乳动物手术器械、注射器及针头；1%组胺、2.5%氨茶碱。

【实验方法】
1. 取豚鼠2只，甲鼠腹腔注射2.5%氨茶碱溶液0.8 ml/kg，乙鼠不给予任何处置。
2. 半小时后，找到豚鼠外踝静脉，每只豚鼠注射1%组胺1 ml，观察其全身变化。如两侧外踝静脉注射均失败，可用3～5倍静脉注射的剂量行腹腔注射，观察其全身变化。
3. 豚鼠死亡后，做尸体解剖观察内脏器官有何变化并记录于表3-3。

【观察项目】

表3-3 氨茶碱对组胺性休克、肺气肿的作用

注射前状态	注射后状态及尸体解剖后内脏器官的变化
甲鼠	
乙鼠	

【注意事项】
1. 注意氨茶碱注射的速度和剂量，避免注射速度过快或剂量过大造成动物死亡。
2. 实验过程中密切注意动物的状态，动物死亡后进行尸体解剖时注意观察肺脏的改变。

【思考题】
组胺对气管和血管的影响有哪些？机制是什么？

（王麟）

实验十五　消化道平滑肌的生理特性及药物对其影响

【实验目的和原理】
本实验的目的在于通过对离体小肠平滑肌正常生理功能的观察，了解在受到各种刺激因素作用后小肠平滑肌运动所受影响及其产生原因。

消化道的运动主要是由消化道平滑肌完成的。平滑肌具有兴奋性、传导性、收缩性和自动节律性。与骨骼肌和心肌相比，消化道平滑肌的特点是兴奋性低，收缩缓慢，但伸展性大，并且能经常保持微弱的持续收缩状态。当平滑肌离体后，放入适宜的环境内，仍然能进行正常节律性运动，其自动节律的频率慢且不稳定。此外，平滑肌对化学物质、温度和机械牵张刺激较敏感。

乙酰胆碱可激动胃肠平滑肌M受体，使其收缩加强；阿托品为M受体阻断剂，可竞争拮抗乙酰胆碱对M受体激动作用；肾上腺素可作用于小肠平滑肌β受体，使小肠舒张；而普萘洛尔是肾上腺素β受体阻断剂。

【实验对象】家兔。

【实验仪器和药品】
恒温平滑肌槽、BL-420生物机能实验系统、张力换能器、增氧泵、普通剪刀、手术剪、镊子；冰块、台氏液、1∶10000肾上腺素、1∶100000乙酰胆碱、阿托品、1%氯化钙、1 mol/L氢氧化钠、1 mol/L盐酸。

【实验方法】

1. 准备工作　在恒温平滑肌槽中心管加入台氏液，外部容器中加装温水。开启电源加热，浴槽通气管与增氧泵相连接，调节橡皮管上螺旋夹，使气泡均匀、连续、小流量通过中心管为台氏液供氧。

2. 标本制备　提起家兔后肢将其倒悬，用木槌猛击头部使其昏迷，立即剖腹。用剪刀取下十二指肠及其邻近上段小肠20~30 cm，用台氏液洗净肠段内容物，然后剪取3~4 cm长若干段，将每一肠段两端用手术线结扎，一端系于通气管挂钩上，另一端经张力换能器与实验系统相连接。

3. 软件设置　进入BL-420生物机能实验系统设置参数，1通道选择"张力"。

【观察项目】

1. 自动节律性收缩　在不施加刺激情况下，描记一段离体小肠平滑肌收缩曲线，观察其节律性收缩及张力水平。

2. 乙酰胆碱作用　在浴槽中加入1∶100000乙酰胆碱1~2滴，观察肠段张力和收缩活动变化。待作用出现后，放出浴槽中台氏液，加入预先准备好的38℃台氏液，重新更换2~3次。待肠段节律性恢复至对照水平时，进行下一项实验。

3. 肾上腺素作用　在浴槽中加入1∶10000肾上腺素1~2滴，观察肠段张力和收缩有何变化，然后同上法将浴槽中台氏液换掉，待其活动恢复后进行下一次实验。

4. 氯化钙作用　将浴槽内加入1％氯化钙0.4 ml，观察平滑肌出现反应后，同上法将浴槽中台氏液换掉，待其活动恢复后进行下一次实验。

5. 温度的影响　在浴槽内加一小块台氏液冰块，以降低溶液温度，观察平滑肌的反应，作用出现后同上法将浴槽中台氏液换掉，待其活动恢复后进行下一次实验。

6. 盐酸作用　将1 mol/L盐酸0.4 ml加入浴槽内，观察平滑肌反应，作用出现后同上法将浴槽中台氏液换掉，待其活动恢复后进行下一次实验。

7. 氢氧化钠作用　将1 mol/L氢氧化钠0.4 ml加入浴槽内，观察平滑肌反应。

【注意事项】

1. 每次加药前，准备好38℃台氏液备用。

2. 加药出现反应后，应及时更换浴槽内台氏液，待肠段恢复稳定活动后，再观察下一项。

3. 上述各药用量为参考剂量，若效果不明显，可以适当增补药量。

【思考题】

1. 加入各种刺激因素后，肠段张力和收缩活动有何变化？为什么？

2. 肠段平滑肌离体后为什么还会有自发性收缩反应？

（纪中）

实验十六　实验性肝性脑病及治疗

【实验目的和原理】

本实验的目的是通过复制肝功能不全的动物模型，观察肝性脑病的症状，了解氯化铵在肝性脑病发生中的作用及肝性脑病的治疗原则，学习局部麻醉手术和制备肝功能不全的动物模型的方法。

肝性脑病（也称肝昏迷）是继发于肝功能紊乱的一系列严重的神经精神综合征，其临床症状重，病死率高。肝性脑病的发病机制复杂，现认为主要是脑组织的代谢和功能障碍所致，主要的假说有：氨中毒学说、假性神经递质学说、血浆氨基酸失衡学说及γ-氨基丁酸学说等。据统计，约80%肝性脑病的患者具有血氨升高表现，使氨中毒学说在肝性脑病的发病机制中占有最重要的地位。本实验采用家兔肝大部分切除术，复制急性肝功能不全的动物模型，造成肝解毒功能急剧降低，在此基础上经十二指肠灌入复方氯化铵溶液，导致肠道中氨生成增多并吸收入血，引起家兔血氨迅速升高，出现震颤、抽搐、昏迷等类似肝性脑病症状，通过与假手术组家兔比较，证明氨在肝性脑病发病机制中的作用以及肝脏在解毒作用中的重要地位。

肝性脑病的防治原则是应在去除病因的前提下采取综合措施（减少肠道氨的生成和吸收、促进体内氨的代谢、减少或拮抗假性神经递质支链氨基酸等），改善临床症状，防止脑细胞损害。

【实验对象】家兔。

【实验仪器和药品】

婴儿台秤、兔手术台、哺乳动物手术器械、导尿管、烧杯、注射器及针头、角膜刺激针、瞳孔测量尺、粗棉线、动脉夹、动脉套管、张力换能器、血压换能器、BL-420生物机能实验系统；1%盐酸普鲁卡因、复方氯化钠、复方氯化铵、复方谷氨酸钠、1%醋酸。

【实验方法】

将4只家兔随机分为肝大部分切除＋复方氯化铵溶液组、肝大部分切除＋复方氯化钠溶液组、假手术＋复方氯化铵溶液组、肝大部分切除＋复方氯化铵溶液＋治疗组。

1. 肝大部分切除＋复方氯化铵溶液组

（1）取家兔称重后，将其仰卧位固定在兔手术台上，颈部正中备皮，用注射器抽取一定量的1%盐酸普鲁卡因溶液，每隔1 cm打一皮丘，整个皮丘长度大约10 cm，进行局部浸润麻醉。气管插管及动脉插管，通过血压换能器与生物机能实验系统相连，描记血压变化。

（2）沿剑突下腹部正中备皮，用1%盐酸普鲁卡因溶液进行局部浸润麻醉。自胸骨剑突起于上腹部正中做一长约8 cm纵向切口，沿腹白线打开腹腔，左手向后下压肝膈面，剪断肝脏与膈肌之间的镰状韧带；然后将肝叶向上翻起，用手剥离肝胃韧带，使肝叶游离，分辨肝脏的各叶后，用右手食、中指夹持粗棉线沿肝脏左外叶、左中叶、右中叶及方形叶的根部围绕1周结扎，当被结扎的肝叶逐渐变为暗褐色时，从结扎线上方逐叶剪除（仅保留右外叶及尾状叶），完成肝大部分切除术。

（3）剪断剑突软骨柄，游离剑突。用一弯钩勾住剑突软骨，另一端与张力换能器相连，由换能器将信号传入生物机能实验系统，描记呼吸运动。

（4）沿胃幽门向下找出十二指肠，先用眼科圆缝合针做荷包缝合，然后用眼科剪在荷包中央剪一小口，将细导尿管向空肠方向插入肠腔约4~5 cm，收紧荷包结扎固定，将肠管回纳腹腔，最后将留置的导尿管沿皮下穿出，并用胶带固定，以免家兔自行拔出。检查腹内无出血后关闭腹腔。

（5）放开家兔，观察家兔一般情况、角膜反射、对疼痛刺激的反应、肌张力、震颤及有无角弓反张等。

（6）每隔5 min向十二指肠插管中注入复方氯化铵溶液5 ml，仔细观察动物情况（有无反应性增强、肌肉痉挛、抽搐等），直至动物出现全身性抽搐，角弓反张为止。记录所用复方氯化铵溶液的总量。

2. 肝大部分切除＋复方氯化钠溶液组　家兔称重后，手术操作与肝大部分切除＋复方氯化铵溶液组相同，只是在手术后每隔 5 min 向十二指肠插管中注入复方氯化钠溶液 5 ml，仔细观察动物情况。

3. 假手术＋复方氯化铵溶液组　家兔称重后，除肝叶不结扎和切除外，其余步骤同肝大部分切除＋复方氯化铵溶液组，如前所述，每隔 5 min 向十二指肠插管中注入复方氯化铵溶液 5 ml，直至动物出现全身性抽搐，角弓反张为止，并与肝大部分切除＋复方氯化铵溶液组比较，记录所用复方氯化铵溶液总量的差异。

4. 肝大部分切除＋复方氯化铵溶液＋治疗组　家兔称重后，手术操作与肝大部分切除＋复方氯化铵溶液组相同，只是在出现肝性脑病症状后，立即经耳缘静脉注射复方谷氨酸钠 30 ml/kg 进行抢救，同时向十二指肠注射 1% 的醋酸 5 ml/kg，观察记录症状有无缓解。

5. 启动 BL-420 生物机能实验系统，从软件主界面菜单条 1 通道选择"压力"（动脉血压）和 2 通道选择"呼吸"。其他不使用的通道关闭。

【观察项目】

1. 观察和记录正常呼吸、动脉血压曲线、角膜反射、瞳孔大小以及对疼痛刺激的反应等。

2. 复制肝性脑病模型　每隔 5 min 向十二指肠插管中注入复方氯化铵溶液 5 ml，仔细观察动物情况（有无反应性增强、肌肉痉挛、抽搐等），直至动物出现全身性抽搐，角弓反张为止。观察和记录正常呼吸、动脉血压曲线、角膜反射、瞳孔大小以及对疼痛刺激的反应及所用复方氯化铵溶液的总量等。

3. 实验性抢救　根据肝性脑病的病理生理变化及防治原则，设计抢救方案，观察并记录下列措施的抢救效果。

出现肝性脑病症状后，立即经耳缘静脉注射复方谷氨酸钠 30 ml/kg 进行抢救，同时向十二指肠注射 1% 的醋酸 5 ml/kg，观察记录症状有无缓解。

【注意事项】

1. 如实验动物来源紧张，本实验也可由 4 组同学协作完成，将所得结果进行比较。
2. 剪断镰状韧带时，注意勿损伤肝脏与膈肌。
3. 肝脏手术时，动作宜轻柔，以免肝脏破裂出血，结扎线应结扎于肝叶根部。
4. 十二指肠插管要插向空肠方向，并防止复方氯化铵溶液溢出漏入腹腔。

【思考题】

1. 血中氯化铵浓度升高，引起肝性脑病的机制是什么？
2. 由氨中毒引起的肝性脑病的表现有哪些？
3. 谷氨酸钠和醋酸为何能缓解肝性脑病症状？

（刘蕾）

实验十七　急性中毒性肝损伤

【实验目的和原理】

本实验的目的是学习急性中毒性肝损伤动物模型的复制方法，了解其复制原理，通过观察不同途径注射肾上腺素对血压的影响，了解肝脏在生物转化中的作用；通过测定血清谷丙转氨酶的活性,了解该项肝功能检查的原理、方法及临床意义。

四氯化碳是经典的药物性肝损害造模药物,它进入机体后,在肝脏经细胞色素 P_{450} 激活,生成三氯甲基自由基和三氯甲基过氧自由基,攻击肝脏细胞膜上的磷脂分子,再与膜脂质和蛋白质大分子进行共价结合,发生脂质过氧化,使内质网改变,溶酶体破裂和线粒体损伤及钙离子内流增加,影响蛋白质代谢,并且破坏膜结构和功能的完整性,从而引起细胞中毒死亡。

肝脏是人体最大的解毒器官,能将机体的代谢产物、外源性毒物、药物等转化或降解为无毒或毒性较小或溶解度较大的物质,排出体外。肾上腺素能加强心肌收缩性,加速心率,增加心输出量;同时使皮肤内脏血管强烈收缩,故有很强的升压作用。当经肠系膜静脉少量给药时,其首先随门静脉到达肝脏,因正常肝脏可将其灭活而不能发挥升压作用,但肝功能严重障碍时,则不能对药物进行代谢,血浆肾上腺素水平升高,血压明显增高。

肝脏还是人体最大的代谢器官,参与多种物质代谢,其中氨基酸代谢比其他组织活跃,这是因为肝脏中含有丰富的催化氨基酸代谢的酶类,谷氨酸-丙酮酸转氨酶(简称 GPT)在肝细胞内含量最高,但正常肝细胞中的 GPT 很少进入血液,只有肝病变时,由于肝细胞的细胞膜通透性增加,或肝细胞坏死,GPT 可以大量进入血液,使血清中此酶水平明显升高,且升高程度与肝脏损伤程度成正比。因此测定血清谷丙转氨酶的活性可作为诊断肝病的重要指标。

血清谷丙转氨酶(SGPT)能催化丙氨酸和 α-酮戊二酸生成谷氨酸和丙酮酸。丙酮酸在酸性条件下与 2,4-二硝基苯肼(DNPH)可缩合生成丙酮酸二硝基苯腙,后者在碱性条件下呈现棕红色,在 520 nm 处有最大吸收。根据颜色的深浅,通过比色法可计算出酶活性。

【实验对象】家兔。

【实验仪器和药品】

注射器(1 ml、5 ml)、吸管、试管、离心管、电炉子、容量瓶、烧杯、棕色瓶、兔手术台、手术器械 1 套、BL-420 生物机能实验系统、压力换能器 1 个、离心机、分光光度计、恒温水浴;四氯化碳、1%普鲁卡因、肾上腺素注射液、生理盐水、3‰肝素生理盐水、磷酸氢二钠、磷酸二氢钾、DL-α-氨基丙酸、α-酮戊二酸、氯仿、2,4-二硝基苯肼、盐酸、氢氧化钠、丙酮酸钠。

【实验方法】

1. 造模 于实验前一天,取甲兔背部皮下注射四氯化碳(3 ml/kg),乙兔以同样方法注射生理盐水,常规饲养。

2. 固定和麻醉 将甲、乙两兔分别仰卧位固定于兔台上,剪去颈部和上腹部的被毛,用1%普鲁卡因注射液在颈部和上腹部正中线附近行局部浸润麻醉(每隔 1 cm 打一皮丘)。

3. 连接实验装置 将与动脉插管相连的压力换能器与 BL-420 生物机能实验系统相连,用注射器经三通的侧管向动脉插管中推注肝素生理盐水,使动脉插管、与之相通的橡皮管和换能器压力腔内全部充满,检测无漏液现象待用。

4. 手术

(1)在甲状软骨下正中切开皮肤 5~7 cm,钝性分离一侧颈外静脉和一侧颈总动脉。分别做颈外静脉插管和颈总动脉插管(将已备好的与检压装置相连的动脉插管插入)。经颈外静脉插管放血 3 ml 于离心管中待用。

(2)在上腹部行纵向切口 5~7 cm,打开腹腔引出一段小肠及系膜,以温生理盐水纱布覆盖备用。

5. 分离血清 将收集的血液以 2000～3000 r/min 的转数离心 10 min，用移液管将分离的血清移到小试管待用。

6. 实验结束后由耳缘静脉注入空气处死动物，剖开腹腔，取出肝脏。

【观察项目】

1. 记录正常血压与呼吸，分别经甲、乙两兔耳缘静脉注入肾上腺素 0.2 ml，观察血压与呼吸变化。待血压恢复后，以同剂量肾上腺素自肠系膜静脉注入，观察其结果有何不同，并分析讨论。

2. 血清谷丙转氨酶（SGPT）活性的测定（按附录步骤操作）。

3. 肉眼观察甲、乙兔肝脏的外观及色泽有何不同，并分析讨论。

【注意事项】

1. 溶血标本不宜使用，因血细胞中转氨酶活力较高，会影响测定效果。

2. 血清样品的测定需在显色后 30 min 内完成。

【思考题】

1. 本实验选择不同途径给予肾上腺素有何意义？
2. 四氯化碳致肝损伤为何发生脂肪肝？
3. 血清谷丙转氨酶检测有何临床意义？
4. 在此模型的基础上设计一个氨中毒实验。

附 录

1. 血清谷丙转氨酶（SGPT）活性的测定操作步骤（表 3-4）：

表 3-4 SGPT 活性测定

	测定管（B）		对照管（U）	
	B_1	B_2	U_1	U_2
血清（ml）	0.1	0.1		
谷丙转氨酶基质液（ml）	0.5	0.5	0.5	0.5
	混合后置 37℃水浴 30 min			
2,4-二硝基苯肼（ml）	0.5	0.5	0.5	0.5
血清（ml）			0.1	0.1
	混合后置 37℃水浴 20 min			
0.4M 氢氧化钠（ml）	5	5	5	5
	混合后静置 10 min，蒸馏水调零，用 520 nm 滤光板比色			
各管实测吸光度值	$A_{B1}=$	$A_{B2}=$	$A_{U1}=$	$A_{U2}=$
平均吸光度值	$A_B=$		$A_U=$	
$A_B - A_U$				

用测定管吸光度均值与对照管吸光度均值的差值，查标准曲线求测定管酶活力单位数。测定管和空白管中血清源于同一动物。

2. 试剂:

(1) 0.1 mol/L 磷酸盐缓冲液 (pH 7.4): 称取磷酸氢二钠 11.92 g, 磷酸二氢钾 2.18 g, 加蒸馏水溶解后定容至 1000 ml。

(2) 谷丙转氨酶基质液: DL-α-氨基丙酸 1.78 g, α-酮戊二酸 30 mg, 用少量 pH 7.4 磷酸盐缓冲液溶解, 再加当量氢氧化钠 0.5 ml, 充分溶解后移至 100 ml 容量瓶中, 以磷酸盐缓冲液稀释至 100 ml。充分混匀, 加氯仿数滴防腐, 冰箱保存。

(3) 2,4-二硝基苯肼溶液: 称取 2,4-二硝基苯肼 200 mg, 加当量盐酸约 800 ml, 用电炉加热助溶 (温度不应超过 80℃), 待完全溶解后, 冷却至室温移入容量瓶中, 再用当量盐酸稀释至 1000 ml。混匀后装入棕色瓶中, 室温保存。

(4) 0.4 mol/L 氢氧化钠溶液: 称取 20 g 的氢氧化钠于小烧杯中, 用蒸馏水溶解, 等冷却以后转移到 500 ml 的容量瓶中, 用蒸馏水定容至刻度, 为 1 mol/L 氢氧化钠溶液。

取已标定好的 1 mol/L 氢氧化钠 400 ml, 以蒸馏水稀释至 1000 ml。

(5) 丙酮酸钠标准液 (2 μmol/ml): 精确称取丙酮酸钠 22 mg, 先以少量 pH 7.4 磷酸盐缓冲液溶解后, 再移至 100 ml 容量瓶中, 以磷酸盐缓冲液稀释至刻度, 充分混匀。临用时配制。

3. 谷-丙转氨酶标准曲线绘制:

取 6 支干燥洁净的试管, 按表 3-5 操作:

表 3-5 谷-丙转氨酶标准曲线的绘制

试剂\管号	1	2	3	4	5	6
丙酮酸钠标准液 (ml)	0	0.05	0.1	0.15	0.2	0.25
谷丙转氨酶基质液 (ml)	0.5	0.45	0.4	0.35	0.3	0.25
pH 7.4 磷酸盐缓冲液 (ml)	0.1	0.1	0.1	0.1	0.1	0.1
各管摇匀, 37℃水浴 10 min						
2,4-二硝基苯肼溶液 (ml)	0.5	0.5	0.5	0.5	0.5	0.5
各管摇匀, 37℃水浴 20 min						
0.4M 氢氧化钠 (ml)	5	5	5	5	5	5
混匀, 蒸馏水调零, 用 520 nm 滤光板比色, 读取吸光度值						
各测定管实测吸光度值 (A_n)						
相当于丙酮酸实际含量 (μmol/ml)	0	0.1	0.2	0.3	0.4	0.5
相当于谷-丙转氨酶单位 (U/L)	0	10	20	30	40	50

以各测定管吸光度值减去第 1 管吸光度值的差值 ($A_n - A_1$) 为纵坐标, 相当于谷-丙转氨酶酶活力单位数为横坐标, 在坐标纸上绘制标准曲线。

(陈瑶)

实验十八　影响尿生成的因素及利尿药的应用

【实验目的和原理】

本实验的目的是通过观察各种因素对尿生成的影响，加深对尿生成过程的理解；通过静注呋塞米（速尿）及高渗葡萄糖溶液，观察尿量的变化，掌握呋塞米及高渗葡萄糖利尿机理。

尿生成包括肾小球滤过，肾小管、集合管重吸收以及肾小管、集合管的分泌三个环节。凡能影响上述过程的因素都能引起尿量的改变。

单位时间内（每分钟）两肾生成的超滤液量称为肾小球滤过率（GFR）。影响肾小球滤过的因素有滤过膜以及有效滤过压。血液中的成分除蛋白质和血细胞不能通过滤过膜的分子屏障和电荷屏障外，均可经肾小球滤过而形成原尿。

肾小球有效滤过压＝肾小球毛细血管压－（血浆胶体渗透压＋肾小囊内压）。

在动脉血压变动于 80～180 mmHg 范围内，对肾小球毛细血管压基本无影响，从而使 GFR 基本保持稳定。当血压降到 80 mmHg 以下时，将对肾小球毛细血管压产生明显影响而使 GFR 降低。尤其血压降低到 40～50 mmHg 以下时，GFR 可降低到零而出现无尿。血浆胶体渗透压和肾小囊内压在正常情况下相对稳定，但快速静脉注射 0.9%氯化钠注射液会使血浆蛋白浓度降低、胶体渗透压降低而增加 GFR。此外，肾血流量对 GFR 有明显影响。肾血流量大，GFR 增加；反之则降低。交感神经兴奋导致血管阻力增加，而使肾血流量减少，GFR 降低。

正常人每日血浆经肾小球滤过形成的原尿量可达 180 L，但排出的终尿仅为 1～2 L，说明 99%的原尿在肾小管被重吸收。肾小管的近曲小管能吸收原尿中 65%～70%的 Na^+ 和几乎全部葡萄糖、氨基酸。Na^+ 的重吸收主要通过 Na^+-K^+-ATP 酶的主动转运。肾小管的髓袢重吸收 Na^+ 的主要部位是升支粗段，其转运通过 $Na^+-K^+-2Cl^-$ 同向转运系统进行。随着 NaCl 的重吸收，尿液被稀释形成低渗尿，而其所在髓质区因吸收大量盐形成高渗区，与经过此区的远曲小管和集合管内的液体形成强大的渗透压差。此渗透压差加上抗利尿激素（ADH）的作用，使管腔内的大量水分被吸收，因而使集合管内尿液又浓缩成高渗液。肾小管远曲小管和集合管能吸收 10%～20%的 Na^+。此段是醛固酮和抗利尿激素主要作用部位和肾排 K^+ 的重要部位。醛固酮可增强管腔膜对 Na^+ 的通透性。原尿在集合管通过上述过程形成终尿，终尿的渗透浓度可高达 1200 mmol/L，因此最后排出的终尿为高渗尿。

呋塞米作用于肾小管髓袢升支粗段，特异性地与 Cl^- 竞争 $Na^+-K^+-2Cl^-$ 同向转运载体蛋白的 Cl^- 结合部位，使 NaCl 重吸收减少，髓质区高渗状态不能形成，导致肾的稀释和浓缩功能降低，产生迅速、强大的利尿作用。

静脉快速注射高渗葡萄糖溶液会使血糖浓度超过肾糖阈，近曲小管对滤液中高浓度的葡萄糖无法完全重吸收，而使小管液中溶质浓度增加，引起渗透性利尿作用，因而也使尿量增加，但作用较弱且不持久。

【实验对象】 家兔。

【实验仪器和药品】

哺乳类动物手术器械、兔手术台、动脉夹、刺激电极、注射器、膀胱插管、量筒、试管、试管架、酒精灯、培养皿、纱布；20%氨基甲酸乙酯、生理盐水、50%葡萄糖、

1∶10000 去甲肾上腺素、1% 呋塞米、垂体后叶素、0.6% 酚红注射液、10% NaOH、1∶100000 乙酰胆碱、班氏试剂。

【实验方法】

1. 麻醉与固定　耳缘静脉注射 20% 氨基甲酸乙酯溶液（5 ml/kg）麻醉家兔，仰卧位固定于兔手术台。

2. 颈部手术　分离颈外静脉，做颈外静脉插管。分离一侧迷走神经，穿上丝线备用。

3. 腹部手术　在耻骨联合上方，沿正中线做约 3 cm 的切口，沿腹白线剪开腹壁，将膀胱移出体外。辨认清楚膀胱结构后，选择血管较少部位做一小切口，插入膀胱插管，用粗线结扎固定。注意保持插管与输尿管之间的畅通，避免堵塞。将插管与量筒连接，记录尿量。

4. 在颈部、腹部手术完毕后，均用浸有 38℃ 的生理盐水纱布覆盖创面。

【观察项目】

1. 记录一段时间（20 min，以下同）的尿量。
2. 静脉注射垂体后叶素 2 IU，观察尿量的变化。
3. 快速静脉注射生理盐水 40 ml，观察尿量的变化。
4. 静脉注射 1∶10000 去甲肾上腺素溶液 0.3 ml，观察尿量的变化。
5. 静脉注射 1% 呋塞米 0.5 ml/kg，观察尿量的变化。
6. 静脉注射 0.6% 酚红溶液 0.5 ml，用盛有 10% NaOH 溶液的培养皿盛接尿液。如果尿中有酚红排出，遇 NaOH 则呈现红色。计算从注射酚红起到排出酚红所需要的时间。
7. 静脉注射 1∶100000 乙酰胆碱 0.2～0.3 ml，观察尿量的变化。
8. 静脉注射 50% 葡萄糖溶液 5 ml，观察尿量的变化。在注射前后各取尿液数滴，分别用班氏试剂做尿糖定性试验，注意液体的颜色变化。

尿糖定性试验方法：试管内加入 1 ml 班氏试剂，加入尿标本数滴，在酒精灯上加热煮沸。加热时一定要注意振荡试管，防止溶液煮沸时溢出试管。冷却后观察尿液和沉淀的颜色，如溶液的颜色由绿色转至黄色或砖红色，表示尿糖实验阳性。

9. 用丝线结扎右侧迷走神经后，剪断，以中等强度的电压反复刺激其外周端，观察尿量有何变化。
10. 统计各组的实验结果，比较给予各种处理因素前后尿量的变化，分析其原因。

【注意事项】

1. 手术操作应轻柔，避免过多的损伤刺激，避免造成操作性尿闭。
2. 在前一项实验产生的效应基本消失后，再做下一步实验。

【思考题】

1. 对休克病人，使用呋塞米后并未能增加尿量，能否继续加大该药使用剂量？为什么？
2. 一次口服大量清水和静脉快速滴注大量生理盐水时，尿量变化有何异同？

（曹永刚）

实验十九　正常肾功能调节及急性缺血性肾衰竭

【实验目的和原理】

本实验的目的在于观察尿液生成的影响因素，并进一步复制肾缺血性衰竭模型，观察其肾功能改变的特征，了解肾脏在急性缺血状态下出现功能改变的机制。

尿生成包括肾小球的滤过、肾小管和集合管的重吸收及分泌三个基本过程。任何影响这些过程的因素都会影响尿的生成。

急性肾衰竭（ARF）是指各种原因在短期内引起肾泌尿功能急剧障碍，以致内环境出现严重紊乱的病理过程。主要表现为水中毒、氮质血症、高钾血症和代谢性酸中毒。多数患者伴有少尿或无尿，即少尿型 ARF；亦有少数患者尿量不减少，为非少尿型 ARF。

ARF 的病因可分为肾前性（如休克早期）、肾性（如肾缺血和急性肾中毒等）和肾后性（如尿路结石、肿瘤、前列腺疾患等）三类。

（1）肾前性 ARF：是指各种原因引起肾血流量急剧减少，肾小球滤过率（GFR）明显降低。此时，肾实质常无器质性病变，及时恢复肾血流，肾功能可迅速恢复，故又称为功能性肾衰或肾前性氮质血症。

（2）肾性 ARF：亦称器质性肾衰，主要由肾实质器质性病变如急性肾小管坏死（ATN）所致。

（3）肾后性 ARF：是指从肾盂到尿道口的尿路梗阻所致急性肾衰竭，亦称阻塞性肾衰或肾后性氮质血症。

ARF 发病机制的中心环节是 GFR 的降低。当肾血流量减少（肾缺血）、肾小管阻塞、肾小管原尿回漏（反流）或者肾细胞损伤等均可导致 GFR 的降低。本实验采用动脉夹夹闭两侧肾动脉，阻断肾脏血液供应造成家兔急性缺血性肾衰竭。

【实验对象】 家兔。

【实验仪器和药品】

BL-420 生物机能实验系统、血压换能器、刺激电极、兔手术台、哺乳动物手术器械、气管插管、动脉插管、动脉夹、膀胱插管、注射器及针头、静脉输液器、试管、分光光度计；20％氨基甲酸乙酯、生理盐水、0.5％肝素、0.6％酚红、50％葡萄糖、1：10000 去甲肾上腺素、呋塞米、垂体后叶素、班氏试剂。

【实验方法】

1. 麻醉与固定　家兔称重后，用 20％氨基甲酸乙酯 5 ml/kg 由兔耳缘静脉缓慢注入，注射过程中注意观察动物肌张力、呼吸频率、角膜反射的情况，防止麻醉过深，麻醉剂量以角膜反射消失为准。将麻醉好的动物仰卧位固定于兔手术台上，用寸带固定家兔门齿，使其充分暴露颈部手术术野。同时建立颈外静脉通道，20~30 滴/分匀速注入生理盐水。

2. 手术操作　沿甲状软骨下缘颈部正中切开 5~7 cm 纵向切口，分离皮下组织和浅层肌肉后，分离左侧颈总动脉及右侧迷走神经，分别穿双线备用。颈总动脉远心端结扎，近心端用动脉夹夹闭，在靠近结扎端剪一斜口，向心方向插入充满肝素的动脉插管，用线将插管与动脉扎紧。打开动脉夹，记录动脉血压。分离并进行颈外静脉插管，作为快速输液的途径。同时于耻骨联合上缘正中做 3~5 cm 纵向切口，沿腹白线切开腹壁，找到并分离左、右肾动脉，穿线备用。辨认膀胱和输尿管，在膀胱顶部避开螺旋动脉处剪一小口，插入膀胱插管，用线结扎并固定。插管另一端用量筒接取尿液并计量。

【观察项目】

1. 盐水负荷对尿量的影响　经颈外静脉注射生理盐水 20 ml，1 min 内注完，观察注射生理盐水前后血压及尿量变化。

2. 刺激迷走神经外周端对尿量的影响　用中等强度电刺激（周期 50 ms，电压 3~4 V）

刺激右侧迷走神经 20~30 s，使血压降至 50 mmHg 左右并维持 10~20 s，观察尿量和血压的变化。待尿量恢复正常时收集尿液 2 ml 做尿糖定性试验及钠测定。

3. 酚红排出速率测定　经耳缘静脉注射 0.6%酚红溶液 0.5 ml，用盛有 10%NaOH 溶液的器皿盛接尿液，如尿液有酚红排出，遇 NaOH 呈现红色，计算从注射酚红起到排出酚红所需时间。

4. 静脉注射高渗性葡萄糖对尿量的影响　经耳缘静脉注射 50%葡萄糖注射液 5 ml，从注射开始记录尿量变化，并绘制时量曲线，比较注射前后尿量及血压变化。尿量明显增多时留取尿液 2 ml 做尿糖定性试验及钠测定。

5. 去甲肾上腺素对尿量的影响　经耳缘静脉注射 1∶10000 去甲肾上腺素溶液 0.5 ml，观察注射前后血压及尿量的变化。

6. 呋塞米对尿量的影响　经耳缘静脉注射呋塞米 5 mg/kg，从注射开始记录尿量变化，并绘制时量曲线，比较注射前后尿量及血压变化。尿量明显增多时留取尿液 2 ml 做尿钠测定。

7. 垂体后叶素对尿量的影响　经耳缘静脉注射垂体后叶素 0.1 U，观察注射前后血压及尿量的变化。

8. 肾脏急性缺血对肾功能的影响　用动脉夹夹闭两侧肾动脉，阻断肾脏血液供应 45 min，在此前后及再灌注 60 min 后，分别取血和尿进行分析，同时在此过程中观察血压和尿量变化。

【注意事项】

1. 麻醉过程中注意观察动物状态，避免麻醉过量致动物死亡，手术动作应轻柔，膀胱插管时注意避开螺旋动脉。

2. 每开始一项实验操作需要等到前一项实验效应基本消失，尿量基本稳定后再进行。

【思考题】

1. 对比高渗性葡萄糖和呋塞米的利尿作用有何不同？

2. 比较阻断肾动脉血流和再灌注后，肾功能各有何变化？机制是什么？

附 1　尿糖定性实验

试管内加班氏试剂 1 ml，再加尿液 2 滴，在酒精灯上加热煮沸。加热时应小心摇动试管，防止液体煮沸时溢出管外。冷却后观察溶液颜色，如果溶液由蓝变绿又转为黄色或砖红色，表示尿糖阳性。

附 2　尿钠测定

用无水乙醇沉淀尿中的蛋白，得到无蛋白尿滤液，与焦性锑酸钾作用生成焦性锑酸钠沉淀，与标准管比较（钠标准液 1 ml=0.15 mg），求尿钠含量，其化学反应式如下：

$$NaCl + K[Sb(OH)_6] \rightarrow Na[Sb(OH)_6] + KCl$$

操作如下：

取尿 0.1 ml 加入无水乙醇 1.9 ml 后用力摇动，置 10 min 离心沉淀后，取上清液按表 3-6 操作。

表 3-6 尿钠的测定

	测定管			标准管	空白管
	给药前	葡萄糖	呋塞米		
尿的上清液 ml	0.5	0.5	0.5		
钠的标准液 ml				0.5	蒸馏水 0.5
焦性锑酸钾 ml	5	5	5	5	5

加样完毕后用分光光度计在 520 nm 比色。按下面公式计算：

$$测定管光密度/标准管光密度 \times 0.075/0.025 = 钠\ mg/ml$$

$$钠\ mg/ml \times 30\ 分钟尿量\ (ml) = 总尿钠\ (mg)$$

注：0.075 表示标准液里实际含钠毫克数，0.025 表示测定液里含钠量（尿 0.1 ml 加入无水乙醇 1.9 ml 稀释至 2 ml，仅取 0.5 ml，故为 0.025）。

（曹永刚）

实验二十 氯丙嗪对体温调节的影响及阿司匹林的解热作用

一、氯丙嗪对体温调节的影响

【实验目的和原理】

本实验的目的在于学习药物对家兔体温调节作用的实验方法，观察氯丙嗪对正常家兔体温的影响。

恒温动物有完善的体温调节机制。在外界环境温度改变时，体温调节中枢通过调节产热过程和散热过程维持体温的相对恒定。体温调节中枢主要在下丘脑，体温调节调定点为规定数值（如 37℃），当体温偏离此调定数值，反馈系统会将偏离信息输送到控制系统，经过对受控系统的调整来维持体温的恒定。

氯丙嗪通过抑制下丘脑体温调节中枢而使体温调节失灵，可使机体体温随环境温度变化而升降。由于氯丙嗪对正常体温也有作用，即能使正常体温下降，故临床上以氯丙嗪配合某些中枢抑制药进行人工冬眠疗法，用于严重感染、中毒性高热、甲状腺危象等危急病症的辅助治疗。

【实验对象】 家兔。

【实验仪器和药品】

肛表、5ml 注射器、冰袋、兔固定器；石蜡油、生理盐水、2.5%氯丙嗪。

【实验方法】

取健康家兔放入固定器内（扣住兔头，兔下肢及尾部均可露出来，方便探测体温），左手提高兔尾部，右手将涂有石蜡的肛表插入兔肛门内约 4~5 cm，3 min 后取出记录体温度数。每隔 2 min 测一次，共 3 次，取平均值为正常体温。选取体温在 38~39.5℃的兔 3 只，称重编号，观察其正常活动后，甲兔静注 2.5%氯丙嗪溶液 0.3 ml/kg，并在腹部放冰袋降温；乙兔静注同量氯丙嗪，但不用冰袋降温；丙兔静注等量生理盐水，并用冰袋降温。给药后每 20 min 测量一次，观察各兔体温变化及全身状态有何不同。

【观察项目】见表 3-7。

表 3-7 氯丙嗪对体温调节的影响

兔号	体重	药物及剂量	条件	给药前体温	给药后体温			体温差
					20 min	40 min	60 min	
甲		2.5%氯丙嗪溶液	冰袋					
乙		2.5%氯丙嗪溶液	室温					
丙		生理盐水	冰袋					

【注意事项】

1. 体温计末端可涂少许液体石蜡，每次插入肛门深度应一致。
2. 家兔正常体温为 38～39.5℃。

二、发热与阿司匹林的解热作用

【实验目的和原理】

本实验的目的在于了解解热镇痛抗炎药的筛选方法及阿司匹林的作用原理。

下丘脑体温调节中枢通过对产热和散热两个过程的调节，使体温维持于相对恒定的状态。而感染患者的发热是因为病原体及其毒素刺激中性粒细胞，产生并释放致热原。致热原进入中枢神经系统使中枢合成并释放前列腺素（PG）增多，PG 再作用于体温调节中枢将调定点提高至 37℃以上，使产热增加，散热减少，体温升高。当体温上升超过 37.5℃时，称为发热。

解热镇痛抗炎药对致热原引起的发热，主要通过抑制中枢 PG 的合成而发挥解热作用。治疗浓度的解热镇痛药可抑制 PG 合成酶（环加氧酶），减少 PG 的合成，而且它们对酶活性抑制程度的大小与它们的药理作用强弱一致。因此，这类药物只能使发热者体温下降，而对正常体温无影响，这是因为解热镇痛抗炎药具有与氯丙嗪不同的作用机制。

【实验对象】家兔。

【实验仪器和药品】

台秤、兔固定箱、注射器（5 ml、20 ml）、肛表；伤寒副伤寒二联菌苗、1.5%阿司匹林混悬液、0.9%生理盐水、液体石蜡。

【实验方法】

1. 取健康家兔 3 只，称重标记。分别测量其正常直肠温度。
2. 甲、乙两兔由耳缘静脉注射伤寒副伤寒二联菌苗 1 ml/kg，丙兔由耳缘静脉注射 0.9%生理盐水 1 ml/kg。
3. 0.5～1 h 后测 3 只家兔的直肠温度，待甲、乙两兔体温升高 1℃后，甲、丙两兔给予口服 1.5%阿司匹林混悬液 10 ml/kg，乙兔给予 0.9%生理盐水 10 ml/kg。

【观察项目】

1. 给药后 30 min、60 min、90 min、120 min 时分别测量体温。
2. 将实验结果列于表 3-8 中，并绘制时间-温度曲线。

表 3-8　发热与阿司匹林的解热作用

组别	正常体温（℃）	给菌苗 1 h 后体温（℃）	给药后体温（℃）			
			30 min	60 min	90 min	120 min
甲						
乙						
丙						

【注意事项】
1. 实验时室温要保持稳定。
2. 插入肛表时手法要轻柔，避免损伤直肠黏膜。测量家兔体温时尽量使其安静，以免动物挣扎引起体温波动影响实验结果。
3. 实验中使用致热原时，做好个人防护。

【思考题】
1. 氯丙嗪的降温作用有何特点？
2. 解热镇痛抗炎药的作用机制是什么？

（曹永刚）

实验二十一　胰岛素的降血糖作用及其过量反应与解救

一、胰岛素的降血糖作用

【实验目的和原理】

本实验的目的在于验证胰岛素的降血糖作用，掌握血糖测定的方法。

糖类是人体内的主要供能物质，人体内主要糖类是糖原（储能形式）和葡萄糖（运输形式）。正常人空腹时血液中的葡萄糖浓度（以下简称血糖浓度）一般为 3.89～6.66 mmol/L。测定血糖浓度的方法有多种，邻甲苯胺法为常用的一种，其原理为葡萄糖在热的酸性溶液中与邻甲苯胺酸缩合反应生成蓝色的希夫碱。因此，根据其颜色深浅不同，用分光光度计测定其光密度可知血糖浓度。

胰岛素是促进合成代谢、调节血糖浓度稳定的主要激素。胰岛素能促进组织、细胞对葡萄糖的摄取和利用，加速葡萄糖合成糖原储存于肝和骨骼肌中，并抑制糖异生，促进葡萄糖转变为脂肪储存于脂肪组织，导致血糖浓度下降。胰岛素缺乏时血糖浓度升高，如超过肾糖阈，尿中将出现糖（即尿糖）。调节胰岛素分泌的最重要因素是血糖浓度，当血糖浓度升高时，胰岛素分泌明显增加，从而促进血糖浓度降低；血糖浓度下降至正常时，胰岛素分泌也迅速恢复至基础水平。胰岛素已由人工提取获得而成为药物，临床主要用于治疗Ⅰ型糖尿病。注射给药（如皮下注射）吸收快，半衰期为 9～10 min，作用可维持数小时。

【实验对象】小白鼠。

【实验仪器和药品】

注射器、微量加样器、分光光度计；2 U/ml 胰岛素注射液、显色剂（邻甲苯胺 6 ml、饱和硼酸溶液 4 ml、冰醋酸 90 ml）、葡萄糖标准应用液 1 mg/ml。

【实验方法】

1. 取禁食 12 h 的小白鼠 1 只，称重。
2. 眼眶后静脉丛取血 40 μl，离心取血清，用于测定空腹血糖浓度。
3. 给小鼠皮下注射胰岛素（0.1 ml/10 g）。给药 5 min 和 10 min 后取血 40 μl（可分别采用眼眶取血和断头取血），离心取血清，用于测定血糖浓度。

【观察项目】

按以下方法测定血糖浓度（表 3-9）。

表 3-9　胰岛素的降血糖作用测定

	空白管	标准液	测定管
葡萄糖标准液（ml）		0.1	
血清（ml）			0.1
蒸馏水（ml）	0.1		
显色剂（ml）	6.0	6.0	6.0

以上试管在沸水中煮沸 8 min，取出用冷水冷却，在 640 nm 波长下，用空白管调零，分别测定各管的吸光度值。计算全血每 100 ml 所含葡萄糖的毫克数。

计算公式：血糖（mg/dl）＝测定管光密度/标准管光密度×100

正常血糖范围：70～100 mg/dl。

【注意事项】

1. 取血时注意避免发生凝血。
2. 注意分光光度计的使用方法。

二、胰岛素过量反应与解救

【实验目的和原理】

本实验的目的旨在观察胰岛素惊厥的表现并掌握其解救方法。

胰岛素应用过量可导致不良反应，甚至中毒，如可引起低血糖症，患者出现饥饿感、出汗、心跳加快、焦虑、震颤等症状；严重者血糖浓度下降过快，细胞外液水分向高渗的细胞内转移，导致或者加重脑水肿，引起昏迷、惊厥、休克，甚至脑损伤及死亡。为防止低血糖症的严重后果，医生应让患者熟知胰岛素的不良反应，以便其及早发现和采取预防措施，如摄食或饮用糖水等。严重者应立即静脉注射 50％葡萄糖，补充血糖至正常水平。

【实验对象】小白鼠。

【实验仪器和药品】

注射器；2 U/ml 胰岛素、50％葡萄糖。

【实验方法】

1. 取小白鼠 6 只，称重，编号记录，分为实验组 4 只与对照组 2 只。
2. 实验组小鼠腹腔注射胰岛素溶液 0.1 ml/10 g。
3. 对照组小鼠腹腔注射生理盐水 0.1 ml/10 g。

【观察项目】

1. 将小鼠放在室温下观察，并比较两组动物的姿势及活动。

2. 当动物出现抽搐、翻滚等惊厥现象时，记录发生时间，并将实验组 2 只小鼠立即皮下注射 50％葡萄糖 0.1 ml/10 g，另外 2 只不予解救。

3. 比较对照组动物、注射葡萄糖动物和未解救动物的活动情况。

【注意事项】

1. 动物在实验前必须饥饿 18～24 h。
2. 腹腔注射一般选取小鼠左下腹，以免针头刺破右侧的肝脏。
3. 动物发生惊厥时要注意避免其从实验台跌落摔伤。

【思考题】

1. 胰岛素降血糖的机制如何？
2. 机体中有哪些激素参与血糖的调节？

（纪中）

实验二十二　炎症与糖皮质激素的抗炎作用

【实验目的和原理】

本实验的目的是观察糖皮质激素对二甲苯所致小鼠耳廓急性炎症模型的抗炎作用，同时熟悉小鼠耳廓肿胀炎症模型制备方法。

糖皮质激素具有较强的抗炎作用，能增加血管的紧张性，降低毛细血管的通透性，减轻渗出、水肿，同时抑制白细胞浸润及吞噬反应，减少各种炎症介质的释放，从而缓解炎症的红、肿、热、痛等症状。

鼠耳肿胀法常用的致炎剂有二甲苯、巴豆油、70％乙醇等，因其刺激作用，可引起鼠耳局部毛细血管充血扩张，通透性增加，渗出增多，表现出红、肿、热、痛等的症状，其中二甲苯的致炎作用强而快。本法简便易行，不需要特殊设备，实验时间短，模型制备成功率高，适合于抗炎药常规筛选。

【实验对象】小白鼠。

【实验仪器和药品】

剪刀、注射器、镊子；0.25％地塞米松磷酸钠、二甲苯、生理盐水。

【实验方法】

1. 取 6 只小白鼠，称重，编号，随机分为两组。
2. 甲组腹腔注射 0.25％地塞米松磷酸钠 2.5 ml/kg；乙组腹腔注射等量的生理盐水，记录给药时间。
3. 30 min 后，两组小鼠分别在左侧耳后涂二甲苯 0.03 ml 致炎，记录时间。
4. 30 min 后，将小鼠断颈处死。沿耳廓基线剪下两耳，分别称重。
5. 汇总全班的数据，进行统计学处理。

【观察项目】

观察二甲苯处理后两组小鼠的行为改变及耳部颜色变化。

【注意事项】

1. 二甲苯在耳部要涂抹均匀。
2. 一般在左下腹进行腹腔注射，以免针头刺破右侧腹腔的肝脏。

3. 要按照一致的标准剪下鼠耳。

【思考题】
1. 糖皮质激素的抗炎原理如何？
2. 糖皮质激素在临床有哪些应用？

（朱坤杰）

实验二十三　磺胺类药物在正常与肾衰竭家兔体内的药代动力学参数测算

【实验目的和原理】

本实验的目的是了解磺胺类药物在正常与肾衰竭的动物体内随时间变化的代谢规律，并掌握药代动力学参数的测定方法与计算方法；掌握药代动力学对于临床用药的意义和重要性。

磺胺类药物能与某些试剂发生反应生成有色物质，通过比色法可以对磺胺类药物血浓度进行定量分析。磺胺类药物在酸性环境下使其苯环氨基（$-NH_2$）离子化生成铵类化合物（$-NH_3^+$），后者与亚硝酸钠可发生重氮化反应进而生成重氮盐（$-N=N$），该化合物在碱性条件下可与麝香草酚生成橙黄色化合物。该化合物在 525 nm 波长下比色，其光密度与磺胺类药物浓度成正比。可用分光光度计测定给药后血浆中的磺胺类药物浓度。

【实验对象】家兔。

【实验仪器和药品】

家兔手术台、婴儿秤、分光光度计、离心机、手术剪、镊子、眼科剪、眼科镊、止血钳、动脉夹、硅胶管、注射器（1 ml、5 ml、10 ml、20 ml）及针头、试管架、吸管（0.1 ml、0.2 ml、0.5 ml、1 ml、2 ml、5 ml）、吸球、离心管、半对数坐标纸、玻璃记号笔、药棉、纱布、具有回归功能的计算器或进行程序处理的微型计算机；1% $HgCl_2$、0.9% NaCl、0.3% 肝素钠（用生理盐水配制）、10% 磺胺二甲嘧啶（SM_2）或以等浓度的磺胺嘧啶（SD）、磺胺甲噁唑（SMZ）代替、7.5% 三氯醋酸、0.1% SM_2 标准液、0.5% 亚硝酸钠、0.5% 麝香草酚（用 20% NaOH 配制）、0.3% 肝素（用生理盐水配制）、20% 氨基甲酸乙酯或 1% 盐酸普鲁卡因、蒸馏水。

【实验方法】

1. 家兔肾衰竭模型的建立　实验前1天进行（18~20 h），取家兔2只，称重后1只皮下注射1% $HgCl_2$ 溶液 1.2 ml/kg，造成急性肾衰竭动物模型；另1只则在相同部位注射等量的生理盐水作为正常对照。

2. 血中药物浓度测定　参见表 3-10 流程图进行。

（1）试管准备：取 5 ml 离心管 20 支，用记号笔分别标记为"1"、"2"、"3"、"4"、"5"、"6"、"7"、"8"、"9"、"10"（两套，每套10支）。取标记好的离心管，在各管中分别加入 7.5% 三氯醋酸溶液 2.7 ml。

（2）麻醉固定：全麻或局麻均可。取正常或肾损伤的家兔1只（实验前禁食 12 h，不禁水），记录体重和性别，耳缘静脉注射 20% 氨基甲酸乙酯（5 ml/kg）麻醉，或以 1% 的盐酸普鲁卡因做手术区浸润麻醉，麻醉后将兔仰位固定于家兔手术台上，将头颈部固定好，充分暴露颈部手术区。

（3）手术：在颈部手术区剪毛，切皮约 6 cm，钝性分离皮下组织和肌肉，分离出颈总动脉 2～3 cm，在其下穿 2 根丝线，结扎远心端，保留近心端。也可选用股动脉。

（4）抗凝：耳缘静脉注射 0.3% 肝素 1 ml/kg。

（5）插管：用动脉夹夹住动脉近心端，再于两线中间的一段动脉上剪一 V 形切口，插入硅胶管（已肝素化），用线结扎牢固，以备取血用。

（6）给药前取空白血样：打开动脉夹放取空白血样 0.4 ml（可用 1 ml 注射器抽取），分别放入 1 号管（对照管）和 2 号管（标准管）各 0.2 ml，充分摇匀以防凝血。将注射器冲洗干净备下次取血用。

（7）给药：于耳缘静脉注射 10% SM_2 3 ml/kg，准确计时。

（8）取血：于注射后 1、3、5、15、30、60、90、150 min 时由动脉取血 0.2 ml（取血方法同 6），分别放入 "3" 至 "10" 号离心管中（取血前弃掉 0.2 ml 左右血液），充分摇匀。在标准管中加入 0.1% SM_2 标准液 0.1 ml，其余各管加蒸馏水 0.1 ml，摇匀。

（9）离心、取上清液：将上述各离心管配平后，1500～3000 r/min 离心 5 min。取上清液 1.5 ml，分别放入对应的空管中。

（10）显色：向各管中加入 0.5% 亚硝酸钠 0.5 ml，摇匀，再加入 0.5% 麝香草酚 1 ml，摇匀后为橙色。

（11）测定光密度值：以 1 号管（对照管）液调零，于 525 nm 波长处用分光光度计测定各样品管及标准管液的光密度值。

表 3-10　磺胺类药物血药浓度测定的流程图

试剂	标准管	对照管	给药后							
			1 min	3 min	5 min	15 min	30 min	60 min	90 min	150 min
7.5% 三氯醋酸（ml）	2.7	2.7	2.7	2.7	2.7	2.7	2.7	2.7	2.7	2.7
血样（ml）	0.2	0.2	0.2	0.2	0.2	0.2	0.2	0.2	0.2	0.2
蒸馏水（ml）	—	0.1	0.1	0.1	0.1	0.1	0.1	0.1	0.1	0.1
标准液（ml）	0.1									
充分摇匀，1500～3000 r/min 离心 5 min，取上清液 1.5 ml										
0.5% 亚硝酸钠（ml）	0.5	0.5	0.5	0.5	0.5	0.5	0.5	0.5	0.5	0.5
0.5% 麝香草酚（ml）	1.0	1.0	1.0	1.0	1.0	1.0	1.0	1.0	1.0	1.0
光密度										
浓度（μg/ml）										

【观察项目】

1. 计算各时间血中药物浓度　根据同一种溶液浓度与光密度成正比的原理，可用空白血样标准管浓度及其光密度值求算出样品管的磺胺药物浓度。公式如下：

样品管光密度/标准管光密度＝样品管浓度(μg/ml)/标准管浓度(μg/ml)

样品管浓度(μg/ml)＝[样品管光密度/标准管光密度]×标准管浓度(μg/ml)

将计算所得数据填入表 3-10 中。

2. 作图　在半对数坐标纸上以时间（t）为横坐标，实测浓度的对数值（logC）为纵坐标，绘制 SM_2 的药-时曲线，确定其房室模型。

3. 药动学参数求算

（1）计算药-时曲线方程式：以 logC 对 t 作直线回归，得方程：logC＝a＋bt

（2）计算药动学参数：消除速率常数（k）、C_0、半衰期（$t_{1/2}$）、表观分布容积（Vd）、清除率（CL）。

计算公式：

$k = -2.303b$　　　　　　　　$C_0 = \log^{-1} a$

$t_{1/2} = 0.693/k$　　　　　　　$Vd = X_0/C_0$（X_0 为用药剂量）

$CL = Vd \times k$

【注意事项】

1. 每次取血前要先将插管中的残血放掉。

2. 每吸取一个血样时，必须更换吸管，若只用一支吸管时，必须将其中的残液用生理盐水冲净。

3. 每只试管内，先加三氯醋酸，再加入血样，加完血样后立即振荡，否则会很快发生凝固，影响结果的准确性。

4. 可用静脉血取代动脉血，但静脉取血的缺点是有时因静脉不充盈而取不出血。可以用灯泡加温、涂抹二甲苯等方法刺激静脉使之充盈。

5. 取血及各种液体的量一定要准确，另外，取血时间也要准确，如无保证易使结果不准确。

6. 每加一种试剂后必须立即混匀，所加试剂的顺序一定不能错：亚硝酸钠→麝香草酚，否则影响结果。

【思考题】

1. 一次静脉注射后的药-时曲线能反映哪些与药动学有关的基本概念？

2. 分析实验中所求的药动学参数有何临床意义？

3. 药物在体内消除有几种类型？各自的特点是什么？

（卢春凤）

实验二十四　有机磷酸酯类药物中毒与解救

【实验目的和原理】

本实验的目的是观察有机磷农药中毒的症状及血胆碱酯酶活性的抑制情况，通过比较阿托品、解磷定的解救有机磷酸酯类药物中毒的效果，掌握两药的作用原理。

有机磷酸酯主要用于农林业杀虫，对任何动物均有较强的毒性。该药能通过机体各种途径吸收，与体内胆碱酯酶牢固结合，胆碱酯酶活性受到抑制，失去水解乙酰胆碱（ACh）的能力，ACh 不能水解而在体内蓄积，引起一系列中毒症状，如时间稍久，便使 ACh 活性难以恢复而老化，造成抢救治疗困难。抗胆碱药阿托品通过竞争性和 M 受体结合，能拮抗 ACh 的作用，阻断 M 受体而解除有机磷酸酯类中毒的 M 样症状，如呼吸道和胃肠平滑肌的痉挛，心血管系统的抑制，也能解除一部分中枢神经系统的中毒症状，使患者苏醒。胆碱酯酶复活药解磷定能使被有机磷酸酯类抑制的 ACh 活性恢复，对 M 及 N 样症状有效。两药合用可提高解救效果。

【实验对象】家兔。

【实验仪器和药品】

婴儿台秤、注射器（1 ml、10 ml）；10％美曲膦酯、0.1％阿托品、2.5％解磷定、0.5％肝素。

【实验方法】

1. 取家兔 2 只，分别称重后观察下列项目：活动情况，呼吸情况（频率、深度、节律是否均匀），心率，瞳孔大小，唾液，大小便，肌张力及有无肌震颤。

2. 将甲、乙两只家兔分别用 0.5％肝素浸润过的 1 ml 注射器从心脏取血 0.5 ml。

3. 取血后静脉注射 10％美曲膦酯 1 ml/kg，密切观察各项指标，并记录（一般 10～15 min 出现中毒症状）。待中毒症状明显时，心脏取血 0.5 ml，测定血浆 ACh 活性。然后给甲兔立即静脉注射 0.1％阿托品 1 ml/kg（1 mg/kg），给乙兔静脉注射 2.5％解磷定 4 ml/kg（100 mg/kg），观察甲、乙两兔中毒症状的改变，至症状明显消失时，分别记录在表 3-11 内，再次心脏取血 0.5 ml，用于测定血浆 ACh 活性。

4. 取血后，给甲兔补充注射解磷定，给乙兔注射阿托品，剂量同上。

5. 实验后，实验动物耳缘静脉注射空气 20 ml 处死。

【观察项目】见表 3-11。

表 3-11 有机磷中毒与解救过程中家兔生理指标前后变化情况

兔号	体重	药物及剂量	一般情况	呼吸情况	心率	瞳孔	大、小便	肌张力	肌震颤	唾液分泌	血胆碱酯酶活性
甲兔		用药前									
		用美曲膦酯后									
		用阿托品后									
乙兔		用药前									
		用美曲膦酯后									
		用解磷定后									

【注意事项】

1. 心脏取血前必须用 0.5％肝素润洗注射器，以防止凝血。

2. 耳缘静脉注射美曲膦酯时应小心谨慎，因美曲膦酯刺激性强，家兔易动，故需稳妥固定。另美曲膦酯易腐蚀血管，故注射美曲膦酯后宜再推注生理盐水 1 ml，防止血管老化。

3. 心脏取血方法　一人稳妥固定家兔，使其腹面向上。采血者一手持浸润过肝素的采血用注射器，另一手指于家兔前胸部查找心搏最强处（一般位于胸骨左缘 4～5 肋间），于肋间隙进针，垂直刺入，待有突破感即刺入胸腔，垂直向下刺入心脏。判断刺入心脏方法：刺入后，松开注射器，观察其颤动方式，如刺入心脏，则注射器颤动均匀稳定，与心跳频率一致，此时回吸血液，有血液进入则证明进入心脏。取血时采血注射器只允许垂直刺入，不得斜向或滑动，如第一次没有成功取血，应拔出采血针，放开家兔，稍待片刻，再行采血。

4. 如给美曲膦酯 10 min 后症状不明显，可酌情补一些。家兔出现瞳孔极度缩小或后肢震颤时应积极解救。应于注射美曲膦酯同时准备好相应剂量解救药物。

【思考题】
1. 根据实验结果和所学理论知识，分析实验中观察到的有机磷中毒症状的原因。
2. 有机磷酸酯类药物中毒治疗抢救原则有哪些。
3. 分析阿托品和解磷定解救有机磷农药中毒机制。
4. 为什么对中度和重度的有机磷农药中毒的解救，必须阿托品和解磷定合用？

附　全血胆碱酯酶活性的比色测定法（Hestrin 法）

【实验原理】
　　血浆胆碱酯酶可催化乙酰胆碱水解，在一定条件下，水解乙酰胆碱的量和酶的活性成正比，故在反应体系中加入一定量的乙酰胆碱，经血液中的胆碱酯酶作用后，测定剩余的乙酰胆碱量，便可得知已水解的乙酰胆碱的量，从而测出胆碱酯酶活性。

　　剩余乙酰胆碱量的测定，系利用乙酰胆碱与羟胺生成异羟肟酸，后者在酸性条件下又与 Fe^{3+} 作用，生成红棕色的异羟肟酸铁络合物，其颜色的深浅可以反映乙酰胆碱含量的多少，反应过程如下：

1. 盐酸羟胺与氢氧化钠作用释放出游离羟胺。

$$NH_2OH \cdot HCl + NaOH \rightarrow NH_2OH + NaCl + H_2O$$

2. 剩余乙酰胆碱与游离羟胺作用，生成异羟肟酸化合物。

$$(CH_3)_3 \equiv N-(CH_2)_2OCOCH_3 + NH_2OH \rightarrow CH_3CONHOH + (CH_3)_3 \equiv N-(CH_2)_2OH$$

3. 异羟肟酸化合物在酸性环境中与三氯化铁生成红棕色的复合物（异羟肟酸铁络合物）。

$$FeCl_3 + CH_3CONHOH \rightarrow [CH_3CONHO]_3Fe （红棕色）$$

【实验仪器和药品】
　　10 支洁净试管、试管架、移液管、吸耳球、恒温水浴、分光光度计、比色杯。
　　药品及配制：
　　1. 磷酸盐缓冲溶液（pH=7.2）　取 Na_2HPO_4 1.67 g 和 KH_2PO_4 0.272 g，加蒸馏水溶解，稀释至 100 ml。
　　2. 乙酰胆碱溶液　取氯乙酰胆碱 0.127 g，加蒸馏水 10 ml（冷藏备用），临用前稀释至 100 ml，成 0.007 mol/L 浓度。
　　3. 3.5 mmol/L NaOH　取 NaOH 14 g，用蒸馏水配制成 100 ml。
　　4. 碱性羟胺　用等体积的 1 mol/L 羟胺溶液和 3.5 mol/L NaOH 溶液于临用前 20 min 内混合而成。
　　5. 盐酸溶液　取比重 1.18 的浓盐酸 50 ml，加蒸馏水 100 ml。
　　6. $FeCl_3$ 试剂（0.37 mol/L $FeCl_3$）　取 10 g $FeCl_3 \cdot 6H_2O$，用 0.1 NH_4Cl 配制成 100 ml（若用无水 $FeCl_3$，则取 6.009 g）。

【实验方法】
　　1. 取 10 支洁净试管，编号，分别为 1-5，1'-5' 管。按表 3-12 依次加入各种试剂，每加一种试剂后充分摇匀。
　　2. 甲兔（阿托品）/乙兔（解磷定）

表 3-12　胆碱酯酶活性测定步骤

试剂	空白管	标准管	用药前	用美曲膦酯后	用阿托品/解磷定后
磷酸盐缓冲液（ml）	0.9	0.9	0.9	0.9	0.9
全血（ml）	0.1（第1次心脏取血）	0.1（第1次心脏取血）	0.1（第1次心脏取血）	0.1（第2次心脏取血）	0.1（第3次心脏取血）
37℃水浴预热 3 min					
0.007 mol/L 乙酰胆碱（ml）	—	—	1.0	1.0	1.0
37℃水浴保温 20 min					
碱性羟胺溶液（ml）	4.0	4.0	4.0	4.0	4.0
0.007 mol/L 乙酰胆碱（ml）	—	1.0	—	—	—
室温静置 2 min					
4 N 盐酸溶液（ml）	2.0	2.0	2.0	2.0	2.0
10% 三氯化铁（ml）	2.0	2.0	2.0	2.0	2.0
0.007 mol/L 乙酰胆碱（ml）	1.0	—	—	—	—
滤纸过滤后上清液置于后 5 支洁净试管，于 15 min 内用分光光度计测光密度（波长 525 nm）					

【观察项目】

比色时将空白管校正光密度到 0，读取标准管和测定管之光密度，记录各样品光密度值，代入公式，求胆碱酯酶活性。

（标准管光密度－测定管光密度）/标准管光密度×70＝全血胆碱酯酶活性单位数

【注意事项】

1. 每次滴加液休后，应迅速震荡混匀。滴加血样时应滴加于溶液表面，勿滴于试管管壁上，并充分振荡，使之沉淀完全。

2. 每 1 ml 血液在规定条件下分解 1 μmol 的乙酰胆碱定为一个胆碱酯酶活力单位。

3. 0.007 mol/L 乙酰胆碱溶液中含有乙酰胆碱 7 μmol，每管中加入血样 0.1 ml，$7 \times 1/0.1 = 70$。

（曹永刚　卢春凤）

实验二十五　观察和判断几种药物对蛙心的作用及作用机制

【实验目的和原理】

本实验的目的是了解一种分析强心药作用机制的方法。

利用阻断剂可与激动剂竞争同一受体的特性，确定受体激动剂或直接作用于心脏的药物。

【实验对象】蟾蜍。

【实验仪器和药品】

BL-420 生物机能实验系统、微机、打印机、蛙板、蛙钉、蛙类手术器械 1 套、张力换能器、蛙心夹、双凹夹、万能支架、1 ml 注射器 3 个、5 号针头、吸管、蛙心插管、胶泥、手术线；三瓶无药物标签的 A、B、C 药物（有 0.1％肾上腺素、0.01％普萘洛尔和 0.25％氨茶碱）、林格液。

【实验方法】

1. 取蟾蜍 1 只，用探针充分破坏脑和脊髓后，将蛙仰位固定于蛙板上，剪开胸部皮肤、胸骨，做成倒三角形开口，再用眼科剪将心包膜剪开，暴露心脏，制备离体蛙心标本。

2. 用蛙心夹夹住心尖并连接于张力换能器上，记录心脏正常收缩曲线。然后自行设计 A、B、C 三种药的给药顺序，以确定各为何药。给药时可用 5 号针头，每次 3~4 滴，根据反应情况再适当调整剂量，蛙心插管内液体为 2 ml。

3. 打开生物机能实验系统，在主菜单中选择蛙心灌流，设定好各项参数，保存实验过程，开始进行曲线观察描记。

4. 根据实验需要，更换插管内林格液，以冲洗前一种药物。

【观察项目】

1. 加入 A 药物后，观察蛙心搏曲线变化，在效应显著处做标记，吸出混合溶液，用新鲜的林格液换洗几次，待曲线恢复正常后观察下一项。

2. 加入 B 药物后，观察蛙心搏曲线变化，在效应显著处做标记，吸出混合溶液，用新鲜的林格液换洗几次，待曲线恢复正常后观察下一项。

3. 加入 C 药物后，观察蛙心搏曲线变化，在效应显著处做标记，吸出混合溶液，用新鲜的林格液换洗几次，使曲线恢复正常。

【注意事项】

1. 蛙头部有一对腺体，可分泌毒液，捉拿时不要用力挤压。如果毒液不慎溅入眼内或口腔，迅速用清水及生理盐水冲洗。

2. 探针伸入椎管时，探针只能沿椎管上下捻动。而且破坏时应注意力度和位置，不要将探针刺入皮下和腹腔。

3. 插管时动作要轻柔，以防损伤心室肌，用眼科镊提起动脉圆锥时要轻夹以免夹漏动脉圆锥，反复损伤使心脏停止搏动。

4. 心脏背部颜色较深，最先搏动的为静脉窦，与后腔静脉有一较明显分界，静脉窦相当于窦房结，具有起搏作用，离体时千万注意不要损伤静脉窦或将静脉窦结扎掉。

5. 滴药的吸管不能混用。

【思考题】

1. 根据何理由确定的 A、B、C 三种未知药。
2. 你的设计是否为最简捷而又说明问题？
3. 某药有强心作用，请设计一实验证明其是否通过 β 受体而产生作用。

（李荣）

实验二十六　三种传出神经系统未知药物的确定

【实验目的和原理】

本实验的目的是通过药物对实验动物动脉血压的改变，设计不同的给药顺序同时加入相应的受体阻断剂进行的药物辨认实验，进一步掌握肾上腺素、去甲肾上腺素和异丙肾上腺素三种重要传出神经系统药物的作用机制及特点。

传出神经系统包括自主神经系统和运动神经系统。前者又分为交感神经和副交感神经，主要支配心肌、平滑肌和腺体等效应器。后者则支配骨骼肌，如肌肉的运动和呼吸等。而传出神经根据其末梢释放的递质的不同可分为胆碱能神经和去甲肾上腺素能神经。其对效应器的作用主要是围绕神经递质、受体及由此产生的作用上进行。交感神经节后纤维末梢释放去甲肾上腺素作为递质，通过靶细胞或突触后膜上的 α、β 受体起作用。副交感神经末梢释放乙酰胆碱作用于后膜的 M 受体。它们互相协调，互相对抗，维持机体的正常生理功能。

传出神经系统药物通过作用于心脏和血管平滑肌上的相应的受体产生心血管效应，导致动脉血压变化。肾上腺素主要激动 α、β 受体，去甲肾上腺素对 α 受体产生主要激动作用，β 受体激动较弱，异丙肾上腺素是经典的 β 受体激动剂。根据它们不同的药理作用，临床上亦有不同的应用。

【实验对象】家兔。

【实验仪器和药品】

BL-420 生物机能实验系统、哺乳类动物手术器械、压力换能器、微机、打印机、兔手术台、注射器（1 ml、5 ml、10 ml、20 ml）、小烧杯、气管插管、动脉插管、静脉输液管、三通管、动脉夹、手术线等；未知药 A（1∶10000）、未知药 B（1∶10000）、未知药 C（1∶10000）、酚妥拉明（1∶1000）、普萘洛尔（1∶1000）、20%氨基甲酸乙酯、肝素、生理盐水。

【实验方法】

1. 麻醉与固定　取家兔 1 只，称重，计算麻醉药量，由耳缘静脉注入 20%氨基甲酸乙酯（5 ml/kg）缓慢静脉麻醉。将麻醉成功的家兔仰卧位固定于家兔手术台上。

2. 连接实验装置　将压力换能器输入端插入 1 通道，正确安装三通管和动脉插管，用注射器通过三通管的侧管，使用体外肝素驱除动脉插管、三通管和换能器压力腔内全部空气。然后，封闭压力换能器的侧管和动脉插管三通侧管，移去注射器，若此时系统内全部液体未见减少，说明系统无漏液现象，留待进行颈总动脉插管。开启一瓶生理盐水注射液并将液体瓶同输液管相连接，排去输液管内的空气，同时前端连接静脉插管，待留进行静脉插管。

3. 手术　剪去颈部的被毛，在甲状软骨下正中切开皮肤 5～7 cm，钝性分离皮下组织，分离右侧颈外静脉，并且行颈外静脉插管术，同时连接静脉输液装置。由输液管向体内推注肝素（1 ml/kg），然后低速输入生理盐水以保持输液通道通畅。继续用手术钳在气管旁边的颈总动脉鞘内分离颈总动脉，长度 2～3 cm，并且进行动脉插管，插管成功后连在 1 通道的压力换能器上。

4. 启动 BL-420 生物机能实验系统　从软件主界面菜单条的"实验项目"菜单"循环实验"中选择"动脉血压调节"项；或 1 通道选择"压力"（动脉血压）。将其他不使用的通道关闭。调整软件参数，同时进行通大气调零，排除误差。

【观察项目】

已知未知药 A、B 和 C 包括肾上腺素、去甲肾上腺素和异丙肾上腺素，但不知各是哪个药物，由右侧输液管推入下列三组药品，记录血压数值并且填表（表 3-13）（每组给药前血压必须正常或稳定时间间隔为 5 min）。

(1) 推注 A、B、C 三种未知药均为 0.1 ml/kg。

(2) 推注酚妥拉明为 0.4 ml/kg 后,再注入 A、B、C 三种未知药均为 0.1 ml/kg。

(3) 推注普萘洛尔 0.5 ml/kg,继续推注 A、B、C 三种未知药均为 0.1 ml/kg。

表 3-13 记录血压数值

分组与药物	血压 (kPa)		
	未知药 A	未知药 B	未知药 C
第一组药物			
第二组药物			
第三组药物			
测定结果			

【注意事项】

1. 要掌握好家兔麻醉标准,避免麻醉过浅或深。
2. 手术要减少出血,以免造成失血过度而休克。
3. 每次给药前要等待血压稳定或恢复正常。
4. 普萘洛尔给药应缓慢;所有药物给药后均应加快输液速度,将药物冲入静脉后,再调到正常滴速。
5. 推注酚妥拉明或普萘洛尔后,应在 3 min 后再给其他药物。

【思考题】

1. 如何确定三种未知药?其理论根据是什么?
2. 为什么普萘洛尔给药时应速度缓慢?其道理何在?
3. 酚妥拉明的作用原理?
4. 肾上腺素、去甲肾上腺素、异丙肾上腺素的作用是什么?三者有何区别?

(吴红)

第四章　实验设计

一、选题与设计

（一）选题

实验研究包括选题、设计、预备和正式实验、实验资料的收集、整理和统计分析、总结和完成论文。选题就是建立假说的过程。选题时需要注意科学性、先进性、可行性和实用性。科学性指选题有充分的科学依据；先进性指选题对已知的规律有所发现和创新；可行性指选题时考虑已具备的主、客观条件；实用性指选题有明确的目的和意义。选题的过程是一个创造性思维的过程。它需要查阅大量的文献资料及实践资料，了解本选题的研究进展，找出要探索的课题关键所在，提出新的构思或假说，从而确定研究的课题。医学研究课题切忌过大或过于笼统。

（二）实验设计

实验设计是根据选题而提出的实验方法和实验步骤，这是完成课题的实施方案。实验设计包括：选题→实验动物选择和分组→实验动物处理方案→选择观察指标→数据收集和分析→实验结果的处理和研究报告（论文）的撰写。对在校学生而言，由于各种条件的限制，其选题范围不宜太宽，条件要求不宜太高。主要应围绕生理、病理生理和药理学所学的理论知识和相关文献，按照上述原则，在指导教师的指导下进行。比如对原有实验方法进行改进、建立一种新的动物模型、探讨体液因子的作用、研究某种药物的作用机制等。

1. 实验设计基本要素　实验设计包括 3 个基本要素：即实验对象、处理因素、观察指标。

（1）实验对象的选择：机能学实验对象是处理因素作用的主体，是接受处理的基本单位。实验的对象可以是人和动物，也可以是某个器官、组织、细胞、血清等生物材料，主要的实验对象是动物。选择的条件如下：

1）要选择接近人类而又经济的动物：灵长类动物最接近人，但价格昂贵，有时实验需用大动物完成，可以考虑犬、羊、猴。一般常选择的实验动物为家兔、大鼠、小鼠，它们结构、功能、代谢及疾病特征的某些方面比较接近于人类而价格又比较便宜。

2）根据实验要求选择动物的品种和纯度：其中以纯种动物为佳，且应是健康和营养良好的动物。

3）动物种类、品系、年龄、体重、性别、窝别和营养状况最好一致：一般选择发育成熟的年幼动物，对性别要求不高的动物可雌雄混用，但分组时应雌雄搭配。与性别有关的实验，只能用某种性别的动物。

（2）处理因素：是指研究者根据研究目的施加于实验对象，在实验中需要观察并阐明其效应的因素。处理因素通常包括物理因素、化学因素和生物因素。处理实验对象的目的有两个方面，一是复制人类疾病的动物模型，观察其发病机制；二是进行实验治疗，观察药物或其他治疗手段的疗效。

1）人类疾病动物模型的复制：人类疾病的动物模型包括整体动物、离体器官、组织细胞以至教学模型。在复制动物模型时，一般遵守以下原则：

①相似性原则：即复制的模型尽可能近似人类疾病。最好是找到与人类疾病特征相似的动物自发性疾病。如有一种大鼠会自发产生高血压，称为原发性高血压病大鼠（SHR）；猪有自发性动脉硬化，用它们来研究人类的高血压或动脉硬化则比较理想。但动物与人相似的自发性疾病模型不多见，往往需要人为地在动物身上复制。

②重复性原则：即复制模型的方法要标准化，使疾病模型可以重复复制。为此，选择的动物、实验方法、使用的仪器和环境因素应力求一致，即有一个标准化的模型复制方法。

③实用性原则：即复制的方法尽量做到经济易行。如灵长类动物在相似性上最好，但价格昂贵；如果能用中小动物（家兔、大鼠、小鼠）复制出类似人类疾病模型，则更为实用可行。

2）疾病处理和实验治疗：给予药物治疗和观察治疗效果是综合性机能实验的一个重要方面。根据处理因素的多少，实验可分单因素实验和多因素实验。

单因素实验：是指给一种处理因素（如药物），观察处理前后的变化，它便于分析，但花费较大。

多因素实验：是指给几种处理因素同时观察，用多因分析法进行设计，它能节省经费和时间。

(3) 实验效应：实验效应是处理因素作用于受试对象的反应，是研究结果的最终体现，一般通过观察指标表达。对选择指标的基本要求是指标应具有客观性、特异性、灵活性和精确性。

1）客观性：最好选用各种仪器检测的客观指标，如心电图、脑电图、血气分析、生化检测等。由仪器报告定量的数据，不受主观因素影响。而主观指标（如肝、脾触诊）易受主观因素影响，造成较大误差。

2）特异性：指标能特异地反映观察现象的本质，不会与其他现象相混淆。如高血压中的血压（尤其是舒张压）可作为高血压病的特异指标；血气分析中的血氧分压和二氧化碳分压可作为呼吸衰竭的特异指标。即使是同一类指标，实验处理不同选择也有所不同，如心肌缺血、高血钾都以心电图为指标，前者引起心电图的特异性改变，主要为S-T段及T波变化，而后者为P-R间期、QRS波宽、R波和T波变化。

3）灵敏性：指标反映处理因素带来的变化的灵敏程度。最好选用灵敏性高的指标。灵敏性是由实验方法和仪器的灵敏度共同决定的。如果灵敏性差，对已经发生的变化不能及时检测出，往往得到假阴性结果，这种指标应该放弃。

4）精确性：包括准确度和精密度两层含义。准确度指观测值与真实值的接近程度，主要受系统误差的影响。精密度指重复观察时观察值与其均数的接近程度，其差值属于随机误差。

2. 实验设计的基本原则　为了使实验能够较好地控制随机误差，避免系统误差，以较少的实验对象取得可靠的实验结果，实验设计必须遵循3个原则，即对照、随机、重复。

1）对照原则：设置对照是为了使观察指标通过对比发现其特异变化，要具有可比性。在比较的各组之间，除处理因素不同外，其他非处理因素尽量保持相同，从而根据处理与不处理之间的差异，了解处理因素带来的特殊效应。通常实验设有实验组和对照组。对照有多种形式，可根据实验目的加以选择。

①空白对照：亦称正常对照，对照组不施加任何处理因素。如观察某降压药的作用时，

实验组动物服用降压药，对照组动物不服用药物或服用安慰剂。

②自身对照：对照与实验均在同一受试动物身上进行。例如用药前、后的对比，先用A药后用B药的对比，均为自身对照。

③相互对照：又称组间对照。不专门设立对照组，而是几个实验组之间相互对照。例如用几种药物治疗同一疾病，对比这几种药物的效果，即为相互对照。

④标准对照：不设立对照组，实验结果与标准值或正常值进行对比。如果是药物疗效观察，用已知有效的阳性药物作为标准对照组，对新的实验组的药物效应与已知阳性药物作用进行对比观察。

⑤实验对照：对照组不施加干预，但施加某种与处理因素有关的实验因素。

2）随机原则：随机是指实验对象的实验顺序和分组进行随机处理。随机分配指实验对象分配至各实验组或对照组时，它们的机会是均等的。如果在同一实验中存在数个处理因素（如先后观察数种药物的作用），则各处理因素施加顺序的机会也是均等的。通过随机化，一是尽量使抽取的样本能够代表总体，减少抽样误差；二是使各组样本的条件尽量一致，消除或减小组间人为的误差，从而使处理因素产生的效应更加客观，便于得出正确的实验结果。例如进行一个药物疗效的实验，观察某种新的抗休克药物对失血性休克的治疗效果，实验组和对照组复制同一程度的失血性休克模型，然后给予实验组抗休克新药，对照组给予等量生理盐水。如果动物的分配不是随机进行，把营养状态好和体格健壮的动物均放在实验组，把营养和体格不好的动物放在盐水对照组，最后得到的阳性实验结果并不能真正反映药物的疗效，很可能是动物体格差异所致。

随机化的方法很多，如抽签法、随机数字表法、随机化分组表法等。

3）重复原则：重复是保证科学研究结果可靠性的重要措施。由于实验动物的个体差异等原因，一次实验结果往往不够确实可靠，需要多次重复实验方能获得可靠的结果。重复有两个重要的作用：一是可以估计抽样误差的大小，因为抽样误差（即标准误）大小与重复次数成反比；二是可以保证实验的可重复性（即重现性）。实验需重复的次数（即实验样本的大小），对于动物实验而言（指实验动物的数量）取决于实验的性质、内容及实验资料的离散度。实验结果的重复率至少要超过95%，这样做出假阳性的错误判断的可能性小于5%（$P<0.05$）。如果一定数量的样本就能获得 $P<0.05$ 的实验更可取。

二、实验方法（以动物实验为例）

动物实验前要进行系列的准备工作，包括理论准备、条件准备、预备实验。理论准备主要指了解动物实验的基础理论知识、选题立项和设定假设、研究计划和方案的制订、实验方法的选择、技术参考文献查阅等。条件准备指仪器设备的备置与校准、药品的配制、器械的准备、实验动物的购入、实验场所消毒与器具配套等等。预备实验是正式实验的"预演"。动物实验前的准备工作为完成动物实验提供必备的理论基础、物质条件和试探性摸索，对开展好动物实验研究十分重要。

（一）实验前的理论准备

1. 了解有关实验动物方面的基础知识　首先，要了解有关实验动物科学方面的基础理论，特别是熟悉实验动物的生物学特性，将有益于动物实验研究，如，实验动物科学，主要研究实验动物的生物学特性、繁育、遗传育种、质量控制、疾病控制、开发应用动物实验方法，从遗传学、微生物学、生理学、病理学、环境生态学、分子生物学等多方面研究实验动物，提供并培育出多种标准合格的实验动物，供给生命科学实验。其次，要掌握有关动物实验方法学方面的基础知识和基本技能。

2. 正确选题立项和设定假设　正确选题十分重要，良好的选题是实验研究成功的一半。

假说是预先假定的答案或解释，亦即是实验的预期结果。对于动物实验研究来说，假说是十分必要的。其实，许多动物实验研究的目的就在于验证临床上的假说是否正确。假说是实验研究设计的前提。如果没有假说，实验和观察就会失去目标。假说关系着实验研究的目的性、计划性和预见性。然而，对假说既应努力加以验证，又应适时加以抛弃，重新建立新的假说，再加以验证。这样才有可能使正确的假说上升为结论、原理和学说。

因此，研究者开展动物实验前，应在熟悉有关实验动物理论知识和动物实验技能的基础上，积极进行逻辑思维，结合实际条件，提出创新性课题和大胆的假说。

3. 实验研究计划和方案的制订　实验研究计划和方案的制订，是指对动物实验研究中涉及的各项基本问题的合理安排。设计是否周密合理直接影响实验研究结果的准确性、可靠性。研究计划和方案的制订应根据具体的实验情况而定。

4. 实验方法的选定　实验方法按学科可分为生理学方法、生物化学方法、生物物理方法、免疫学方法等；按性质可分为形态学方法、机能学方法；按范围可分为整体综合方法和局部分析方法；按水平可分为整体水平、器官水平、细胞水平、亚细胞水平、分子水平、量子水平等。无论选择何种实验方法，均应保证以下几点：①可靠性，即切实可行，稳定可靠，是受大家公认的方法，也称经典方法；②优越性，即指实验方法既具有先进的一面，又便于与其他实验方法相互配合，故也称先进性和协同性；③创造性，即实验方法的创新或改良。

（二）实验前的条件准备

动物实验前，条件准备的内容主要有准备好实验仪器、药品、试剂和实验动物等。要求尽可能使实验手段和实验方法标准化。如，实验仪器必须校准；药品的纯度应有明确的要求，试剂的配制必须严格遵照操作规程，按说明提示进行；称量药品应使用精确的计量仪器，称量、计算应认真校对、复核。

实验动物的购入或领取时，应注意以下几个方面问题：

1. 购入或领取实验动物前，应进行各项计划的核实，如动物笼盒数量、饲养室卫生及消毒情况等。

2. 购入或领取实验动物时，应向供应部门索取所用动物的遗传背景和微生物质量资料（动物质量合格证）以及动物品系、年龄、体重、胎次等资料。

3. 根据实验观察时间长短的需要，同时购入或领取相应数量的饲料和垫料。

4. 若是从外地购入动物需长途运输时，还应考虑到途中各种因素对动物的影响，如运输环境的温度、湿度、饮食等，尤其注意途中污染和窒息死亡等问题。

5. 若是购入或领取清洁级以上实验动物，应采用带有空气过滤膜的无菌运输罐或带过滤帽的笼盒运输，严格检查其密封状况。

（三）进行预实验

初试实验也称预实验，是在实验准备完成以后对实验的"预演"。其目的在于检查各项准备工作是否完美，实验方法和步骤是否切实可行，测试指标是否稳定可靠，而且初步了解实验结果与预期结果的距离，从而为正式实验提供补充和修正，是实验必不可少的重要环节。

三、实验资料的统计与分析

实验研究的结论大多以实验数据统计分析的结果作为论据，通过实验数据统计分析归纳出有规律的信息，进而以一定的把握度，推论出带有普遍意义的结论。概括地说，统计分析的任务就是"分析样本，推论总体，透过偶然，找出规律"。恰当、充分、可靠的数据统计分析是建立在完整的、准确的实验数据基础之上，这是实验研究的最根本要求。

（一）统计分析的基本概念

1. 总体和样本　总体是根据研究目的而确定的同质观察单位的全体。如某药可降低肾型高血压病人的血压，全部高血压病人是其总体，全部肾型高血压病人就是其同质总体。显然，实际临床研究中我们只能在总体中随机抽取一部分病例作为研究对象，这就是"样本"，用"样本"来估计总体。

2. 误差

（1）抽样误差：由个体变异产生的抽样造成样本统计量与总体参数的差异，称为抽样误差。最理想的抽样应在抽取样本前使总体中每个研究对象都有同等被抽取的机会，即每个被观察的病人或动物都有同等的机会被抽到样本中去。为了提高样本的代表性，减少抽样误差，实际工作中多采用随机抽样。同一总体中，样本越大，抽样误差越小。被研究对象的状态、年龄、性别等使得总体不同质，对抽样有明显的干扰，因此在抽样时，还必须注意在均衡或分层的基础上进行均衡随机。

（2）条件误差：实验经常受到时间、季节、气温、气压、受试对象的反应等条件的影响，实验过程中由于各受试对象在不均衡实验条件时所致的误差称之为条件误差。为了避免条件误差，常采用同步平行观察。

（3）系统误差：是指仪器、测试方法、测定标准不同，操作者观察、测定习惯不同，试剂和药品批号不同所致的误差。提高整体科研水平并使仪器和试剂等测试手段保持良好状态，是减小系统误差的重要环节。一个实验室应不断提高和改善实验条件，提高学科水平，把减少系统误差作为长期目标。

（4）过失误差：不合理的实验设计，实验者的操作失误或凭主观意愿而得的阳性或阴性答案，均会干扰研究结果。避免过失误差，需要可靠严密的实验设计和实验者的责任心及职业道德，临床研究中的"盲法"设计亦是有效的方法。

3. 概率和假设检验

（1）概率：是描述随机事件发生可能性大小的一个度量。概率取值范围在0与1之间。某事件必然不发生的概率为0，必然发生的概率为1。概率越接近于1，发生的可能性越大。相反，概率越接近于0，表示事件发生可能性越小。$P \leqslant 0.05$ 或 $P \leqslant 0.01$，称为小概率事件。

（2）假设检验：假设检验的基本思路可简述如下：

1）两组均数或两率的差异可能是由于两组均数或两率确有差别，也可能是它们来自同一总体，差别是由于抽样误差所致。

2）统计学称后一种情况为"无效假设"，通过统计可计算出"无效假设"的可能性大小（概率）。

3）通常概率用"P"表示，如果 $P < 0.05$ 或 $P < 0.01$，两组来自同一总体的可能性很小，因而拒绝"无效假设"，接受两组均数或两率的差异有统计学意义。如果 $P > 0.05$，表示两组来自同一总体的可能性大于5%,这时不能轻易否定"无效假设",尽管两组均数或两率有一定差别,但无统计意义。如果$P<0.1$,可作为筛选合格的判断水平,说明有进一步探索的价值,但并不具有统计学意义。需要指出的是,在写统计结论时应特别注意,$P<0.05$,结论为两组差异有统计学意义,而不是差别显著或差别很大。例如两组血压相差5 mmHg($P<0.01$),统计结论为两组差异有统计学意义,但结合专业知识,差别无临床意义,不能说差别非常显著。统计分析的结论是概率性的,不是绝对否定和肯定。

4. 可信限　实际工作中,由样本推算出的阳性率或均数仅是接近而不是等同于总体的阳性率或均数。根据统计学原理,可在样本阳性率或均数的上下扩大一定范围,使总体阳性率或均数处于此范围发生的概率为95%,这就是95%的可信限。同理,样本阳性率或均数也存在99%的可信限。在统计分析中,常采用95%和99%可信限来表示总体阳性率或均数的预期范围。样本越大,或重复次数越多,可信限的上下浮动范围就越接近,由样本推断总体的精确度也就越大。

5. 频数分布　统计学上将各组的病人数称作频数,个体变量值在频数上的分布称频数分布,不同的分布类型其统计处理方法不同。

(1) 正态分布:正态分布是一种最常见的频数对称分布,在频数分布曲线上呈对称钟形分布,生物学、医学现象的资料的总体分布多呈正态分布或近似正态分布。事物总体呈正态分布时,从中随机抽样,当样本较少时,其正态分布特征可能不明显;当样本逐渐增大时,观察例数足够多,正态分布的特征就表现出来。当样本足够大时,95%左右的频数的变量值在$\bar{x}\pm1.96\,s$范围内(s为标准差);大约99%频数的变量值在$\bar{x}\pm2.58\,s$范围内。符合正态分布的数据才能进行参数统计处理(t检验、F检验),因此判断数据是否符合正态分布是正确选择统计方法的前提。对"计量资料"统计分析前,必须要判断数据的频数分布。判断数据是否符合正态分布可用下列公式初步估计:

$$|A-B|\geqslant 2\sqrt{N}$$

A是比均数大的例数,B是比均数小的例数,符合上式表示可能有偏态分布。

(2) 偏态分布:即频数分布不对称,其中包括正偏态,即高峰偏向数值小的一侧,频数向右侧拖尾,又称右偏态分布。正偏态分布数据可对各变量取对数或倒数后,按转换数据大小等距分组整理后,可出现正态或近似正态分布,此时可利用正态分布的性质和规律进行统计学处理。另外也有负偏态分布资料,即高峰偏向数值大的一侧。例如多数微量元素(尿铅、尿汞……)的分布。负偏态分布可对各变量值取平方数,使其转变为正态或近似正态分布。对偏态分布的数据,或无望转化为正态分布的数据,应采用非参数统计分析。

6. 计量资料、计数资料、等级资料

(1) 计量资料:为观测每个观察单位某项指标的大小,而获得的资料。可分为连续型和分散型两类。身高、体重、血压、血象、心脏功能……此类资料称为"计量资料"、"定量资料"或"数值变量"。"计量资料"可用均数和标准差表示(常用$\bar{x}\pm s$表示)。标准差表示一组个体数据的离散程度,数据越离散,标准差就越大,说明数据精确度越小。一般认为,原始数据的标准差不应大于均数的三分之一。

(2) 计数资料:将观察单位按某种属性或类别分组计数,分组汇总各组观察单位数后而得到的资料分二分类和多分类两种情形。此类资料在统计整理时,需对全部观察对象进行计数,故称之为"计数资料"、"定性资料"或"无序分类变量"。这类资料的特点是可计算出一组个体的率,如治愈率、死亡率和有效率。

(3) 等级资料：是将观察单位按某种属性的不同程度分成等级后分组计数，分类汇总后而得到的资料。如一个低倍镜下发现的细胞数，治疗过程中的疗效度等，均可按数值或程度分为几个组段，结果用"—、±、+、++、+++、++++"6级表示，此种计数资料又称作"有序分类资料"或"半定量资料"。

(二) 实验数据的完整性和准确性

数据的完整性系指按照设计要求收集所有的实验数据。如果因一些意外原因或不能人为控制的因素而引致部分实验数据的缺失，应尽可能地补充这部分实验并获取数据。对于不可补救（或因实验材料短缺，或因资金不足等）的实验，应科学地处理缺失数据。数据完整性的另一方面系指应将所有实验数据用于分析过程，不得因某些数据与研究者预期的结果有较大差距而随意剔除，或不引入分析过程。如果某些数据确有特异之处，除非有确凿的引致原因（如操作不当所致），否则应依靠统计学方法进行科学判断，以确定这些数据是否属于极端值或特异值，并决定取舍与否。

数据的准确性系指实验数据的记录应准确无误。一方面，应避免数据收集过程中出现任何过失误差，如点错小数点、抄错数字、弄错度量衡单位、换算错误等。消除此类误差的办法是：在数据记录过程中，除观测者认真记录外，还应有专门的复核者进行审核，以确保数据的准确。另一方面，应杜绝研究者根据个人意愿对数据所做的任何篡改或杜撰。这一现象虽不多见，但其危害极大，应为所有科研工作者所戒。

(三) 实验数据质量的评价

实验数据的质量直接影响到研究结果的科学性和可靠性。数据质量有两方面含义，即数据是否准确和可靠，常用效度和信度两个指标评价。

1. 效度　效度是指测量值与真值的接近程度，故又称为准确度，用以度量测量数据系统误差的大小，一般采用回收实验中的回收率指标进行评价，即回收率愈接近100%，准确度愈高；当回收率偏离100%较大时，表示测量方法存在系统误差。注意，回收率可以大于100%。

$$回收率（\%）= \frac{实测量-原有量}{加入量} \times 100\%$$

2. 信度　信度是指同一观察对象多次重复测量结果之间的吻合程度，故又称之为精确度，用于度量随机误差的大小。常用标准差、变异系数或组内相关系数、K系数等指标度量，前两者愈小或后两者愈大，表示随机误差愈小；或吻合度愈高，也说明测量数据的重现性愈好，数据的可靠程度愈高。有分类资料的信度和计量资料的信度两种。

(四) 实验数据的分析

1. 实验数据的逻辑检查　在数据分析开始时，应首先对数据进行逻辑检查，以保证数据至少不会出现大的偏差，这些偏差可能来自原始数据，可能来自数据录入过程，也可能来自数据转换过程。逻辑检查最简单的方法是根据最大值和最小值判断。例如，当某资料身高变量的最大值显示为17.8 m时，很可能原始数据为1.78 m，在记录或录入过程中点错了小数点而导致出错。

2. 偏离数据的判断和处理　个体数据偏离其所属群体数据较大，且经证实确为实验所得时，被称为偏离数据。偏离数据有两种简单的划分形式，即极端值和奇异值。个体数据>第75百分位数或<第25百分位数超过3倍的四分位间距时被定义为极端值。个体数据>第75百分位数或<第25百分位数的值1.5~3倍的四分位间距时被定义为奇异值。

对偏离数据的处理通常用敏感性分析方法，即将这些数据剔除前后各做一次分析，若结果不矛盾，则不剔除；若结果矛盾，并需要剔除，必须给以充分合理的解释。例如，该数据在实验中何种干扰下产生，应予说明。

3. 缺失数据的处理　由于实验中遇到的各式各样的原因，最终数据可能是不完整的，即产生了所谓的缺失数据。处理缺失数据的最简单方法是剔除缺失数据所属的观察单位，但该方法浪费信息严重，特别是在变量较多的情况下。为避免浪费信息，采用的方法是仅剔除分析过程所涉及的缺失数据。例如，在做10个变量的两两相关分析时，某一个变量的缺失数据只在该变量与其他变量的相关分析中被剔除，而其他变量之间的相关分析并不失去该缺失数据所属的观察单位。处理缺失数据的最复杂方法是估计缺失数据，该方法的优点是充分利用了信息，但操作难度较大。

4. 数据分析中统计方法的正确选择　分析数据的首要前提是能够正确地识别资料类型，在此基础上，结合统计方法的适用条件，最后选择恰当的统计方法进行分析。

统计资料可分为单变量资料和多变量资料两大类，因后者涉及的统计方法较复杂，这里只介绍前者和简单双变量资料的统计分析方法思路。

单变量资料又分为计量资料、计数资料和等级资料3类。不同的资料类型对应有不同的统计分析方法。

对于计量资料，若原始数据满足正态性分布和方差齐性要求，选用参数检验；若不满足正态性分布和方差齐性要求，可选择非参数检验。需强调的是，如果资料满足参数检验的条件，若选用非参数检验，会降低检验效率和损失信息。

对于等级资料，建议使用秩和检验方法，虽然也有文献介绍用卡方检验处理，但卡方检验只能说明两组或多组之间的分布有无差异，而不能说明两组或多组之间量方面的差异。等级资料又称单向有序列联表资料，在应用秩和检验公式时，一律用校正公式。

对于计数资料，多个样本率或构成比比较差异有统计学意义时，两两间的比较用描述方法即可（详见统计学）。

四、医学论文的撰写

医学科技论文是公布研究成果、交流学术信息、启迪学术思想、发挥社会效益的主要形式。科学成果的首创权，多以公开发表的学术论文或书籍为依据，一般新闻报道不能得到正式的承认。

科技论文的写作，首要的是内容的科学性、创新性和先进性。为此，科研的选题立项、材料方法、实验观察、资料收集等环节是论文写作的基础。没有翔实的科研资料，有如"巧妇难为无米之炊"，不可能在论文撰写环节中，弥补此类"先天性"缺陷。另一方面，也应看到科技论文的写作有很大的灵活性和技巧性，同样的研究资料和研究结果，可因写作水平的不同，得出质量相差悬殊的科技论文。为此，论文写作也是科研基本功中重要的一环，需善于学习，匠心设计，还要遵守期刊标准化和规范化的有关规定。

科技论文的基本结构有相对固定的格式，通常包括4大部分，一般称之为"四段式"结构，即"前言"、"材料与方法"、"结果"、"讨论和结论"。这几个部分并不是绝对的、不变的，可以根据不同情况或分或合，灵活运用，但这几部分所包含的内容是不可缺少的。因为这几部分内容，是要说明论文"准备研究什么"、"如何进行研究"、"得到什么结果"、"怎样评价这些结果和主要结论"。

(一) 撰写医学论文主干部分应注意的问题

科技论文首要的是科学性和创新性。要尊重客观事实，有所发展，有所前进。也必须言之有物，言之有据，经得起实践检验，是能够重复的可信结果。在写作技巧方面，还应当有可读性，力戒冗长，能提出新问题，有新见解。文章的组织，切忌面面俱到，应当有自己的特色，观点鲜明，重点突出，有一定的理论深度。质量不高的论文，通病之一是罗列现象多，揭示本质、规律少。现将论文各主要组成部分的写作要点和应注意的问题简述如下。

1. 前言　前言是写在论文正文最前面的开场白，每篇论文均有，或长或短。应包括实验的问题是怎样提出的，"准备研究什么"，有什么依据，通常概要地回顾有关的历史背景，本领域已经取得的成绩，尚存在的不足，准备研究解决的问题和意义。本文研究的目的（包括思路）、范围、预期结果和意义。

前言又称引言、导言或序言，既然只是序幕，故所占篇幅不宜过大。不要在介绍历史和现状时变成"文献综述"，也不要将与本论文关系不大的内容予以赘述。更不要自我评价，忌用"首创"、"未见报道"、"国内外领先"、"填补了空白"等词语。

2. 材料和方法　材料与方法是实验的手段，是论文的基础，是说明"如何进行研究"，让读者知道论文的结果是用什么材料和方法做出来的。是判断论文的科学性、先进性的主要依据。包括以下几方面：

（1）实验条件：动物名称、种系、遗传特性、数量、来源、性别、年龄、体重、健康状况、分组依据等。介绍尸体材料时应写明性别、年龄、死亡诊断等。介绍临床病例时，应写明病案有关重要项目。写明重要的仪器设备的制造厂商、型号及数量等，试剂及药品的种类、成分、纯度、规格、来源、浓度、剂量、配制方法、生产厂家、批号等。

（2）实验方法：包括观察指标的观察记录方法。作者创新的方法要尽量详细介绍工序过程及操作要点，令其他读者按照论文介绍的方法，能够重复出来。"可重复性原则"，是检验研究方法是否具有科学性的重要原则。文献已有报道的方法，则简单描述，仅说明文献出处即可。若在参阅他人资料的基础上有所改进，要着重叙述改进之处。

3. 结果　"得到什么结果"是全文的中心内容。但这些结果，不能将所收集到的研究原始材料简单地搬出来。要先将观察、实验、调查收集所得到的原始资料，认真加以剪裁与筛选，数据须经统计学处理，然后通过文字、表格、图像加以表达。但应注意，文、表、图三者不要重复表达。每项研究工作的结果资料都很多，要有选择地将能说明论文目的的资料加工整理。对以往文献已有的内容可一带而过，对能说明论文创新点和可支持新见解的资料详加介绍。结果是作者自己实验或观察所得，不宜引用文献，也不必展开分析与议论，以免与讨论部分重复。但结果的整理和撰写有很强的针对性，必须为讨论部分准备提出的创新点、关键点、新见解、新方案提供翔实的材料和充分的依据。

4. 讨论和结论　这部分是对实验结果（各种数据资料、各种现象、事实）的科学解释与评价。具体包括：本实验观察结果的理论解释，如所得结果有何意义，结果中有何内在联系；实验观察中，发现预期以外的事实现象的说明；实事求是地对本实验中的缺点、疑点等加以分析和解释；对有待解决的问题，提出今后实验的方向。讨论部分是科技论文中最灵活多样的部分，是显示作者学术思路和才华的用武之地，但也是较难写好的一部分。凡是作者认为有必要讨论的内容，均可在此展开。讨论部分是发挥作者学术见解的讲坛，对论文的核心要素，要着力泼墨，赋予重彩，但立论必须严谨。在阐述自己的新发现、新认识时，允许作适当推理，但必须言之有物、言之有据、言之有理。

讨论要有明确的目的性，决不可面面俱到，主次不分，更不能下笔千言，离题万里。讨论允许评价他人观点、成果，但必须尊重客观事实，以理服人，按"百家争鸣，百花齐放"原则，用友善的态度交换学术见解。或者将自己的结果、推理罗列出来，不下更多的评述性语言，让读者去比较、鉴别、分析、判断。讨论部分允许适当地引用其他作者的成果，但目的是为了印证和比较自己的结论，切忌写成与立题无关的文献综述。

结论或小结，是本研究工作结论性、概要性意见，可单列一栏，也可在讨论中提出，格式不拘。小结是全文的最后部分。把结果与讨论分析后的认识，以简洁的语言，把本文实验的主题、方法、重要的阳性或阴性结果，归纳几条，表明作者的观点并指明理论和实际意义。

（二）医学科技论文有关内容的说明

在说明论文有关内容的写作时，按照医学期刊编排格式有关的标准化和规范化要求，作一简要的介绍。

1. 文题　题目是让读者认识全文的窗口，是对论文内容的高度概括，要求具体、简明、确切。在科技文献浩如烟海的时代，检索文献的学者，往往是先采用"跑马看花"的方法扫视文题，然后再考虑是否进一步查阅。确切、简练、醒目的文题，可以提示和吸引读者；而冗长、空泛、晦涩、平淡的文题，常使读者望而却步。精妙的文题可以起"画龙点睛"的作用。文题应注意：①题名尽量简单明了；②避免使用不常见的缩略语、字符、代号和公式等。

题目的构成一般含研究对象、论文所解决的问题。供读者了解论文的中心内容，一般不超过20个字。例如，"天麻对大鼠血压的作用"一文中，天麻是该研究的处理因素，大鼠为受试对象，血压指标为实验效应。

2. 作者与作者单位　论文的署名要反映实际情况，由个人设计、完成实验的，署以个人姓名；由集体共同设计协作完成的，署以集体名称。在文末加注执笔人或整理者姓名，或以设计、完成实验工作量的多寡依次排名和单位。

作者署名表示作者要对论文负责，也表示作者的研究成绩。署名者必须是研究工作的主要参加者和部分参加者，对论文内容应能负责并进行答辩。不是所有参加工作的人员都要署名，对全文不能了解、答辩，仅参加部分工作者，也可以在文末加以致谢。署名排列，按对论文贡献大小排序，第一作者应负主要责任，本单位业务负责人确实参加工作或指导过工作，可列为作者之一，一般不宜另列"指导者"，这一点与须署"指导教师"的研究生学位论文有所不同。所有署名人、被致谢人，必须获得其本人同意。集体署名一般不宜采用，只在确为集体协作、人数较多、难分主次的情况下才酌情采用，而且必须标明论文执笔人（整理人）姓名。

作者单位，应署论文研究工作完成期间的学术单位，不能因第一作者调至新单位后，签署不是论文研究实际完成单位的名称，但可注明作者现在的工作单位名称和地址。第一作者尚应标示其所在单位地址、邮政编码等，便于读者联系、咨询。

3. 摘要

（1）摘要的一般格式：①摘要以提供文献内容梗概为目的，不加评论和补充解释，科研论文的摘要绝大多数属于报道性摘要（或称信息摘要）；②一般中文摘要200～300字，外文摘要250个左右实词；③摘要有目的、方法、结果和结论4要素。

（2）摘要撰写注意事项：①要客观、如实地反映文章的内容，摘要不应是正文的补充、注释，也不可加进文章内容以外的解释或评论；②要着重反映文章的新内容、结论和要强调的观点；③对于众所周知的专用术语等尽量用简称或缩写，有些不大常用的术语，在第一次出现时可以用全写和注释，以后出现时用缩写。

4. 主题词　表达主题的词有多种形式，目前在科技期刊上标注的只有其中的两种，即叙词和关键词。叙词和关键词都是一些词和词组，从取词的方式看，两者是有区别的。叙词取自于词表，是经过规范化处理的词，表达同一主题的叙词在任何情况下都是完全一致的字面形式。关键词则不然，它直接从文章的文题和正文中抽取，这个词在文章中是什么自然字面形式，它就是什么字面形式。因此，表达同一主题的关键词往往呈现多种字面形式。

标注关键词比标注叙词要简单些，目前多数期刊采用关键词标注。中文期刊在标注的关键词前注明为［关键词］，英文注明为［Key Words］。

5. 参考文献　参考文献是科技论文的一个重要组成部分。它的重要性在于明确地标引他人的学术思想、理论、成果和数据部分，并给出其来源，以体现科学的继承性和对他人劳动的尊重，又表明了科学的严肃性，言之有据。如果不这样做，在论文中，前人的成果和作者自己的创造分不清，就难免有抄袭剽窃之嫌，因而有损于作者的品德，甚至违反版权保护条例。

（王淑秋）

主要参考文献

[1] 梁万年. 医学科研方法学. 北京：人民卫生出版社，2002.
[2] 刘凌云，郑光美. 普通动物学. 3版. 北京：高等教育出版社，2003.
[3] 赵耐青. 医学统计学. 北京：高等教育出版社，2004.
[4] 杨宝峰. 离子通道药理学. 北京：人民卫生出版社，2005.
[5] 刘振伟. 实用膜片钳技术. 北京：军事医学科学出版社，2006.
[6] 徐叔云，卞如濂，陈修. 药理实验方法学. 3版. 北京：人民卫生出版社，2006.
[7] 李荣，吴红，杨旭芳. 机能学. 北京：科学出版社，2007.
[8] 马斌荣. 医学统计学. 5版. 北京：人民卫生出版社，2008.
[9] 杨宝峰. 药理学. 7版. 北京：人民卫生出版社，2008.
[10] 秦川. 医学实验动物学. 北京：人民卫生出版社，2008.
[11] 李玉荣. 生理学实验教程. 北京：人民卫生出版社，2009.
[12] 朱大年. 生理学. 7版. 北京：人民卫生出版社，2009.
[13] 金惠铭，王建枝. 病理生理学. 7版. 北京：人民卫生出版社，2009.
[14] 喻荣彬. 医学研究的数据管理与分析. 2版. 北京：人民卫生出版社，2009.
[15] 杨芳炬. 机能实验学. 北京：高等教育出版社，2010.